Akka 쿡북

Akka 쿡북

다양한 레시피로
아카를 쉽게 배워보기

헥터 베이가 오르티즈 · 피유시 미시라 지음
이판호 옮김

지은이 소개

헥터 베이가 오르티즈Héctor Veiga Ortiz

실시간 데이터 통합 전문 소프트웨어 엔지니어다. 최근에는 주로 AWS 같은 다양한 클라우드 기술을 기반으로, 다양한 프로토콜과 형식에서 고용량 실시간 데이터를 다룰 수 있는 확장성, 복원력이 뛰어난 고성능 애플리케이션을 개발하는 데 주력해왔다. 이런 작업은 아카와 같은 메시징 시스템에 초점을 맞춰 해냈다. 또한 라이트밴드의 라곰 같은 프레임워크에서 마이크로서비스 아키텍처를 작업했다. 뿐만 아니라, 래빗MQ^{RabbitMQ}나 AMQP와 같은 메시지 브로커에 탄탄한 기초 지식을 갖추고 있다. 마드리드공과대학교에서 통신공학 석사를, 일리노이공과대학교에서 정보기술관리 석사 학위를 취득했다.

현재 히어 테크놀로지스^{HERE Technologies}의 글로벌 트래픽 데이터 통합 팀에서 일한다. 여러 종류의 데이터를 소비하는 확장 가능한 애플리케이션을 활발히 개발 중이며, 확장성 및 처리 요구 사항에 아카를 적극 활용한다. M2M 기술에 특화된 회사 젭톰 테크놀로지스^{Xaptum Technologies}에서도 근무했다. 또한, 아카 프로젝트에 수차례 기여했으며, 스택오버플로우의 아카 태그에서 활발하게 활동 중이다.

팩트출판사에서 펴낸 『RabbitMQ Cookbook』(2013)과, 『RabbitMQ Essentials』(2014)의 기술 감수자다.

나를 지지해주는 가족과 친구에게 감사한다. 특히, 지구 반대편에서 응원해주는 가족(어머니 필라, 여동생 파울라, 아버지 호세 카를로스)에게 감사한다. 무엇보다도, 프로젝트 내내 보이지 않는 곳에서 어제보다 더 나은 오늘을 살 수 있게 도와준 나의 사랑 로라에게 감사한다.

4

피유시 미시라^{Piyush Mishra}

스칼라, 아카, 스파크를 사용해 장애 허용적이며^{fault-tolerant} 확장 가능한 고성능 시스템을 개발하고 디자인하며 복수의 서버에서 이를 유지하는 데 4년 이상의 경력을 가진 전문가다.

블로그 https://piyushmishra889.wordpress.com/에 스칼라에 관한 글을 쓴다.

https://in.linkedin.com/in/piyush1989에서 링크드인을 찾을 수 있다.

또한 슬라이드셰어^{Slideshare}의 http://www.slideshare.net/knoldus/reactive-programming-with-scala-and-akka에 반응형 프로그래밍 및 애플리케이션과 이것의 필요성을 다룬 내용이 있다. 스칼라, 아카, 반응형 애플리케이션, 그리고 이에 대한 네 가지 원칙도 이야기한다.

나의 가족, 아버지 옴카 나스 미쉬라와 책 서술을 북돋아준 아내 락스미에게 감사한다. 프로젝트 전체를 지원해준 팩트출판사에 감사한다.

기술 감수자 소개

스티브 포스달 Steve Fosdal

10년 넘게 소프트웨어 산업에 종사해왔다. 현재 실시간 시스템에 기계 학습을 적용하는 데 집중하고 있다. AWS와 스파크, 아카, 카프카, 스칼라를 사용해 작업한다.

위스콘신대학UW-Madison에서 물리학 학사를 받는 동안, 계산 물리학에 흥미를 느꼈다. 엔바디N-body 및 양자 소용돌이를 시뮬레이션하면서 지금의 일을 하게 됐다.

슬랄롬Slalom에서 솔루션 아키텍트로, 히어 테크놀로지스에서 실시간 데이터 통합과 예측 트래픽을 다루는 선임 소프트웨어 엔지니어로 일했다. 현재는 아보Avvo의 빅데이터 엔지니어로 일한다.

http://fosdal.net에서 그를 찾을 수 있다.

팩트출판사에서 출간한 『RabbitMQ 완성하기』의 기술 감수를 했다.

내가 하는 모든 일에 아낌없이 지원해주는 아내 힐러리에게 감사한다.

옮긴이 소개

이판호(peno8050@gmail.com)

대학에서 통계학을 전공한 후 금융 관련 일을 하다가 뒤늦게 프로그래밍 세계에 입문했다. 데이터 분석을 기반으로 하는 금융 투자와 프로그램 개발에 관심이 많다. 현재는 ETF 포트폴리오 분석을 위한 웹 서비스를 개발하며 기술 서적을 번역하고 있다. 에이콘출판사에서 펴낸 『R 병렬 프로그래밍』(2017), 『파이썬으로 배우는 데이터 과학 2/e』(2017) 등을 번역했다.

옮긴이의 말

스칼라 기반의 웹 애플리케이션을 개발하면서 핵심 로직을 동시적으로 병렬화해야 했다. 프로그램 구조가 더 이상 복잡해지지 않게 제한하면서 코드를 직관적으로 구현할 수 있는 도구가 필요했다. 스칼라와 아카의 조합은 이에 부합하는 환상적인 개발 환경이다. 아카의 성능을 긍정적으로 평가하는 많은 의견을 많이 접한 터라 망설임 없이 선택했다.

하지만 스칼라도 익숙하지 않았기 때문에 아카에 입문하기 적당한 책을 찾고 있었다. 아카를 다루는 한글 서적은 거의 없었는데, 사실 지금도 그렇다. 마침 에이콘출판사에서 『Akka Cookbook』의 번역을 제안한 덕분에, 아카에 더 쉽게 입문하는 데 도움이 되는 책이 나올 수 있었다.

아카를 활용하면 액터 모델을 기반으로 하는 동시적이고 확장 가능한 반응형 애플리케이션을 개발할 수 있다. 액터 모델은 메시지 기반으로, 부모 액터가 자식 액터에게 작업을 분산시키고, 결과를 동시적으로 받아 클라이언트에게 넘겨주는 일련의 체계로 간단히 설명할 수 있다. 이런 용어들은 구체적으로 무엇을 뜻할까? 또한 아카는 어떻게 액터 모델을 구현할까? 여러분은 이 책을 읽고 아카를 쉽게 학습할 수 있을 것이다.

이 책은 아카를 처음 접하는 사람들을 위해 SBT 설치부터 가급적 쉽게 동시적 프로그래밍 모델을 접할 수 있게 풀어낸다. 가벼운 마음으로 따라 하며 아카에 익숙해지기를 추천한다. 자바에서 아카를 사용한다면 예제에서 배운 내용을 바탕으로 도입 과정을 더 매끄럽게 진행할 수 있을 것이다. 또한 아카 지속성, 스트림, 클러스터링, HTTP 등 아카의 고급 기능을 활용할 때도 이 책의 도움을 받을 수 있다.

마지막으로 에이콘출판사의 권성준 대표님, 황영주 상무님, 이지은 편집자님, 배혜진 편집자님께 감사의 말을 전한다.

이판호

차례

1장   아카로 뛰어들기   31

3장   메시지 라우팅   87

10장   다양한 아카 패턴 이해   363

들어가며

아카^{Akka}는 액터 모델 덕분에 JVM에서 동시성, 확장 가능성, 회복력이 있는 반응형 애플리케이션을 개발할 때 많이 사용되는 툴킷이다. 아카 툴킷은 수년 전부터 사용돼 온 성숙한 기술이다. 시스코, 아마존, 그루폰 같은 많은 기업에서 성공적으로 도입했다. 이 책에서는 아카뿐 아니라 관련 모듈의 동작 방식까지 모두 살펴보고, 가장 일반적인 작업을 쉽게 처리하는 유용한 예제를 제공한다. 또한 아카의 개발을 지원하는 라이트밴드^{Lightbend} 사의 최신 마이크로서비스 프레임워크 라곰^{Lagom}도 소개한다.

이 책의 내용

1장, '아카로 뛰어들기' 아카 액터^{actor}, 액터 시스템, 메일박스, 액터 행위 바꾸기의 기본 개념을 다룬다.

2장, '감시와 모니터링' 액터 생명주기, 액터 계층, 감독, 모니터링을 다룬다.

3장, '메시지 라우팅' 다양한 형태의 그룹과 풀 라우터, 그리고 아카 디스패처의 동작 방식을 다룬다.

4장, '퓨처와 에이전트 사용하기' 퓨처가 동작하는 방식과 이들을 아카 툴킷과 잘 통합시키는 방법을 다룬다. 또한 아카 에이전트도 다룬다.

5장, '액터 스케줄링과 그 밖의 유틸리티' 아카 스케줄러의 동작 방법을 설명한다. 그리고 아카 애플리케이션을 패키징, 설정, 실행하는 여러 가지 유용한 방법을 다룬다.

6장, '아카 지속성' 스테이트풀 액터의 상태를 아파치 카산드라나 레디스 같은 다양한 기술로 유지하는지 방법을 설명한다. 다양한 복구 전략을 다룬다.

7장, '원격화 및 아카 클러스터링' 잘 알려진 원격 주소를 사용하거나 분산화된 피어투피어 peer-to-peer 기반 클러스터 멤버십 서비스를 연결해 단일의 JVM을 벗어나 아카를 사용하는 방법을 다룬다.

8장, '아카 스트림' 아카 스트림 프레임워크를 살펴보고, 이를 아카 및 서드파티 기술과 통합시키는 방법을 다룬다.

9장, '아카 HTTP' 아카 HTTP를 클라이이언트와 서버 사이드 모두에서 사용하는 방법을 설명한다. 또한, 사용자 사례에 따른 API 수준 설정 방법을 보여준다.

10장, '다양한 아카 패턴 이해' 아카를 사용해 서로 다른 일반적인 프로그래밍 패턴을 사용하는 방법을 다룬다.

11장, '라곰으로 마이크로서비스하기' 라이트밴드의 마이크로서비스 프레임워크인 라곰을 소개한다. 라곰의 관례 및 라곰으로 마이크로서비스를 생성, 설정, 연결, 실행하는 데 필요한 정보를 살펴본다.

준비 사항

이 책에서는 예제가 예상대로 동작한다는 것을 알 수 있다. 모든 코드 예제는 스칼라 프로그래밍 언어로 작성했다(http://www.scala-lang.org/). 아카에서도 자바 API를 제공하지만 예제에서는 다루지 않는다. 하지만 모든 예제는 자바와 스칼라에서 동일하게 동작한다. 자바 개발자라도 다양한 예제의 핵심 내용을 이해할 수 있다.

이 책의 예제는 스칼라뿐 아니라 sbt(http://www.scala-sbt.org/)를 이용해 빌드할 수 있다. sbt는 의존성 관리와 예제를 실행하는 데도 도움이 된다.

마지막으로, 필수는 아니지만 IDE를 사용해 예제를 개발하는 것을 권장한다. 스칼라 애플리케이션을 개발하는 무료 IDE로는 인텔리제이 IntelliJ IDEA나 스칼라 Scala IDE가 사용하기에 좋다.

대상 독자

이 책에서는 다양한 방법으로 아카 툴킷을 살펴본다. 액터에 메시지를 보내는 쉬운 내용부터 마스터 슬레이브 작업 풀링 패턴 같은 고급 주제를 아우르는 유용한 예제를 통해 아카를 이용해 각 패턴을 완성해 나가는 방법을 설명한다. 아카 입문자뿐 아니라 아카에 익숙한 독자도 아카를 좀 더 깊이 이해하게 될 것이다.

절 – 예제 프로젝트명

이 책을 읽다 보면 빈번하게 등장하는 몇 가지 소제목(준비, 예제 구현, 예제 분석, 부연 설명, 참고 사항)이 있다.

독자들이 책에서 설명하는 내용을 잘 따라올 수 있도록 다음과 같이 절을 구성했다.

준비하기

이번 절에서는 무슨 주제를 다루는지 소개하고, 어떤 소프트웨어를 설치하고, 사전 설정은 어떻게 해놓아야 하는지 등을 알려준다.

예제 구현

예제를 구현하는 방법을 단계별로 상세히 설명한다.

예제 분석

예제 구현 절에서 다룬 내용을 좀 더 자세히 설명한다.

좀 더 깊은 지식을 얻을 수 있는 추가 정보가 있다.

참고 사항

각 절에 관한 좀 더 유용한 정보를 찾아볼 수 있게끔 도움이 될만한 링크를 덧붙였다.

이 책의 편집 규약

이 책에서는 독자의 이해를 돕고자 다루는 정보에 따라 다음과 같이 글꼴 형식을 다르게 적용했다. 다음은 다르게 적용된 스타일의 예제와 의미 설명이다.

문장 중에 사용된 코드, 데이터베이스 테이블 이름, 사용자 입력, 트위터 처리 등은 다음과 같이 표기한다.

"간단한 sbt 명령을 실행해 build.sbt라 불리는 프로젝트 빌드 정의 파일을 만든다."

코드 블록은 다음과 같이 표기한다.

```
import akka.actor.Props
import akka.actor.ActorSystem
object BehaviourAndState extends App {
    val actorSystem = ActorSystem("HelloAkka")
    // 액터 시스템 내에 액터를 만듦
    val actor = actorSystem.actorOf(Props[SummingActor])
    // 액터 경로를 인쇄함
    println(actor.path)
}
```

모든 커맨드라인 입력값이나 출력값은 다음과 같이 표기한다.

```
sbt "runMain com.packt.chapter1.BehaviorAndState"
akka://HelloAkka/user/$a
```

주의해야 하거나 중요한 내용은 이와 같이 표기한다.

 참고사항이나 요령은 이와 같이 표기한다.

독자 의견

이 책에 대한 독자의 의견은 언제나 환영이다. 좋은 점 또는 고쳐야 할 점에 대한 솔직한 의견은 앞으로 더 좋은 책을 발행하는 데 큰 도움이 된다. 독자 의견을 보낼 때는 이메일 제목란에 구입한 책 제목을 적은 후 feedback@packtpub.com으로 전송한다. 만약 독자가 특정 분야의 전문가로서 저자가 되고 싶다면 http://www.packtpub.com/authors를 참조한다.

고객 지원

이 책을 구입한 독자라면 다음과 같은 지원을 받을 수 있다.

예제 코드 다운로드

http://www.packtpub.com에 등록된 계정으로 로그인한 다음에 구입한 모든 팩트 책의 예제 코드 파일을 다운로드할 수 있다. 다른 곳에서 이 책을 구입한 경우에는 http://www.packtpub.com/support를 방문해 이메일 주소를 등록하면 예제 코드 파일을 내려받는 링크를 받을 수 있다. 에이콘출판사 도서정보 페이지 http://www.acornpub.co.kr/book/akka-cookbook에서도 내려받을 수 있다.

예제 코드를 다운로드하는 방법은 다음과 같다.

1. 이메일 주소와 암호를 사용해 웹사이트에 로그인하거나 가입한다.
2. 상단의 **SUPPORT** 탭에 마우스 포인터를 올려 놓는다.
3. **Code Downloads & Errata**를 클릭한다.
4. 검색 상자에 책의 이름을 입력한다.
5. 다운로드할 코드 파일의 책을 선택한다.
6. 팩트출판사에서 구매한 책을 드롭다운 메뉴에서 선택한다.
7. **Code Download**를 클릭한다.

또한 팩트출판사 웹사이트의 책 웹페이지에서 **Code Files**를 클릭해 코드 파일을 다운받을 수 있다. 이 페이지는 **Search** 상자에 책 이름을 입력해서 접근할 수 있다. 팩트 계정으로 로그인해야 한다.

파일을 다운로드한 후 최신 버전의 압축 프로그램을 사용해 폴더의 압축을 해제한다.

- 윈도우용: WinRAR / 7-Zip
- 맥용: Zipeg / iZip / UnRarX
- 리눅스용: 7-Zip / PeaZip

이 책의 코드 묶음은 https://github.com/PacktPublishing/Akka-Cookbook에 있는 깃허브에서도 제공된다. 또한 https://github.com/PacktPublishing/에서 다양한 도서와 비디오 카탈로그의 코드 묶음도 제공된다. 해당 사이트를 방문해 확인해보자.

오탈자

정확한 편집을 위해 세심한 주의를 기울였음에도 실수가 발생하곤 한다. 본문에서 발견한 오류 혹은 코드상 오류에 대해 보고해주시면 매우 감사하겠다. 독자의 참여를 통해 또 다른 독자들이 느낄 불편을 최소화해주고 이 책의 후속 판을 개선하는 데 도움이 된다. 오탈자를 발견하면 http://www.packtpub.com/submiterrata에 신고해주기 바란다.

해당 서적을 선택한 후에 Errata Submission 링크를 클릭하고, 오류에 대한 자세한 내용을 기술하면 된다. 오류 내용이 확인되면 웹사이트에 그 내용이 올라가거나 해당 서적의 정오표에 내용이 추가될 것이다. https://www.packtpub.com/books/content/support 로 가서 검색어 항목에 서적을 입력하면 지금까지의 정오표를 확인할 수 있다. 한국어판은 에이콘출판사 도서정보 페이지 http://www.acornpub.co.kr/book/akka-cookbook 에서도 찾아볼 수 있다.

저작권 침해

인터넷을 통한 저작권 침해는 모든 매체가 골머리를 앓고 있는 심각한 문제점이다. 팩트 출판사에서는 저작권 및 라이선스 관련 문제를 매우 심각하게 생각한다. 인터넷에서 어떤 형태로든 팩트 책의 불법 복제본을 발견한다면, 적절한 조치를 취할 수 있게 주소나 웹사이트명을 즉시 알려주길 부탁드린다. 불법 복제물로 의심되는 링크를 copyright@packtpub.com으로 보내주기 바란다. 더 좋은 책을 만들기 위한 팩트출판사와 저자들의 노력을 배려하는 마음에 깊은 감사의 뜻을 전한다.

질문

이 책에 관련된 질문이 있다면 questions@packtpub.com으로 문의하기 바란다. 최선을 다해 답하겠다. 한국어판에 관한 질문은 이 책의 옮긴이나 에이콘출판사 편집 팀(editor@acornpub.co.kr)으로 문의할 수 있다.

1

아카로 뛰어들기

이 장에서 다루는 내용은 다음과 같다.

- 아카 스칼라 SBT 프로젝트를 처음부터 만들기
- 액터 시스템 만들고 이해하기
- 액터의 행위와 상태 정의하기
- 액터에 메시지 보내기
- 액터로부터 결과 요청하기
- 액터 사이의 통신
- 액터를 위한 사용자 정의 메일박스 만들기
- 액터가 수신하는 메시지의 우선순위 정하기
- 액터를 위한 제어 인식control-aware 메일박스 만들기
- 액터의 행위를 부여하기/제거하기
- 액터 멈추기

오늘날, CPU 칩 하나에 여러 개의 코어가 장착되면서 컴퓨터 하드웨어는 더욱 저렴하고 강력해졌다. 코어가 늘어남에 따라 하드웨어의 능력도 커져, 코어를 효율적으로 사용할 수 있는 최첨단의 소프트웨어 프레임워크가 필요해졌다.

아카Akka는 이런 프레임워크 또는 툴킷이라 말할 수 있는데, 하드웨어 코어를 효율적으로 활용하고 성능이 좋은 애플리케이션[1]을 작성할 수 있게 해준다.

우리는 빅데이터 세계에 살고 있기 때문에, 대량의 트래픽이 서버로 유입되며, 서버가 초 단위가 아닌 밀리초 내로 반응하기를 원한다. 이럴 때 아카는 서버 부하가 늘어날수록 앱 을 스케일업scale up한다.

앱이 밤낮으로 고가용성을 유지하며 실행되기를 원할 때 아카는 앱이 장애를 허용하도록 만들어준다.

앱이 복수의 머신으로 된 클러스터에서 실행되기를 원할 때 아카가 데이터센터에 걸쳐 앱 을 스케일아웃한다.

이 책은 대다수의 독자가 자바 멀티스레딩 모델로 작업해 왔고, 멀티스레딩된 동시성 앱 을 작성하는 일이 매우 어렵다는 사실을 잘 알고 있다고 가정한다. 객체를 잠그고 해제하 고, 작업을 완료하기 위해 스레드에게 알리거나 기다리게 하여 서로 결합시키고, 스레드 가 점유하는 자원을 해제하는 등의 저수준 세부 작업을 관리해야 하기 때문이다. 멀티스 레드 프로그램을 작성하려면 비즈니스 로직뿐 아니라 세부 스레드 관리에 더 신경 써야 야 하기 때문에 어렵다.

아카는 진정으로 동시적이고, 장애를 허용하며, 분산된, 확장 가능한 앱을 작성하는 툴킷 이며, 이런 앱은 수일, 수개월, 수년을 멈춤 없이 실행하고, 장애 시 스스로 고칠 수 있다. 순수 자바 멀티스레딩 모델로 장애 허용적이고, 분산적이며, 확장 가능한 속성을 만족하

---

1 이하 '앱'이라 한다. - 옮긴이

는 동시성 앱을 작성하는 일은 매우 어렵다. 아카는 고수준의 추상화를 통해 이들 속성을 만족하는 앱을 구축할 수 있다.

아카는 액터라는 명료한 분산화를 추상화하는 기본 단위를 제공한다. 이는 탄력 있는, 유연한, 이벤트 기반의, 응답적인 시스템을 작성하는 기본을 구성한다.

이제 속성의 뜻을 살펴보자.

- **회복력**resilient : 스스로 회복할 수 있는 앱은 장애를 복구할 수 있으며, 오류나 예외 같은 장애가 발생하더라도 항상 응답함을 뜻한다.
- **탄력성**elastic : 작업 부하가 크든 작든 규모에 상관없이 응답하는 시스템을 말한다. 즉, 트래픽이 증가하든 감소하든 할당된 자원을 조절해 부하를 서비스할 수 있게 항상 응답성을 유지하는 시스템이다.
- **메시지 기반**message driven : 시스템의 구성 요소가 서로 느슨하게 결합돼 있으며 비동기 메시지 전달을 사용해 통신하고, 행동을 취함으로써 메시지에 반응한다.
- **응답성**responsive : 위 세 속성을 만족하는 시스템을 응답성이 있는 시스템이라 한다.

네 가지 속성을 모두 만족하는 시스템을 반응형reactive 시스템이라 부른다.

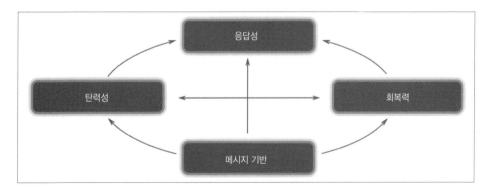

반응적인 시스템의 속성

예제를 시작하기 전에 액터의 속성부터 살펴보자.

1. **상태**state : 액터는 내부 상태가 있고, 이 상태는 메시지를 처리함에 따라 순차적으로 변한다mutate.
2. **행위**behavior : 액터는 송신된 메시지에 행위를 적용함으로써 반응한다.
3. **통신**communication : 액터는 다른 액터에게 메시지를 송신하거나 수신함으로써 서로 통신한다.
4. **메일박스**mailbox : 메일박스는 액터가 메시지를 가져오고 처리하는 메시지 큐queue다.

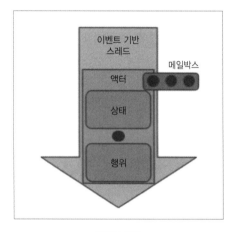

액터의 구조

액터는 메시지 기반이다. 즉, 수동적이며 사용자가 메시지를 보내지 않는 한, 그리고 보낼 때까지 아무 일도 하지 않는다. 메시지를 보내면, 액터는 디스패처dispatcher라 알려진 스레드 풀에서 스레드를 가져와서 메시지를 처리하고, 스레드를 스레드 풀로 다시 해제시킨다.

액터는 또한 본래 비동기적이다. 액터는 절대로 현재 실행 스레드를 막지 않으며 다른 스레드로 작업을 계속한다.

 액터 모델의 자세한 내용은 위키디피아 링크 https://en.wikipedia.org/wiki/Actor_model 을 방문해보라.

예제를 시작해보자.

아카 스칼라 SBT 프로젝트 만들기

이 책은 독자가 스칼라 프로젝트를 빌드하는 **SBT**Simple Build Tool 지식이 있는 스칼라 개발자라고 가정한다.

준비하기

예제를 따라 하려면 머신에 SBT부터 설치해야 한다. 다른 사항은 필요 없다.

머신에 SBT를 설치하지 않았다면, SBT 수동 설치 페이지 https://www.scala-sbt.org/release/docs/를 방문해 사용 중인 운영체제에 맞는 안내를 따른다.

자바 프로젝트를 위해서 **메이븐**Maven이 있는 것처럼, SBT는 스칼라 프로젝트를 빌드하기 위해 사용한다. 그러나 SBT와 메이븐 둘 다 스칼라, 자바 프로젝트를 빌드할 수 있다.

이 책에서는 우분투 리눅스Ubuntu Linux 운영체제에 프로젝트를 빌드한다.

1. SBT 프로젝트를 만들려면 Hello-Akka 같은 프로젝트 디렉터리를 만들어야 한다. 다음 화면은 프로젝트 디렉터리 만들기를 보여준다.

프로젝트 디렉터리 만들기

2. 디렉터리로 이동해 sbt 명령을 실행하라. sbt 프롬프트 모드로 진입하면 다음 화면과 같이 아래 명령을 하나씩 실행한다.

```
set name := "Hello-Akka"
set version := "1.0"
set scalaVersion: ="2.11.7"
session save
exit
```

```
@ubuntu:~/Hello-Akka$ sbt
Java HotSpot(TM) 64-Bit Server VM warning: ignoring option MaxPermSize=256M; support was removed in 8.0
[info] Set current project to hello-akka (in build file:/home/piyush/Hello-Akka/)
> set name:="Hello-Akka"
[info] Defining *:name
[info] The new value will be used by *:description, *:normalizedName and 6 others.
[info]   Run `last` for details.
[info] Reapplying settings...
[info] Set current project to Hello-Akka (in build file:/home/piyush/Hello-Akka/)
> set version:="1.0"
[info] Defining *:version
[info] The new value will be used by *:isSnapshot, *:projectId and 3 others.
[info]   Run `last` for details.
[info] Reapplying settings...
[info] Set current project to Hello-Akka (in build file:/home/piyush/Hello-Akka/)
> set scalaVersion:="2.11.7"
[info] Defining *:scalaVersion
[info] The new value will be used by *:allDependencies, *:ivyScala and 10 others.
[info]   Run `last` for details.
[info] Reapplying settings...
[info] Set current project to Hello-Akka (in build file:/home/piyush/Hello-Akka/)
> session save
[info] Reapplying settings...
[info] Set current project to Hello-Akka (in build file:/home/piyush/Hello-Akka/)
> exit
@ubuntu:~/Hello-Akka$
```

build.sbt라는 빌드 파일과 클래스 파일이 놓일 target 디렉터리가 만들어진다.

3. 빌드 파일을 수정해 다음과 같이 아카 액터 의존성dependency을 추가한다.

```
libraryDependencies += "com.typesafe.akka" %
"akka-actor_2.11" % "2.4.4"
```

특정 스칼라 버전에 맞는, 메이븐 저장소의 특정 아카 액터 버전을 선택할 수 있다.

```
name:="Hello-Akka"

version:="1.0"

scalaVersion:="2.11.7"

libraryDependencies += "com.typesafe.akka" % "akka-actor_2.11" % "2.4.4"
```

빌드 파일에 아카 의존성 추가

4. sbt update 명령을 실행해 아카 의존성을 다운로드한다. 프로젝트에 아카 액터 기능이 생기면, 반응적인 프로그램을 작성할 준비가 된 것이다.

이름에서 알 수 있듯이 SBT^{Simple Build tool}는 스칼라 프로젝트를 빌드하는 데 널리 쓰이는 도구다.

첫 번째 단계에서는 소스 파일, 프로젝트 빌드 정의가 들어있는 프로젝트 디렉터리와 런 타임 실행 동안 클래스 파일을 가지는 target을 만든다.

두 번째 단계에서는 간단한 sbt 명령을 실행해 build.sbt라는 프로젝트 빌드 정의 파일 을 만든다.

세 번째 단계에서는 빌드 파일에 아카 액터를 위한 라이브러리 의존성을 추가해 아카 기 능을 활성화한다.

네 번째 단계에서는 sbt update 명령으로 아카 의존성을 다운로드해, 프로젝트는 아카 기 반 앱을 작성할 준비가 된다.

이것이 아카 기반 프로젝트를 준비하는 방법이다.

액터 시스템 생성 및 이해

이번 절에서는 액터 시스템을 만들고 이해할 것이다. Hello-Akka 프로젝트의 초기 설정 을 완료했으므로, 또 다른 프로젝트를 만들 필요는 없다. SBT 프로젝트를 인텔리제이 아 이디어^{IntelliJ Idea} 같은 IDE에 불러와야 한다.

준비하기

인텔리제이 아이디어를 사용하고 있다면, 스칼라와 SBT 플러그인을 설치해야 한다.

SBT 프로젝트를 인텔리제이 아이디어에서 불러오려면 다음 웹사이트를 참고하라.

https://www.jetbrains.com/help/idea/getting-started-with-sbt.html#import_project

예제 구현

아카에서는 간단하게 액터 시스템을 만들 수 있다.

1. Hello-Akka src 폴더 안에 com.packt.chapter1 패키지를 만들자.[2] 이 패키지 안에 모든 소스코드를 넣어둘 것이다.

2. 패키지 안에 코드가 있는 HelloAkkaActorSystem.scala 파일을 만들자.

3. 작은 스칼라 앱 오브젝트[3] HelloAkkaActorSystem을 만들고, 그 안에 ActorSystem을 만들자.

```
package com.packt.chapter1
Import akka.actor.ActorSystem
/**
* Created by user
*/
object HelloAkkaActorSystem extends App {
    val actorSystem = ActorSystem("HelloAkka")
    println(actorSystem)
}
```

4. 인텔리제이 아이디어나 콘솔에서 앱을 실행해보자. 결과는 다음과 같다.

akka://HelloAkka

---

2 정확하게는 src/main/scala 폴더 안에 만들어야 한다. http://www.scala-sbt.org/0.13/docs/Directories.html에서 sbt의 디렉터리 구조를 참고한다. - 옮긴이

3 이 책에서 object 키워드로 선언하는 싱글톤 객체는 '오브젝트'로 번역했다. - 옮긴이

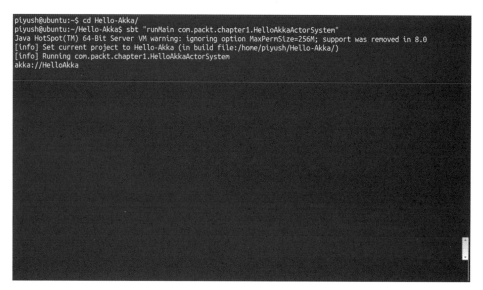

```
piyush@ubuntu:~$ cd Hello-Akka/
piyush@ubuntu:~/Hello-Akka$ sbt "runMain com.packt.chapter1.HelloAkkaActorSystem"
Java HotSpot(TM) 64-Bit Server VM warning: ignoring option MaxPermSize=256M; support was removed in 8.0
[info] Set current project to Hello-Akka (in build file:/home/piyush/Hello-Akka/)
[info] Running com.packt.chapter1.HelloAkkaActorSystem
akka://HelloAkka
```

아카 액터 의존성 다운로드

 콘솔에서 sbt를 사용해 하나의 스칼라 앱을 실행하는 방법은 다음과 같다.
앱의 루트 디렉터리로 이동해서 다음 명령을 실행한다.

sbt "runMain com.packt.chapter1.HelloAkkaActorSystem"

예제 분석

이번 절에서는 액터 시스템을 생성하는 간단한 스칼라 오브젝트를 만들었으며, 그런 다음 앱을 실행했다.

액터 시스템이 필요한 이유

아카에서 액터 시스템은 모든 아카 앱의 작성 시작점이다.

기술적으로 액터 시스템은 앱마다 존재하는 비중 있는 체계로, n개의 스레드를 할당한다. 따라서 다른 액터 시스템을 만들 이유가 있지 않는 한, 앱마다 하나의 액터 시스템을 만들 것을 추천한다.

액터 시스템은 액터가 사는 집이라 할 수 있으며, 액터의 생명주기를 관리하고 감독한다. 액터 시스템은 생성 시 세 개의 액터를 시작한다.

- /user – 감시자guardian 액터: 모든 사용자 정의 액터는 부모 액터인 유저user의 자식으로 만들어진다. 즉, 액터 시스템에서 사용자의 액터를 만들 때, 이는 유저 감시자 액터의 자식이 되며, 이 감시자 액터가 사용자의 액터를 감독한다. 감시자 액터를 종료시키면 사용자의 액터도 종료된다.
- /system – 시스템 감시자: 아카에서는 로깅 또한 액터를 사용해서 구현한다. 이 특별한 감시자는 모든 일반 액터가 종료될 때 로깅 액터를 정지시킨다. 이는 유저 감시자 액터를 주시하며, 감시자 액터의 종료에 따라 그 자신의 정지작업을 시작한다.
- / – 루트 감시자: 루트 감시자는 최고 수준top level 액터라 불리는 모든 액터의 조부모grandparent 액터이며, 모든 최고 수준 액터를 감독한다. 이 액터의 목적은 모든 형태의 예외에 대해 자식 액터를 종료시키는 것이다. 감시자 액터가 모든 자식 액터를 성공적으로 종료시킬 수 있다면, 루트 감시자는 액터 시스템 상태를 종료로 설정한다.

 액터 시스템에 대한 더 많은 정보는 다음 사이트를 참고하라.
http://doc.akka.io/docs/akka/2.4.1/general/actor-systems.html

액터의 행위와 상태 정의하기

이번 절에서는 몇 개의 메시지를 수신하고, 상태에 행위를 적용하는 액터를 정의한다. 그런 다음 액터 시스템 안에 그 액터를 생성한다.

액터의 행위와 상태라는 용어의 뜻을 알게 될 것이다.

준비하기

인텔리제이 아이디어 같은 IDE에서 Hello-Akka 프로젝트를 불러와야 하며, 스칼라 프로젝트를 콘솔에서 빌드하고 실행할 수 있도록 SBT가 머신에 설치돼 있어야 한다.

예제 구현

1. 인텔리제이 아이디어 같은 IDE에서 HelloAkka 프로젝트를 열고, com.packt.chapter1 패키지 안에 BehaviorAndState.scala를 생성한다.
2. 파일 상단에 import akka.actor.Actor 불러오기를 추가한다.

   파일 안에 다음과 같이 액터를 정의한다.

```scala
class SummingActor extends Actor {
  // 액터 내부 상태
  var sum = 0
  // 상태에 적용될 행위
  override def receive: Receive = {
    // Integer 메시지를 수신함
    case x: Int => sum = sum + x
    println(s"my state as sum is $sum")
    // 기본 메시지를 수신함
    case _ => println("I don't know what
      are you talking about")
  }
}
```

여기서는 액터를 생성하지 않고, 상태와 행위의 정의만 한다.

3. 앞 절을 통해 액터 시스템이 액터의 집임을 알고 있으며, 액터 시스템을 어떻게
   생성하는지 알고 있다. 이제 그 안에 액터를 생성할 것이다.

   파일 상단에 다음 불러오기를 추가한다.

```
import akka.actor.Props
import akka.actor.ActorSystem
object BehaviourAndState extends App {
  val actorSystem = ActorSystem("HelloAkka")
  // 액터 시스템 내부에 액터를 생성함
  val actor = actorSystem.actorOf(Props[SummingActor])
  // 액터의 경로를 인쇄함
  println(actor.path)
}
```

4. IDE나 콘솔에서 이전 앱을 실행하면, 액터 경로를 인쇄할 것이다.

   다음 명령을 사용해 콘솔에서 앱을 실행할 수 있다.

   sbt "runMain com.packt.chapter1.BehaviorAndState"
   akka://HelloAkka/user/$a

   여기서 HelloAkka는 액터 시스템의 이름이며, user는 유저 감시자 액터, 즉 여러
   분 액터의 부모 액터이며, $a는 여러분 액터의 이름이다.

또한 액터에 이름을 줄 수도 있다.

```
val actor = actorSystem.actorOf(Props[SummingActor],
"summingactor")
```

앱을 다시 실행하면 summingactor와 같이 액터의 이름을 출력할 것이다.

출력값은 다음과 같다.

akka://HelloAkka/user/summingactor

다음 코드와 같이 액터가 생성자로부터 인수^argument를 받는다면 액터를 어떻게 만들까?

```
class SummingActorWithConstructor(intitalSum: Int)
extends Actor {
  // 액터 내부 상태
  var sum = 0
  // 상태에 적용될 행위
  override def receive: Receive = {
    // Integer를 메시지로 수신함
    case x: Int => sum = intitalSum + sum + x
    println(s"my state as sum is $sum")
    // 기본 메시지를 수신함
    case _ => println("I don't know what
      are you talking about")
  }
}
```

이를 위해, 다음 코드를 사용한다.

```
actorSystem.actorOf(Props(classOf[
SummingActorWithConstructor], 10), "summingactor")
```

예제 분석

앞 절에서 봤듯이, 액터 시스템은 액터가 사는 장소다. 이전 앱에서 상태와 행위로 액터를
정의했으며, 아카가 제공하는 API를 사용해서 아카 안에 액터를 생성했다.

summingactor의 경우, 상태는 변수 sum이며 행위는 메시지가 도착하자마자 sum에 integer
를 더하는 것이다.

부연 설명

액터 생성에 대한 몇 가지 실습을 추천한다. 자세한 내용은 다음 링크를 참고한다.

http://doc.akka.io/docs/akka/current/scala/actors.html

액터에 메시지 송신하기

아카는 메시지 기반 프레임워크이므로, 액터에 메시지를 송신하는 것은 아카 기반의 앱을 구축하는 첫걸음이라 할 수 있다. 시작해보자.

준비하기

이번 절에서는 액터에 메시지를 송신하는 방법을 살펴본다. 준비 사항은 앞 절과 같다.

예제 구현

앞 절에서 integer의 합을 계산하는 액터를 생성했다.

```
val actor = actorSystem.actorOf(Props[SummingActor],
"summingactor")
```

이제 다음과 같이 summing actor에 integer를 송신한다.

```
actor ! 1
```

출력 결과는 다음과 같다.

My state as sum is 1

while 루프 안에서 메시지를 계속 보내면 액터는 계속 계산해 합이 증가할 것이다.

```
while (true) {
   Thread.sleep(3000)
   actor ! 1
}
```

while 루프 안에서 메시지를 송신하는 동안 다음과 같이 출력된다.

```
my state as sum is 1
my state as sum is 2
my state as sum is 3
my state as sum is 4
my state as sum is 5
```

Hello라는 문자열 메시지를 송신하면, 이 메시지는 액터의 기본 행위에 포함되는 경우며, 다음과 같이 출력된다.

```
I don't know what you are talking about
```

예제 분석

액터는 다른 액터와 통신하는 데 쓰는 말하기tell(!) 또는 요청하기ask(?) 같은 메서드를 가진다. 첫 번째는 발사 후 망각형fire and forget이며 두 번째는 응답이 미래에 액터로부터 올 것이라는 뜻의 퓨처Future를 반환한다.

액터에 메시지를 송신하자마자 액터는 메시지를 수신하고, 스레드 풀로부터 기본적인 자바 스레드를 가져오고, 작동시키고, 스레드를 해제한다. 액터는 현재 실행 스레드를 절대 막지 않으므로 비동기적이라 할 수 있다.

부연 설명

메시지 송신에 대한 더 많은 정보는 다음 링크를 참고하라.

http://doc.akka.io/docs/akka/current/scala/actors.html#Send_messages

액터에 결과 요청하기

이번 절에서는 액터에 계산 결과를 요청한다. 준비 사항은 앞 절과 같다.

앞 절에서는 말하고 잊기^{tell-and-forget} 패턴을 사용해 메시지를 송신하는 법을 배웠다. 이번 절에서는 액터가 무언가를 한 뒤 결과를 얻는 방법을 배운다.

예제 구현

액터를 정의하자. 이 액터는 무언가를, 예를 들면 숫자의 피보나치를 계산한다.

1. com.packt.chapter1 패키지에 FibonacciActor.scala 파일을 만든다.
2. 파일 상단에 다음을 추가한다.

```
import akka.actor.Actor
```

숫자의 피보나치를 계산하는 액터를 정의한다.

```
class FibonacciActor extends Actor {
  override def receive: Receive = {
    case num : Int =>
    val fibonacciNumber = fib(num)
  }
  def fib( n : Int) : Int = n match {
    case 0 | 1 => n
    case _ => fib( n-1 ) + fib( n-2 )
  }
}
```

3. 지금까지 액터를 정의했다. 송신자에게 계산 결과를 송신하려면, 액터 코드에 한 줄을 더 추가해야 한다.

```
sender ! fibonacciNumber
```

이제 달라진 점을 보자.

```
class FibonacciActor extends Actor {
  override def receive: Receive = {
    case num : Int =>
    val fibonacciNumber = fib(num)
    sender ! fibonacciNumber
  }
  def fib( n : Int) : Int = n match {
    case 0 | 1 => n
    case _ => fib( n-1 ) + fib( n-2 )
  }
}
```

액터는 기본 인접 송신자를 알 수 있게 구현돼 있다. 즉, 액터는 누가 메시지를 송신했는지 안다.

4. 액터로부터 결과를 요청하는 앱을 만든다.

5. 파일 상단에 다음을 추가한다.

```
import akka.actor.{Props, ActorSystem}
import akka.pattern.ask
import akka.util.Timeout
import scala.concurrent.Await
import scala.concurrent.duration._
```

6. 다음과 같이 FibonacciActorApp 오브젝트를 만든다.

```
object FibonacciActorApp extends App {
  implicit val timeout = Timeout(10 seconds)
  val actorSystem = ActorSystem("HelloAkka")
  val actor = actorSystem.actorOf(Props[FibonacciActor])
  // 액터에 결과 요청
  val future = (actor ? 10).mapTo[Int]
  val fiboacciNumber = Await.result(future, 10 seconds)
  println(fiboacciNumber)
}
```

7. 앱을 IDE나 콘솔에서 실행하면 다음과 같이 출력된다.

55

48

예제 분석

피보나치 숫자를 계산하는 액터를 만들었으며, 피보나치를 계산하도록 메시지를 액터에 보낸 송신자에게 결과를 송신했다.

액터의 수신receive 블록에서, 송신자에게 피보나치 결과를 송신한다. 액터는 본래 메시지를 누가 송신했는지 알고 있으므로, 수신 블록의 콘텍스트 내에서 항상 송신자가 존재하게 된다.

액터에게 물음표(?)를 사용해 메시지를 보낼 때, 작업이 완료되면 결과를 얻게 될 것이라고 약속해주는 퓨처를 반환한다.

퓨처는 뒤에서 배운다.

부연 설명

액터에 메시지를 송신하는 방법을 더 자세히 알고 싶다면 다음 링크를 참고하라.

http://doc.akka.io/docs/akka/current/scala/actors.html#Send_messages

액터 사이에서의 통신

아카 기반 앱에는 많은 액터가 있으며, 액터끼리 통신하는 방법은 여러 가지다.

이번 절에서는 두 액터가 통신하는 방법을 배운다. 먼저, 같은 프로젝트 Hello-Akka를 IDE에 불러와야 한다. 준비 사항은 앞 절과 같다.

준비하기

이 절을 진행하려면 IDE에 Hello_Akka 프로젝트를 불러와야 하며, 준비할 사항은 앞 절과 같다.

다음 두 액터를 만든다.

- QueryActor: 난수를 발생시키기 위해 RandomNumberGenerator에 메시지를 송신
- RandomNumberGeneratorActor: 발생시킨 난수를 QueryActor에 송신

액터를 만드는 과정은 다음과 같다.

1. com.packt.chapter1 패키지에 Communication.scala 파일을 만든다,
2. Messages 오브젝트를 만든다. 이는 액터가 서로 통신하도록 액터에 송신될 메시지를 보관한다.
3. 파일 상단에 다음을 추가한다.

   ```
   import akka.actor.ActorRef
   ```

   불러오기를 추가한 후 다음 코드를 입력한다.

   ```
   object Messages {
     case class Done(randomNumber: Int)
     case object GiveMeRandomNumber
     case class Start(actorRef: ActorRef)
   }
   ```

4. 난수를 만들고 송신자에게 송신하는 RandomNumberGeneratorActor를 정의한다.
5. 파일 상단에 다음의 두 가지 불러오기를 추가한다.

   ```
   import akka.actor.Actor
   import scala.util.Random._
   ```

   이제 코드는 다음과 같다.

   ```
   class RandomNumberGeneratorActor extends Actor {
     import Messages._
     override def receive: Receive = {
       case GiveMeRandomNumber =>
       println("received a message to
   ```

```
      generate a random integer")
    val randomNumber = nextInt
    sender ! Done(randomNumber)
  }
}
```

6. queryActor를 만든다. 이는 RandomNumberGeneratorActor에 메시지를 송신하고 난수를 수신한다.

```
class QueryActor extends Actor {
  import Messages._
  override def receive: Receive = {
    case Start(actorRef) => println(s"send me the next
      random number")
    actorRef ! GiveMeRandomNumber
    case Done(randomNumber) =>
    println(s"received a random number $randomNumber")
  }
}
```

7. 출력된 것을 보기 위해 Communication 앱 오브젝트를 만든다.

```
object Communication extends App {
  import Messages._
  val actorSystem = ActorSystem("HelloAkka")
  val randomNumberGenerator =
  actorSystem.actorOf(Props[RandomNumberGeneratorActor],
  "randomNumberGeneratorActor")
  val queryActor = actorSystem.actorOf(Props[QueryActor],
  "queryActor")
  queryActor ! Start(randomNumberGenerator)
}
```

8. 이제 앱을 IDE나 콘솔에서 실행시키면 다음과 같이 출력된다.

send me the next random number
received a message to generate a random integer
received a random number 841431704

두 번째 단계에서 message 오브젝트가 있음을 볼 수 있다. 이는 액터에 송신할 메시지를 가진다. 액터는 통신을 위해 이들 메시지를 사용한다.

세 번째 단계에서 GiveMeRandomNumber 메시지를 수신하고 송신자에게 다음과 같이 송신하는 RandomNumberGeneratorActor를 정의한다.

sender ! Done(randomNumber)

네 번째 단계에서는 RandomNumberGenerator에 실제로 메시지를 송신하고 Done의 경우 결과를 수신하는 QueryActor를 정의한다.

다섯 번째 단계에서는 전체 메시지의 실행 흐름을 보기 위해 테스트 앱을 만든다.

부연 설명

이후 절에서 액터가 마스터-슬레이브 작업 풀링 패턴을 구현하는 방법을 살펴본다.

액터를 위한 사용자 정의 메일박스 만들기

이번 절에서는 액터를 위한 사용자 정의 메일박스를 만드는 방법을 배운다. 알다시피, 아카에서 각 액터는 메시지를 하나씩 가져오고 이를 처리하는 우체통과 비슷한 자신만의 큐를 가진다. 아카는 기본 메일박스 외에 PriorityMailbox와 controlAwareMailbox 같은 사용자 정의 메일박스 구현을 제공한다.

액터가 메시지를 가져오는 방법이나 그 외 다른 것을 제어해야 할 상황에 처할 수 있다. 여기서는 특정 이름을 가진 액터로부터 메시지를 받아들이는 액터 메일박스를 만든다.

이 절을 진행하려면 IDE에서 **Hello-Akka** 프로젝트를 불러와야 한다. 준비 사항은 앞 절과 같다.

예제 구현

1. com.packt.chapter1 패키지에 CustomMailbox.scala 파일을 만든다.

   파일 상단에 다음과 같은 필요한 불러오기를 추가한다.

   ```
   import java.util.concurrent.ConcurrentLinkedQueue
   import akka.actor.{Props, Actor,
     ActorSystem,ActorRef}
   import akka.dispatch.{ MailboxType,
     ProducesMessageQueue,
     Envelope, MessageQueue}
   import com.typesafe.config.Config
   ```

2. MyMessageQueue를 정의한다. 이는 MessageQueue 트레이트를 확장하며 메서드를 구현한다.

   ```
   class MyMessageQueue extends MessageQueue {
     private final val queue = new
     ConcurrentLinkedQueue[Envelope]()
     // 이들은 반드시 구현해야 함. 예제로 큐를 사용했음
     def enqueue(receiver: ActorRef, handle: Envelope): Unit =
     {
       if(handle.sender.path.name == "MyActor") {
         handle.sender ! "Hey dude, How are you?, I Know your
         name,processing your request"
         queue.offer(handle)
       }
       else handle.sender ! "I don't talk to strangers, I
       can't process your request"
     }
     def dequeue(): Envelope = queue.poll
   ```

```scala
  def numberOfMessages: Int = queue.size
  def hasMessages: Boolean = !queue.isEmpty
  def cleanUp(owner: ActorRef, deadLetters: MessageQueue) {
    while (hasMessages) {
      deadLetters.enqueue(owner, dequeue())
    }
  }
}
```

3. 이전의 MessageQueue를 사용하는 사용자 정의 메일박스 구현을 제공한다.

```scala
class MyUnboundedMailbox extends MailboxType
 with ProducesMessageQueue[MyMessageQueue] {
  def this(settings: ActorSystem.Settings,
  config: Config) = { this()
  }
  // MessageQueue를 만들기 위해 create 메서드를 호출함
  final override def create(owner: Option[ActorRef], system::
  Option[ActorSystem]):MessageQueue = new MyMessageQueue()
}
```

4. application.conf을 만들고 아래와 같은 설정을 넣는다. application.conf 파일은 아카 앱 속성을 설정하는 데 사용되며 프로젝트의 resources 디렉터리에 있다.

```
custom-dispatcher {
  mailbox-requirement =
    "com.packt.chapter1.MyMessageQueue"
}
akka.actor.mailbox.requirements {
  "com.packt.chapter1.MyMessageQueue" = custom-dispatcher-mailbox
}
custom-dispatcher-mailbox {
  mailbox-type = "com.packt.chapter1.MyUnboundedMailbox"
}
```

5. 이제 앞의 설정을 사용하는 MySpecialActor란 액터를 정의하자. 이 액터는 자신이 아는 액터에 말을 하며 그 액터에게만 hello라고 하기 때문에 특별하다.

```scala
class MySpecialActor extends Actor {
  override def receive: Receive = {
    case msg: String => println(s"msg is $msg" )
  }
}
```

6. 특별 액터에게 말하기를 시도하는 액터를 정의한다.

```scala
class MyActor extends Actor {
  override def receive: Receive = {
    case (msg: String, actorRef: ActorRef) => actorRef ! msg
    case msg => println(msg)
  }
}
```

7. 다음과 같이 CustomMailbox 테스트 앱을 만든다.

```scala
object CustomMailbox extends App {
  val actorSystem = ActorSystem("HelloAkka")
  val actor =
   actorSystem.actorOf(Props[MySpecialActor].withDispatcher
   ("custom-dispatcher"))
  val actor1 = actorSystem.actorOf(Props[MyActor],"xyz")
  val actor2 =
   actorSystem.actorOf(Props[MyActor],"MyActor")
  actor1 ! ("hello", actor)
  actor2 ! ("hello", actor)
}
```

8. 앱을 IDE나 콘솔에서 실행하면 다음과 같이 출력된다.

```
I don't talk to strangers, I can't process your request
Hey dude, How are you?, I Know your name,processing your request
msg is hello
```

알다시피, 메일박스는 메시지 큐를 사용하며, 큐에 대한 사용자 구현을 제공해야 한다.

2단계에서 MessageQueue 트레이트를 확장[extend]하고 메서드를 구현하는 MyMessageQueue 클래스를 정의한다.

액터가 다른 액터가 아닌 MyActor란 이름을 가진 액터로부터만 메시지를 수신하기 원한다. 이 기능을 달성하기 위해 enqueue 메서드를 구현하고, 송신자 이름이 MyActor라면 메시지를 큐에 저장하며[enqueue] 그렇지 않으면 메시지를 무시하도록 지정한다.

이 경우 큐의 기본 데이터 구조로 ConcurrentLinkedQueue를 사용했다.

그러나 메시지를 큐에 넣고 제거하는 데 어떤 데이터 구조를 선택할지는 우리에게 달렸다. 데이터 구조를 바꾸면 메시지의 처리 순서도 바뀐다.

3단계에서 MyMessageQueue를 사용해 사용자 메일박스를 정의했다.

4단계에서 application.conf 내 custom-dispatcher로 앞의 메일박스를 설정했다.

5, 6단계에서는 MySpecialActor를 정의했다. 이 액터는 custom-dispatcher를 통해 만들 때 사용자 메일박스를 쓸 것이다. MyActor는 MySpecialActor와 통신하는 액터다.

7단계에서 MyActor는 두 인스턴스 actor1과 actor2를 가지게 된다. 이는 MySpecialActor에 메시지를 보낸다.

MySpecialActor는 이름이 MyActor인 액터에게만 말을 하므로, 출력된 것과 같이 이름이 xyz인 MyActor로부터의 메시지는 처리하지 않는다.

액터가 수신하는 메시지의 우선순위 정하기

액터가 특정 메시지를 먼저 처리하고 나서 나머지를 계속하기를 원하는 상황이 있다. 이는 몇몇 메시지에 다른 메시지보다 우선순위를 부여하고 싶다는 것을 의미한다.

이런 사례를 위해, 아카는 메시지의 우선순위를 정하게 해주는 우선순위 메일박스를 제공한다.

준비하기

이 절을 진행하려면 IDE에서 **Hello-Akka** 프로젝트를 불러와야 한다. 준비 사항은 앞 절과 같다.

예제 구현

1. comi.packt.chapter1 패키지 내 PriorityMailBox.scala 파일을 만든다.

2. 다음과 같이 MyPriorityActor 액터를 만든다.

```scala
class MyPriorityActor extends Actor {
  def receive: PartialFunction[Any, Unit] = {
    // Integer 메시지
    case x: Int => println(x)
    // 문자열 메시지
    case x: String => println(x)
    // Long 메시지
    case x: Long => println(x)
    // 그 밖의 메시지
    case x => println(x)
  }
}
```

3. 메시지의 우선순위를 정하기 위해, 다음과 같이 우선순위 메일박스를 만든다.

```scala
class MyPriorityActorMailbox(settings:
  ActorSystem.Settings, config: Config) extends
    UnboundedPriorityMailbox (
  // PriorityGenerator를 만듦. 우선순위가 낮을수록 더 중요함
  PriorityGenerator {
    // Int 메시지
    case x: Int => 1
```

```
// 문자열 메시지
case x: String => 0
// Long 메시지
case x: Long => 2
// 그 밖의 메시지
case _ => 3
})
```

4. application.conf에 다음 설정을 추가한다.

```
prio-dispatcher {
  mailbox-type =
    "com.packt.chapter1.MyPriorityActorMailbox"
}
```

5. 다음 코드와 같이 PriorityMailBoxApp 앱을 만든다.

```
object PriorityMailBoxApp extends App {
  val actorSystem = ActorSystem("HelloAkka")
  val myPriorityActor =
    actorSystem.actorOf(Props[MyPriorityActor].withDispatcher
  ("prio-dispatcher"))
  myPriorityActor ! 6.0
  myPriorityActor ! 1
  myPriorityActor ! 5.0
  myPriorityActor ! 3
  myPriorityActor ! "Hello"
  myPriorityActor ! 5
  myPriorityActor ! "I am priority actor"
  myPriorityActor ! "I process string messages first,then
    integer, long and others"
}
```

6. 앱을 IDE나 콘솔에서 실행한다. 다음과 같이 출력된다.

```
Hello
I process string messages first,then integer, long and others
I am priority actor
1
```

```
3
5
6.0
5.0
```

예제 분석

2단계에서는 단순히 Int, Long, String, 그 밖의 메시지를 처리하는 액터를 정의한다.

4단계에서 MyPriorityActorMailbox로 prio-dispatcher를 설정한다.

5단계에서 prio-dispatcher를 사용하는 액터를 만든다.

6단계의 출력 내용에서 볼 수 있듯이, 문자열 메시지에 가장 높은 우선순위를 주었기 때문에 먼저 처리됐다.

액터를 위한 제어인식 메일박스 만들기

언제가 됐든 액터가 특정 메시지를 다른 메시지보다 먼저 처리하기를 원하는 상황이 있다. 즉, 액터가 다른 작업을 하기 전에 몇몇 특정 작업을 하게 지시할 수 있다는 뜻이다.

준비하기

이 절을 진행하려면 IDE에서 Hello-Akka 프로젝트를 불러와야 한다. 준비 사항은 앞 절과 같다.

1. com.packt.chapter1 패키지에 ControlAwareMailbox.scala 파일을 만든다.

2. 파일 상단에 다음 불러오기를 추가한다.

```
import akka.dispatch.ControlMessage
import akka.actor.{Props, Actor, ActorSystem}
```

3. 다음과 같이 제어 메시지 case 오브젝트를 만든다.

```
case object MyControlMessage extends ControlMessage
```

4. 액터를 정의한다.

```
class Logger extends Actor {
  def receive = {
    case MyControlMessage => println("Oh, I have to process
      Control message first")
    case x => println(x.toString)
  }
}
```

5. application.conf에 다음 설정을 추가한다.

```
control-aware-dispatcher {
  mailbox-type =
    "akka.dispatch.UnboundedControlAwareMailbox"
    // 다른 디스팻처 설정은 여기에
}
```

6. 앞의 앱에 메시지를 송신할 수 있는 테스트 앱을 만든다. 이는 제어 메시지를 먼
저 처리할 것이다.

```
object ControlAwareMailbox extends App {
  val actorSystem = ActorSystem("HelloAkka")
  val actor =
    actorSystem.actorOf(Props[Logger].withDispatcher(
  "control-aware-dispatcher"))
  actor ! "hello"
  actor ! "how are"
```

```
        actor ! "you?"
        actor ! MyControlMessage
    }
```

7. 앱을 IDE나 콘솔에서 실행한다. 다음과 같이 출력된다.

```
Oh, I have to process Control message first
hello
how are
you?
```

예제 분석

3단계에서 ControlMessage를 확장하는 MyControlMessage 오브젝트를 만든다.

ControlMessage는 트레이트다. 이 트레이트를 확장하는 메시지는 ControlAwareMailbox가 우선으로 다룬다. ControlAwareMailbox는 두 개의 큐를 유지해 ControlMessage를 확장하는 메시지가 우선으로 전달되도록 한다.

4단계에서 ControlMessage를 다루는 액터를 만든다.

5단계에서 application.conf에 control-aware-dispatcher를 설정한다.

6단계에서 control-aware-dispatcher로 액터를 만든다.

7단계에서 출력을 통해 액터가 ControlMessage를 먼저 처리했음을 볼 수 있다.

액터의 행위를 부여하기/제거하기

어떤 상황에서는, 액터가 상태에 따라 행위를 바꾸기를 원하는 때가 있다. 즉, 액터가 메시지를 수신한 후 상태가 바뀌거나 전환되면 메시지 처리 방법이 바뀌는 경우가 있다는 뜻이다.

따라서, become/unbecome을 사용해 런타임 시에 액터 기능을 핫스왑할 수 있다.

이 절을 진행하려면 IDE에서 Hello-Akka 프로젝트를 불러와야 한다. 준비 사항은 앞 절과 같다.

1. com.packt.chapter1 패키지에 BecomeUnbecome.scala 파일을 만든다.
2. 파일 상단에 다음 불러오기를 추가한다.

```
import akka.actor.{Props, ActorSystem, Actor}
```

3. 다음 코드와 같이 상태가 참인지 거짓인지에 따라 행위를 바꾸는 액터를 정의한다.

```
class BecomeUnBecomeActor extends Actor {
  def receive: Receive = {
    case true => context.become(isStateTrue)
    case false => context.become(isStateFalse)
    case _ => println("don't know what you want to say !! ")
  }
  def isStateTrue: Receive = {
    case msg : String => println(s"$msg")
    case false => context.become(isStateFalse)
  }
  def isStateFalse: Receive = {
    case msg : Int => println(s"$msg")
    case true => context.become(isStateTrue)
  }
}
```

4. 다음과 같이 BecomeUnBecomeApp 테스트 앱을 만든다.

```
object BecomeUnBecomeApp extends App {
  val actorSystem = ActorSystem("HelloAkka")
  val becomeUnBecome =
    actorSystem.actorOf(Props[BecomeUnBecomeActor])
  becomeUnBecome ! true
```

```
        becomeUnBecome ! "Hello how are you?"
        becomeUnBecome ! false
        becomeUnBecome ! 1100
        becomeUnBecome ! true
        becomeUnBecome ! "What do u do?"
    }
```

5. 앱을 IDE나 콘솔에서 실행한다. 다음과 같이 출력된다.

```
Hello how are you?
1100
What do u do?
```

예제 분석

2단계에서 문자열과 integer 값을 다루기 위해 상태를 바꾸는 액터를 정의한다.

상태가 true라면 행위를 context.become(isStateTrue)로 설정하고, 문자열 메시지를 다루기 시작한다. 상태가 false라면 행위를 context.become(isStateFalse)로 설정하며, integer 메시지를 다루기 시작한다.

4단계에서 액터를 만들고 메시지를 송신해 출력 내용이 기능에 맞는지 확인한다.

액터 중단시키기

액터가 모든 메시지를 처리했거나 앱이 정지되면 액터도 당연히 잘 정지돼야 한다.

준비하기

이 절을 진행하려면 IDE에서 Hello-Akka 프로젝트를 불러와야 한다. 준비 사항은 앞 절과 같다.

1. com.packt.chapter1 패키지에 Shutdown.scala 파일을 만든다.

2. 파일 상단에 다음 불러오기를 추가한다.

```
import akka.actor.{PoisonPill, Props, ActorSystem, Actor}
```

3. 다음과 같이 stop case 오브젝트를 정의한다.

```
case object Stop
```

4. 다음과 같이 ShutdownActor 액터를 정의한다.

```
class ShutdownActor extends Actor {
  override def receive: Receive = {
    case msg:String => println(s"$msg")
    case Stop => context.stop(self)
  }
}
```

5. 액터를 중단시키는 데는 두 가지 방법이 있다.

   - PoisonPill(독약) 사용하기
   - context.self(actorRef) 사용하기

   다음 코드와 같이 액터를 만들고 메시지를 송신한다.

```
object ShutdownApp extends App{
  val actorSystem = ActorSystem("HelloAkka")
  val shutdownActor1 =
    actorSystem.actorOf(Props[ShutdownActor],
    "shutdownActor1")
  shutdownActor1 ! "hello"
  shutdownActor1 ! PoisonPill
  shutdownActor1 ! "Are you there?"
  val shutdownActor2 =
    actorSystem.actorOf(Props[ShutdownActor],
    "shutdownActor2")
  shutdownActor2 ! "hello"
```

```
    shutdownActor2 ! Stop
    shutdownActor2 ! "Are you there?"
}
```

6. 앱을 IDE나 콘솔에서 실행한다. 다음과 같이 출력된다.

```
hello
hello
[INFO] [05/22/2016 20:39:53.137] [HelloAkka-akka.actor.defaultdispatcher-
4] [akka://HelloAkka/user/shutdownActor1] Message
[java.lang.String] from Actor[akka://HelloAkka/deadLetters] to
Actor[akka://HelloAkka/user/shutdownActor1#417818231] was not
delivered. [1] dead letters encountered.
[INFO] [05/22/2016 20:39:53.138] [HelloAkkaakka.
actor.default-dispatcher-4]
[akka://HelloAkka/user/shutdownActor2] Message
[java.lang.String] from Actor[akka://HelloAkka/deadLetters]
to Actor[akka://HelloAkka/user/shutdownActor2#788021817] was
not delivered. [2] dead letters encountered.
```

예제 분석

3단계에서 Stop 메시지를 만들었다. 이 메시지를 수신하면, 액터는 context.stop(self)를 사용해서 중단된다.

4단계에서 Stop 메시지를 처리하는 액터를 정의한다.

5단계에서 같은 클래스에 shutdownActor1와 shutdownActor2 두 액터를 만든다. shutdownActor1은 PoisonPill을 사용해서, shutdownActor2는 context.stop(self)로 정지시킨다.

PoisonPill과 context.stop(self)은 액터를 없애는 두 가지 방법이다. PoisonPill은 메일박스에 이미 대기된 모든 메시지 이후에 처리되는 내장 메시지다.

context.stop은 기본적으로 액터를 순차적으로 정지시킬 때 사용된다. 자식 액터부터 중단시키고, 부모 액터, 액터 시스템 순서로 진행해 최상위 액터를 중단시킨다.

2
감시와 모니터링

이 장에서 다루는 내용은 다음과 같다.

- 부모 액터의 자식 액터 만들기
- 액터의 생명주기 훅 오버라이딩하기
- 액터에 메시지 보내고 응답 모으기
- 액터를 위한 `OneForOneStrategy` 이해하기
- 액터를 위한 `AllForOneStrategy` 이해하기
- `DeathWatch`로 액터의 생명주기 모니터링하기

소개

1장에서는 아카 액터의 기본 내용과 고급 기술을 몇 가지 살펴봤다. 이번 장에서는 아카 액터의 감시supervision과 모니터링에 대해 배운다.

감시과 모니터링으로 수일, 수개월, 수년간 중단 없이 계속 실행할 수 있는 장애 허용fault-tolerant 시스템을 작성할 수 있다. 장애 허용이 무슨 뜻인지 살펴보자.

장애 허용이란

장애 허용은 시스템의 속성으로, 장애 시 완전히 고장 나기보다는 항상 반응성을 유지하려 하는 것을 말한다. 이런 시스템은 장애 허용 시스템이나 회복력 있는 시스템resilient system 이라고 알려져 있다.

간단히 말하자면, 장애 허용 시스템은 완전히 가동 중일 때보다 더 아니면 덜 가동되려 하는 시스템으로, 컴포넌트의 부분적인 장애로 인해 어쩌면 처리량의 감소나 응답 시간의 연장을 야기할 수 있다.

컴포넌트가 실패하더라도, 전체 시스템은 절대로 정지되지 않는다. 단지 처리량이 감소한 채 가동되며 반응성을 유지한다.

유사하게, 분산 시스템을 디자인할 때 하나나 그 이상의 컴포넌트가 중단될 때 무슨 일이 벌어지는지 신경 써야 한다. 따라서, 시스템 디자인은 그 자체로 문제를 해결하도록 적절한 행동을 취할 수 있어야 한다.

이런 시스템을 디자인하기 전에 다음 내용을 주지해야 한다.

- **시스템을 컴포넌트로 나누기**: 장애 허용 시스템을 디자인하는 동안, 첫 번째 필요 조건은 시스템을 부분, 즉 각각 어떤 기능에 대한 책임이 있는 컴포넌트로 나누는 것이다. 시스템의 컴포넌트 중 하나에서 특정 장애가 발생하더라도 시스템의 다른 부분에 간섭하지 않아야 하며, 시스템의 연쇄적으로 장애가 발생하지 않아야 한다.
- **시스템의 중요한 컴포넌트에 집중하기**: 시스템이 가져야 하는 중요한 부분이 있다. 이런 부분은 정확하지 않은 결과를 피하기 위해 고장 난 부분으로부터의 간섭 없이 작동해야 한다.
- **중요한 컴포넌트의 백업**: 컴포넌트를 백업할 것을 추천한다. 이를 통해, 고장이 난 경우 유사한 컴포넌트가 시스템의 고가용성을 보장할 수 있다.

일반적으로, 시스템의 장애 허용성을 구축하는 방법은 다음과 같다.

- **중복**duplication: 중복의 목적은 시스템 컴포넌트의 인스턴스를 여러 개 실행시켜 장애가 발생하면 다른 인스턴스가 요청을 처리하도록 하는 것이다.
- **복제**replication: 복제의 목적은 컴포넌트(하드웨어와 소프트웨어)의 인스턴스를 여러 개 준비해 이들 모두에게 요청을 직접 송신하는 것이다. 이를 근거로 결과 중 하나를 선택한다.
- **격리**isolation: 격리의 목적은 컴포넌트가 각 프로세스에서 실행되도록 유지하며, 메시지 전달로 통신해 우려 사항을 격리시켜 이들 사이의 결합을 완화시키는 것이다. 이는 어떤 컴포넌트든 다른 컴포넌트의 실패에 영향을 받지 않게 하려는 것이다.
- **위임**delegation: 위임의 목적은 태스크의 처리 책임을 다른 컴포넌트로 넘겨 위임 컴포넌트가 처리하게 하거나, 아니면 실패 처리 또는 경과 보고 등 추가 동작이 필요한 경우 위임된 작업의 진행 과정을 선택적으로 관찰하려는 것이다.

컴포넌트란

우리 모두는 소프트웨어 아키텍처에서 모듈이 무엇인지 알고 있다. 모듈은 작업을 수행하는 특정 기능을 가진 소프트웨어의 일부다. 컴포넌트component가 모듈과 같다고 볼 수는 없다. 대신에, 컴포넌트는 독립적이며, 격리되고, 캡슐화된 개체entity로 다른 컴포넌트에 영향을 주지 않음을 뜻한다. 각 컴포넌트가 같은 모듈을 사용할 수는 있지만, 그 컴포넌트만의 행위는 그것이 가진 모듈이다. 비동기적 메시지 전달이 이들 사이의 통신 계층을 구축하는 방법이다.

마이크로서비스는 컴포넌트 기반 아키텍처에 의존한다. 마이크로서비스는 복잡한 시스템을 구축하기 위해 서로 간에 격리돼 실행되는 작고, 독립적이며, 비결합적인 프로세스다. 작업부하에 따라 각 컴포넌트/마이크로서비스를 확장시킬 수 있다.

아카는 어떻게 이들 모두에 부합하는가

아카는 툴킷으로써 앱의 장애 허용성을 구축하는 방법을 제공한다.

- 아카 슈퍼바이저 액터는 감독하는 액터의 실행을 재개, 중단, 재시작, 종료할 수 있다. 따라서 장애 허용을 위한 방법을 제공한다.
- 아카는 부모-자식 모델 액터를 제공하므로, 앱을 나무와 같은 계층 구조로 구축할 수 있다.
- 고장이 난 경우 중복된 액터를 만들고, 감독 전략을 통해 장애가 발생한 액터를 교체할 수 있다.
- 아카 액터는 컴포넌트로써 생명주기를 가진다. 이들을 시작, 중단, 재시작, 그리고 없애기를 할 수 있는데, 즉 어떤 일을 했거나 고장 난 액터를 파기할 수 있다.
- 비동기 메시지 전달은 서로 다른 컴포넌트의 우려 사항을 분리할 수 있도록 두 액터 사이에 경계를 만들게 해준다.

아카는 앞서 언급한 것들을 염두에 두고 만들어졌다. 장애 허용 앱을 구축하는 데 장애를 허용하는let it crash 모델을 사용한다.

아카는 액터가 망가질 수 있게 해주고 오류/예외 처리 로직으로부터 비즈니스 로직을 분리할 수 있게 한다. 아카는 위임 모델을 사용해 오류/예외 처리의 책임을 액터의 슈퍼바이저에게 위임한다.

다음 절에서 장애를 허용하는 모델의 기본 토대를 살펴보자.

부모 액터의 자식 액터 만들기

이번 절에서는 액터의 자식 액터를 만드는 방법을 배운다. 아카는 액터를 나무와 같은 계층 구조로 만들며, 이 방식을 권장한다.

이와 같은 방식을 따름으로써, 액터의 장애를 부모가 처리하게 하여 다룰 수 있다. 어떻게 하는지 보자.

준비하기

선택한 IDE에 Hello-Akka 프로젝트를 불러와야 한다. build.sbt에 추가한 아카 액터 의존성은 이 장의 대부분 절에 충분하다. 따라서 이후의 절에서는 '준비하기' 절을 생략한다.

예제 구현

1. com.packt.chapter2 패키지에 ParentChild.scala 파일을 만든다.
2. 파일 상단에 다음을 추가한다.

   ```
   import akka.actor.{ActorSystem, Props, Actor}
   ```

3. 액터에게 송신할 메시지를 만든다.

   ```
   case object CreateChild
   case class Greet(msg: String)
   ```

4. 다음과 같이 자식 액터를 정의한다.

   ```
   class ChildActor extends Actor {
     def receive = {
       case Greet(msg) => println(s"My
       parent[${self.path.parent}] greeted to
       me [${self.path}] $msg")
     }
   }
   ```

5. 다음과 같이 부모 액터를 정의하고, 콘텍스트 안에 자식 액터를 생성한다.

```
class ParentActor extends Actor {
  def receive = {
    case CreateChild =>
    val child = context.actorOf(Props[ChildActor], "child")
    child ! Greet("Hello Child")
  }
}
```

6. 다음과 같이 앱 오브젝트를 만든다.

```
object ParentChild extends App {
  val actorSystem = ActorSystem("Supervision")
  val parent = actorSystem.actorOf(Props[ParentActor],
  "parent")
  parent ! CreateChild
}
```

7. 앱을 실행시키면 다음과 같이 출력된다.

My parent[akka://Supervision/user/parent] greeted to me
[akka://Supervision/user/parent/child] Hello Child

예제 분석

이번 절에서는 부모 액터로부터 Greet 메시지를 수신하는 자식 액터를 만들었다. 부모 액터는 context.actorOf를 사용해 자식 액터를 만든다는 것을 알 수 있다. 이 메서드는 부모 액터 아래 자식 액터를 만든다. 액터의 경로가 출력된 것을 분명히 볼 수 있다.

액터의 생명주기 훅 오버라이드하기

액터의 감독과 모니터링을 이야기하고 있으므로, 액터의 생명주기 훅[life cycle hooks]에 대해 이해해야 한다. 이번 절에서는 액터가 시작, 중단, 재시작, 그리고 시작 전[prestart]에 생명주기 훅을 오버라이드하는 방법을 배운다.

1. com.packt.chapter2 패키지에 ActorLifeCycle.scala 파일을 만든다.

2. 파일 상단에 다음을 추가한다.

```
import akka.actor._
import akka.actor.SupervisorStrategy._
import akka.util.Timeout
import scala.concurrent.Await
import scala.concurrent.duration._
import akka.pattern.ask
```

3. 다음과 같이 액터에게 보낼 메시지를 만든다.

```
case object Error
case class StopActor(actorRef: ActorRef)
```

4. 액터를 만들고, 생명주기 메서드를 오버라이드한다.

```
class LifeCycleActor extends Actor {
  var sum = 1
  override def preRestart(reason: Throwable, message:
   Option[Any]): Unit = {
    println(s"sum in preRestart is $sum")
  }
  override def preStart(): Unit = println(
   s"sum in preStart is $sum")
  def receive = {
    case Error => throw new ArithmeticException()
    case _ => println("default msg")
  }
  override def postStop(): Unit = {
    println(s"sum in postStop is ${sum * 3}")
  }
  override def postRestart(reason: Throwable): Unit = {
   sum = sum * 2
    println(s"sum in postRestart is $sum")
  }
}
```

5. 다음과 같이 슈퍼바이저 액터를 만든다.

```scala
class Supervisor extends Actor {
  override val supervisorStrategy =
  OneForOneStrategy(maxNrOfRetries = 10,
    withinTimeRange = 1 minute)
  {
    case _: ArithmeticException => Restart
    case t =>
    super.supervisorStrategy.decider.applyOrElse(t, (_:
    Any) => Escalate)
  }
  def receive = {
    case (props: Props, name: String) =>
    sender ! context.actorOf(props, name)
    case StopActor(actorRef) => context.stop(actorRef)
  }
}
```

6. 테스트 앱을 만들고 앱을 실행한다.

```scala
object ActorLifeCycle extends App {
  implicit val timeout = Timeout(2 seconds)
  val actorSystem = ActorSystem("Supervision")
  val supervisor = actorSystem.actorOf(Props[Supervisor],
    "supervisor")
  val childFuture = supervisor ? (Props(new
   LifeCycleActor),
    "LifeCycleActor")
  val child = Await.result(childFuture.mapTo[ActorRef], 2
    seconds)
  child ! Error
  Thread.sleep(1000)
  supervisor ! StopActor(child)
}
```

7. 또 다른 테스트 앱을 만들고 실행한다.

```scala
object ActorLifeCycle extends App {
  implicit val timeout = Timeout(2 seconds)
```

```
val actorSystem = ActorSystem("Supervision")
val supervisor = actorSystem.actorOf(Props[Supervisor],
  "supervisor")
val childFuture = supervisor ? (Props(new
  LifeCycleActor), "LifeCycleActor")
val child = Await.result(childFuture.mapTo[ActorRef], 2
  seconds)
child ! Error
Thread.sleep(1000)
supervisor ! StopActor(child)
}
```

이전 테스트 앱을 실행하면 다음과 같이 출력된다.

sum in preStart is 1
sum in preRestart is 1
sum in postRestart is 2
[ERROR] [07/01/2016 00:49:57.568] [Supervisionakka.
actor.default-dispatcher-5]
[akka://Supervision/user/supervisor/LifeCycleActor] null
java.lang.ArithmeticException at
com.packt.chapter2.LifeCycleActor$
$anonfun$receive$2.applyOrElse(ActorLifeCycle.scala:51)
sum in postStop is 6

예제 분석

앞 절에서는 계속해서 숫자를 더하는 상태 액터를 만들고, 액터의 생명주기 훅을 수정했다. 그리고 이 액터를 부모 슈퍼바이저 아래 만들었다. 슈퍼바이저 액터는 자식 액터 내 Arthimatic Exception을 처리한다. 생명주기 훅에 무슨 일이 벌어지는지 보자.

액터가 시작되면 preStart 메서드를 호출하고, 다음과 같이 출력된다.

"sum in preStart is 1".

액터가 예외를 던지면 메시지를 슈퍼바이저에게 송신하고, 슈퍼바이저는 액터를 재시작해 장애를 처리한다. 슈퍼바이저는 액터의 누적된 상태를 지우고, 새로운 액터를 만든다. 이는 예전 액터에 할당됐던 이전 값을 preRestart 값으로 복원시킨다는 의미다.

postRestart 메서드가 호출된 후, 언제든지 액터가 중단되면, 슈퍼바이저는 postStop을 호출한다.

액터에게 메시지 보내고 응답 모으기

이번 절에서는 부모가 자식에게 메시지를 송신하고 응답을 모으는 방법을 배운다.

이 절을 진행하려면 Hello-Akka 프로젝트를 IDE에 불러와야 한다.

예제 구현

1. com.packt.chapter2 패키지에 SendMesagesToChilds.scala 파일을 만든다.
2. 파일 상단에 다음을 추가한다.

   ```
   import akka.actor.{ Props, ActorSystem, Actor, ActorRef }
   ```

3. 액터에 송신할 메시지를 만든다.

   ```
   case class DoubleValue(x: Int)
   case object CreateChild
   case object Send
   case class Response(x: Int)
   ```

4. 송신된 값에 2를 곱하는 자식 액터를 정의한다.

   ```
   class DoubleActor extends Actor {
     def receive = {
       case DoubleValue(number) =>
       println(s"${self.path.name} Got the number $number")
       sender ! Response(number * 2)
     }
   }
   ```

5. 콘텍스트에 자식 액터를 만들어 메시지를 보내며, 응답을 모으는 부모 액터를 정의한다.

```scala
class ParentActor extends Actor {
  val random = new scala.util.Random
  var childs =
   scala.collection.mutable.ListBuffer[ActorRef]()
  def receive = {
    case CreateChild =>
    childs ++= List(context.actorOf(Props[DoubleActor]))
    case Send =>
    println(s"Sending messages to child")
    childs.zipWithIndex map { case (child, value) =>
    child ! DoubleValue(random.nextInt(10)) }
    case Response(x) => println(s"Parent: Response
     from child $
    {sender.path.name} is $x")
  }
}
```

6. 다음과 같이 테스트 앱을 만들고 실행한다.

```scala
object SendMessagesToChild extends App {
  val actorSystem = ActorSystem("Hello-Akka")
  val parent =
   actorSystem.actorOf(Props[ParentActor], "parent")
  parent ! CreateChild
  parent ! CreateChild
  parent ! CreateChild
  parent ! Send
}
```

테스트 앱을 실행하면 다음과 같이 출력된다.

```
$b Got the number 6
$a Got the number 5
$c Got the number 8
Parent: Response from child $a is 10
Parent: Response from child $b is 12
Parent: Response from child $c is 16
```

앞 절에서는 얻은 값을 두 배로 만드는 DoubleActor 자식 액터를 만들었다. 또한 Create Child 메시지를 수신할 때 자식 액터를 만들어 리스트로 유지하는 부모 액터를 만들었다.

부모 액터가 Send 메시지를 수신하면 난수를 자식에게 송신하고, 자식은 부모에게 응답을 되돌려준다.

액터를 위한 OneForOneStrategy 이해하기

이번 절에서는 장애 허용 모델을 구현하는 OneForOneStrategy를 배운다.

OneForOneStrategy 클래스는 형제를 제외한 오직 고장 난 자식만 재시작, 재개, 혹은 상위 액터에 보고한다. 감독 전략을 지정하지 않으면 OneForOneStrategy가 기본 전략이 된다. 이를 이해해보자.

OneForOneStrategy 클래스는 액터가 서로간에 의존적이지 않으며, 각각 하나의 작업을 책임지고, 액터 하나가 고장이 나더라도 다른 것에 영향을 주지 않을 때 유용하다.

이 절을 진행하려면 Hello-Akka 프로젝트를 IDE에 불러와야 한다.

예제 구현

1. com.packt.chapter2 패키지에 SupervisorStrategy.scala 파일을 만든다.
2. 파일 상단에 다음을 추가한다.

```
import akka.actor.SupervisorStrategy.{Escalate,
  Restart, Resume, Stop}
import akka.actor.{Actor, ActorSystem,
  OneForOneStrategy, Props}
```

3. 다음과 같이 두 액터를 정의한다. 처음 것은 Printer이고, 두 번째는 IntAdder이다. 둘 다 서로 독립적이다.

```scala
class Printer extends Actor {
  override def preRestart(reason: Throwable, message:
  Option[Any]): Unit = {
  println("Printer : I am restarting because of
  ArithmeticException")
  }
  def receive = {
    case msg: String => println(s"Printer $msg")
    case msg: Int => 1 / 0
  }
}
class IntAdder extends Actor {
  var x = 0
  def receive = {
  case msg: Int => x = x + msg
  println(s"IntAdder : sum is $x")
  case msg: String => throw new IllegalArgumentException
}
  override def postStop = {
  println("IntAdder :I am getting stopped
   because I got a string message")
  }
}
```

4. 자식에게 OneForOneStrategy를 지정하는 슈퍼바이저를 정의한다.

```scala
class SupervisorStrategy extends Actor {
  import scala.concurrent.duration._
  override val supervisorStrategy =
  OneForOneStrategy(maxNrOfRetries = 10, withinTimeRange =
   1 minute)
  {
    case _: ArithmeticException => Restart
    case _: NullPointerException => Resume
    case _: IllegalArgumentException => Stop
    case _: Exception => Escalate
```

```
    }
    val printer = context.actorOf(Props[Printer])
    val intAdder = context.actorOf(Props[IntAdder])
    def receive = {
      case "Start" => printer ! "Hello printer"
      printer ! 10
      intAdder ! 10
      intAdder ! 10
      intAdder ! "Hello int adder"
    }
}
```

5. 다음과 같이 테스트 앱을 만든다.

```
object SupervisorStrategyApp extends App {
  val actorSystem = ActorSystem("Supervision")
  actorSystem.actorOf(Props[SupervisorStrategy]) !
    "Start"
}
```

6. 앱을 실행시키면 다음과 같이 출력된다.

```
Printer Hello printer
IntAdder : sum is 10
IntAdder : sum is 20
Printer : I am restarting because of ArithmeticException
IntAdder :I am getting stopped because I got a string message
[ERROR] [07/08/2016 23:34:12.414] [Supervisionakka.
actor.defaultdispatcher-
5] [akka://Supervision/user/$a/$a] / by zero
java.lang.ArithmeticException: / by zero
[ERROR] [07/08/2016 23:34:12.422] [Supervisionakka.
actor.defaultdispatcher-
5] [akka://Supervision/user/$a/$b] null
java.lang.IllegalArgumentException
```

앞 절에서는 동일한 슈퍼바이저 아래 `IntAdder`와 `Printer` 두 액터를 만들었다. 슈퍼바이저는 자식에게 `OneForOneStrategy`를 지정하므로, 다른 자식을 제외하고 문제가 생긴 것만 슈퍼바이저에 의해 재시작된다.

액터를 위한 AllForOneStrategy 이해하기

이번 절에서는 자식 액터를 위한 `AllForOneStrategy`를 배운다.

`AllForOneStrategy`는 슈퍼바이저 아래의 액터에 장애가 발생하면 감독 하의 모든 자식에 전략을 적용한다는 의미다.

이 절을 진행하려면 IDE에 Hello-Akka 프로젝트를 불러와야 한다.

예제 구현

1. `com.packt.chapter2` 패키지에 `AllForOneStrategy.scala` 파일을 만든다.

2. 파일 상단에 다음을 추가한다.

   ```scala
   import akka.actor.SupervisorStrategy.{Escalate,
     Stop, Resume, Restart}
   import akka.actor._
   import scala.concurrent.duration._
   ```

3. case 클래스로 메시지를 만든다.

   ```scala
   case class Add(a: Int, b: Int)
   case class Sub(a: Int, b: Int)
   case class Div(a: Int, b: Int)
   ```

4. 다음과 같이 계산기 액터를 만든다.

```scala
class Calculator(printer: ActorRef) extends Actor {
  override def preRestart(reason: Throwable,
   message: Option[Any]): Unit = {
  println("Calculator : I am restarting because of
   ArithmeticException")
  }
  def receive = {
    case Add(a, b) => printer ! s"sum is ${a + b}"
    case Sub(a, b) => printer ! s"diff is ${a - b}"
    case Div(a, b) => printer ! s"div is ${a / b}
  }
}
```

5. ResultPrinter 액터를 만든다.

```scala
class ResultPrinter extends Actor {
  override def preRestart(reason: Throwable, message:
   Option[Any]): Unit = {
    println("Printer : I am restarting as well")
  }
  def receive = {
    case msg => println(msg)
  }
}
```

6. 다음과 같이 AllForOneStrategy로 슈퍼바이저 액터를 만든다.

```scala
class AllForOneStrategySupervisor extends Actor {
  override val supervisorStrategy =
  AllForOneStrategy(maxNrOfRetries = 10, withinTimeRange =
   1 seconds)
  {
    case _: ArithmeticException => Restart
    case _: NullPointerException => Resume
    case _: IllegalArgumentException => Stop
    case _: Exception => Escalate
  }
  val printer = context.actorOf(Props[ResultPrinter])
```

```
    val calculator =
     context.actorOf(Props(classOf[Calculator], printer))
    def receive = {
      case "Start" => calculator ! Add(10, 12)
      calculator ! Sub(12, 10)
      calculator ! Div(5, 2)
      calculator ! Div(5, 0)
    }
  }
```

7. 테스트 앱을 만든다.

```
object AllForOneStrategyApp extends App {
  val system = ActorSystem("Hello-Akka")
  val supervisor =
   system.actorOf(Props[AllForOneStrategySupervisor],
   "supervisor")
  supervisor ! "Start"
}
```

8. 이제 앱을 실행하면 다음과 같이 출력된다.

```
sum is 22
diff is 2
div is 2
Calculator : I am restarting because of ArithmeticException
Printer : I am restarting as well
[ERROR] [08/03/2016 23:54:55.796] [Hello-
Akka-akka.actor.default-dispatcher-3]
[akka://Hello-Akka/user/supervisor/$b] / by zero
java.lang.ArithmeticException: / by zero
```

예제 분석

앞 절에서는 AllForOneStrategy 슈퍼바이저의 감독 하에 Calculator와 ResultPr
inter 두 개의 자식 액터를 만든다. 두 액터는 Calculator가 수행한 연산 결과를 모두
ResultPrinter로 송신한다는 측면에서 긴밀한 관계를 가진다.

Calculator에 예외가 발생하면 AllForOneStrategy로 인해 두 액터 모두 재시작된다.

DeathWatch를 사용해 액터 생명주기 모니터링하기

몇몇 상황에서는 특정 서비스가 실행 중인지 아닌지 지속적으로 확인하는 것이 중요하다. 이번 절에서는 액터의 모니터링 방법을 배운다.

이 절을 진행하려면 Hello-Akka 프로젝트를 불러와야 한다.

예제 구현

1. com.packt.chapter2 패키지에 DeathWatch.scala 파일을 만든다.

2. 파일 상단에 다음을 추가한다.

   ```
   import akka.actor.{Actor, ActorSystem, Props,
   Terminated}
   ```

3. case 객체로 메시지를 만든다.

   ```
   case object Service
   case object Kill
   ```

4. 모니터링할 서비스 액터를 정의한다.

   ```
   class ServiceActor extends Actor {
     def receive = {
       case Service => println("I provide a special service")
     }
   }
   ```

5. ServiceActor를 자식으로 만드는 액터를 만든다.

   ```
   class DeathWatchActor extends Actor {
     val child = context.actorOf(Props[ServiceActor],
       "serviceActor")
     context.watch(child)
     def receive = {
   ```

```
      case Service => child ! Service
      case Kill =>
      context.stop(child)
      case Terminated(`child`) => println("The service actor
        has terminated and no longer available")
    }
  }
```

6. 다음과 같이 DeathWatchApp 테스트 앱을 만든다.

```
object DeathWatchApp extends App {
  val actorSystem = ActorSystem("Supervision")
  val deathWatchActor =
   actorSystem.actorOf(Props[DeathWatchActor])
  deathWatchActor ! Service
  deathWatchActor ! Service
  Thread.sleep(1000)
  deathWatchActor ! Kill
  deathWatchActor ! Service
}
```

7. 앱을 실행시키면 다음과 같이 출력된다.

I provide a special service
I provide a special service
The service actor has terminated and no longer available
[INFO] [08/08/2016 23:07:38.564] [Supervisionakka.
actor.default-dispatcher-4]
[akka://Supervision/user/$a/serviceActor] Message
[com.packt.chapter2.Service$] from
Actor[akka://Supervision/user/$a#269717766] to
Actor[akka://Supervision/user/$a/serviceActor#-172722412]
was not delivered. [1] dead letters encountered. This
logging can be turned off or adjusted with configuration
settings 'akka.log-dead-letters' and 'akka.log-dead-lettersduring-
shutdown'.

앞의 절에서는 서비스 액터를 만들었다. 이 서비스 액터는 DeathWatchActor가 모니터링한다. 여기서는 모니터링을 위해 context.watch를 사용해서 서비스 액터를 등록한다. context.unwatch를 사용해서 얼마든지 감시를 하지 않을 수 있다.

3

메시지 라우팅

이 장에서 다루는 내용은 다음과 같다.

- 액터의 SmallestMailboxPool 만들기
- 액터의 BalancingPool 만들기
- 액터의 RoundRobinPool 만들기
- 액터의 BroadcastPool 만들기
- 액터의 ScatterGatherFirstCompletedPool 만들기
- 액터의 ConsistentHashingPool 만들기
- 액터의 TailChoppingPool 만들기
- 액터의 RandomPool 만들기
- 라우터에게 특별하게 처리된 메시지 송신하기
- 크기가 동적으로 조정되는 액터의 풀 만들기

소개

2장에서는 아카의 장애 허용 및 액터 감시에 관한 기본 내용과 고급 기술을 몇 가지 살펴봤다. 이번 장에서는 메시지가 라우터를 통해 여러 액터에 라우팅되는 방법을 배운다.

라우터를 어디에 쓰는가

몇몇 상황에서는 특정 요구 사항을 위해 특정 형태의 메시지 라우팅 메커니즘이 필요할 수도 있다. 다음과 같은 상황이 그러하다.

- 같은 형태의 액터들 중에서 가장 덜 바쁜, 즉 메시지가 가장 적은 액터에 메시지를 송신하고 싶을 때
- 액터에 메시지를 라운드로빈round-robin 순서로 송신하고 싶을 때, 즉 루프의 모든 액터에 메시지를 하나씩 보냄
- 그룹 내 모든 액터에 하나의 메시지를 송신하고 싶을 때
- 액터 사이의 작업을 어떤 메커니즘의 도움을 받아 자동으로 재분배하고 싶을 때

다음에 나오는 절들은 모두 매우 간단하다. 라우터의 형태를 지정하는 단 한 줄의 코드로 모든 일을 한다.

액터의 SmallestMailboxPool 만들기

이번 절에서는 SmallestMailboxPool, 아니면 액터 그룹을 만드는 방법을 배운다. Smallest MailboxPool는 액터의 풀이며, 메시지가 메일박스에 있는 메시지 수가 가장 적은 액터에 전역적으로 전달되는 속성을 보인다.

이 절을 진행하려면 IDE에 Hello-Akka 프로젝트를 불러온 뒤 chapter3이란 패키지를 만들어야 한다.

예제 구현

1. com.packt.chapter3 패키지에 Smallestmailbox.scala 파일은 만든다.

2. 파일 상단에 다음을 추가한다.

```
import akka.actor.{Props, ActorSystem, Actor}
import akka.routing.SmallestMailboxPool
```

3. 다음과 같이 액터를 정의한다.

```
class SmallestmailboxActor extends Actor {
  override def receive = {
    case msg: String => println(s" I am ${self.path.name}")
    case _ => println(s" I don't understand the message")
  }
}
```

4. 테스트 앱을 만든다.

```
object Smallestmailbox extends App {
  val actorSystem = ActorSystem("Hello-Akka")
  val router =
   actorSystem.actorOf(SmallestMailboxPool(5).props
   (Props[SmallestmailboxActor]))
  for (i <- 1 to 5) {
    router ! s"Hello $i"
  }
}
```

5. 앱을 실행하면 다음과 같이 출력된다.

```
I am $a
I am $d
I am $c
I am $b
I am $e
```

예제 분석

5개 액터로 만들어진 `SmallestMailboxPool`을 구현하기 위해 `akka.routing.Smallest MailboxPool`을 사용했다. 앱에서는 액터에 5개의 메시지를 송신했다. 각 메시지는 서로 다른 액터에 보내진다.

메일박스가 가장 적은 액터에 메시지가 보내진다는 사실을 검증하려면, 메일박스 안에 있는 메시지 수가 가장 적은 액터를 추적하는 사용자 메일박스를 구현해야 하며, 라우터에 더 많은 메시지를 보내야 한다.

액터의 BalancingPool 만들기

`BalancingPool`은 성능을 개선하기 위해 액터 사이의 작업을 재분배한다. `BalancingPool`에서 모든 액터는 같은 메일박스를 공유한다.

준비하기

IDE에 `Hello-Akka` 프로젝트를 불러오기만 하면 된다. 그 밖의 준비 사항은 이전과 같다.

1. com.packt.chapter3 패키지에 Balancingpool.scala 파일을 만든다.

2. 파일 상단에 다음을 추가한다.

```
import akka.actor.{Props, ActorSystem, Actor}
import akka.routing.BalancingPool
```

3. 간단한 액터를 예시로 정의한다.

```
class BalancingPoolActor extends Actor {
  override def receive = {
    case msg: String => println(s" I am ${self.path.name}")
    case _ => println(s" I don't understand the message")
  }
}
```

4. 간단한 테스트 앱을 만든다.

```
object balancingpool extends App {
  val actorSystem = ActorSystem("Hello-Akka")
  val router =
   actorSystem.actorOf(BalancingPool(5).props
    (Props[BalancingPoolActor]))
  for (i <- 1 to 5) {
    router ! s"Hello $i"
  }
}
```

5. 앱을 실행하면 다음과 같이 출력된다.

```
I am $a
I am $d
I am $c
I am $e
I am $b
```

예제 분석

앞 절에서는 액터의 BalancingPool을 만들었다. BalancingPool이 동작함을 검증하려면 라우터에 더 많은 메시지를 보내고, 부하를 키워 앱의 성능을 확인해야 한다.

SmallestMailboxPool에서는 새로운 메시지가 가장 덜 바쁜 액터에게 보내진다는 것을 항상 알기 때문에 더 낫다.

액터의 RoundRobinPool 만들기

이번 절에서는 액터의 RoundRobinPool을 만드는 방법을 배운다. RoundRobinPool은 같은 타입의 액터로 만들어진 그룹이며 루프 내 모든 액터에게 메시지가 하나씩 전달되는 속성을 가진다. RoundRobinPool에서는 모든 액터가 같은 메일박스를 공유한다.

준비하기

이번 절을 진행하려면 IDE에 Hello-Akka 프로젝트를 불러와야 한다.

예제 구현

1. com.packt.chapter3 패키지에 RoundRobin.scala 파일을 만든다.
2. 파일 상단에 다음을 추가한다.

   ```
   import akka.actor.{Props, ActorSystem, Actor}
   import akka.routing.RoundRobinPool
   ```

3. 다음과 같이 액터를 정의한다.

   ```
   class RoundRobinPoolActor extends Actor {
     override def receive = {
       case msg: String => println(s" I am ${self.path.name}")
       case _ => println(s" I don't understand the message")
   ```

```
      }
    }
```

4. 테스트 앱을 만든다.

```
object RoundRobinPoolApp extends App {
  val actorSystem = ActorSystem("Hello-Akka")
  val router =
   actorSystem.actorOf(RoundRobinPool(5).props
    (Props[RoundRobinPoolActor]))
  for (i <- 1 to 5) {
    router ! s"Hello $i"
  }
}
```

5. 앱을 실행하면 다음과 같이 출력된다.

```
I am $a
I am $b
I am $e
I am $d
I am $c
```

예제 분석

5개의 액터로 구성된 RoundRobinPool을 구현하기 위해 akka.routing.RoundRobinPool
을 사용했다. 이 앱에서 액터에게 5개의 메시지를 송신했다. 각 메시지는 루프 안에서 하
나씩 다른 액터로 보내진다.

각 5개의 메시지 다음에, 새로운 메시지가 루프의 첫 번째 액터로 보내진다. 그러나 다르
게 출력된 것을 볼 수 있다. 액터 d와 c가 메시지를 처리하기 전에 액터 e가 메시지를 처리
했다. 이는 액터 e가 d나 c보다 먼저 실행 스레드를 얻었기 때문이다.

액터의 BroadcastPool 만들기

몇몇 상황에서는 같은 메시지를 모든 액터에게 송신하고 싶을 수 있다. BroadcastPool이 이와 같은 것을 할 수 있도록 해준다. 이것은 모든 액터에게 같은 작업을 하도록 일반적인 명령을 송신하고 싶을 때 사용할 수 있다.

준비하기

IDE에 Hello-Akka 프로젝트를 불러오기만 하면 된다. 그 밖의 준비 사항은 이전과 같다.

예제 구현

1. com.packt.chapter3 패키지에 Broadcastpool.scala 파일을 만든다.

2. 파일 상단에 다음을 추가한다.

   ```
   import akka.actor.{Props, ActorSystem, Actor}
   import akka.routing.BroadcastPool
   ```

3. 간단한 액터를 예제로 만든다.

   ```
   class BroadcastPoolActor extends Actor {
     override def receive = {
       case msg: String => println(s" $msg, I am
        ${self.path.name}")
       case _ => println(s" I don't understand the message")
     }
   }
   ```

4. 다음과 같이 간단한 테스트 앱을 만든다.

   ```
   object Broadcastpool extends App {
     val actorSystem = ActorSystem("Hello-Akka")
     val router =
      actorSystem.actorOf(BroadcastPool(5).props
       (Props[BroadcastPoolActor]))
   ```

```
    router ! "hello"
}
```

5. 앱을 실행하면 다음과 같이 출력된다.

```
hello, I am $b
hello, I am $e
hello, I am $c
hello, I am $a
hello, I am $d
```

예제 분석

앞 절에서는 액터의 BroadcastPool을 만들었다. 라우터에 hello 메시지를 송신했고, 라우터는 같은 메시지를 하위 모든 액터에 송신했다.

액터의 ScatterGatherFirstCompletedPool 만들기

이번 절에서는 액터의 ScatterGatherFirstCompletedPool을 배운다. 이름과 같이 동일한 메시지를 모든 액터에게 송신하고, 작업을 먼저 마친 액터를 기다려 응답을 송신한다. 그 뒤 다른 액터의 응답은 버린다.

예제 구현

1. com.packt.chapter3 패키지에 ScatterGatherFirstCompletedpool.scala 파일을 만든다.

2. 파일 상단에 다음을 추가한다.

```
import akka.actor.{Actor, ActorSystem, Props}
import akka.pattern.ask
import akka.routing.ScatterGatherFirstCompletedPool
import akka.util.Timeout
```

```
import scala.concurrent.Await
import scala.concurrent.duration._
```

3. 다음과 같이 예제 액터를 만든다.

```
class ScatterGatherFirstCompletedPoolActor extends Actor {
  override def receive = {
    case msg: String => sender ! "I say hello back to you"
    case _ => println(s" I don't understand the message")
  }
}
```

4. 테스트 앱을 만든다.

```
object ScatterGatherFirstCompletedpool extends App {
  implicit val timeout = Timeout(10 seconds)
  val actorSystem = ActorSystem("Hello-Akka")
  val router =
   actorSystem.actorOf(ScatterGatherFirstCompletedPool(5,
   within = 10.seconds).
  props(Props[ScatterGatherFirstCompletedPoolActor]))
  println(Await.result((router ? "hello").mapTo[String], 10
    seconds))
}
```

5. 앱을 실행하면 다음과 같이 출력된다.

I say hello back to you

예제 분석

ScatterGatherFirstCompletedPool은 동일한 메시지를 모든 라우티routee(같은 라우터를 공유하는 액터) 액터에게 송신하지만, 이들 중 첫 번째 응답을 기다리고 나머지는 버리는 특성을 가진다.

이를 위해 액터를 만들고, 액터들의 ScatterGatherFirstCompletedPool을 만들었다.

이 풀은 액터의 응답을 기다리므로, 응답을 얻는데 퓨처(Future)를 사용한다. 많은 머신이 있고 빠르게 반응하는 머신에 작업을 송신하고자 하는 상황이 그러하다.

액터의 TailChoppingPool 만들기

이번 절에서는 액터의 TailChoppingPool을 대해 배운다. TailChoppingPool은 먼저 무작위로 고른 라우티에게 메시지를 송신하며, 그 뒤 약간의 지연 후에 두 번째 라우티에게(남은 액터 중 무작위로 고름) 송신하는 일을 계속한다. TailChoppingPool은 첫 번째 응답이 수신되기를 기다리고, 이를 본래 송신자에게 전달한다. 다른 응답은 버린다.

예제 구현

1. com.packt.chapter3 패키지에 TailChoppingpool.scala 파일을 만든다.
2. 파일 상단에 다음을 추가한다.

   ```
   import akka.actor.{Actor, ActorSystem, Props}
   import akka.pattern.ask
   import akka.routing.TailChoppingPool
   import akka.util.Timeout
   import scala.concurrent.Await
   import scala.concurrent.duration
   ```

3. 다음과 같이 예제 액터를 만든다.

   ```
   class TailChoppingActor extends Actor {
     override def receive = {
       case msg: String => sender ! "I say hello back to you"
       case _ => println(s" I don't understand the message")
     }
   }
   ```

4. 테스트 앱을 만든다.

```scala
object ScatterGatherFirstCompletedpool extends App {
  implicit val timeout = Timeout(10 seconds)
  val actorSystem = ActorSystem("Hello-Akka")
  val router = actorSystem.actorOf(TailChoppingPool(5,
   within = 10.seconds,interval = 20.millis).
   props(Props[TailChoppingActor]))
  println(Await.result((router ? "hello").mapTo[String], 10
    seconds))
}
```

5. 앱을 실행하면 다음과 같이 출력된다.

I say hello back to you

예제 분석

ScatterGatherFirstCompletedPool과 달리 TailChoopingPool은 무작위로 라우티를 고르고 메시지를 송신한 뒤 응답을 기다린다. 그 뒤 일정한 간격 후에 모든 라우티 사이에서 무작위로 골라 메시지를 송신한다. 그렇기 때문에 이를 꼬리 자르기TailChopping라 부른다.

액터의 ConsistentHashingPool 만들기

이번 절에서는 액터의 ConsistentHashingPool을 배운다. ConsistentHashingPool은 액터에게 메시지를 송신하는 데 일관성consistent 해싱을 사용한다.

ConsistentHashingPool 이면의 개념은 송신된 메시지에 근거해 같은 키를 가지는 메시지를 항상 같은 액터로 전달하는 것이다.

일관성 캐싱은 복수의 노드에 걸쳐 분산된 캐시를 위해 사용한다. 이는 결과를 빨리 내놓는데 있어서 무엇이, 그리고 어디에 캐시돼 있는지에 관련해 유연성을 제공한다.

이번 절을 진행하려면 IDE에 스칼라 프로젝트를 불러와야 한다. 절을 진행하기 전에, 일관성 해싱에 대해 이해할 필요가 있다.

일관성 해싱에 대해선 다음 위키디피아 링크를 참고하라.

https://en.wikipedia.org/wiki/Consistent_hashing

일관성 해시 키를 사용하기 위해 데이터를 정의하는 방법에는 세 가지가 있다.

- 라우터의 `hashMapping`을 정의해서 들어오는 메시지를 일관성 해시 키에 매핑할 수 있다.
- 메시지가 `akka.routing.ConsistentHashingRouter.ConsistentHashable`을 구현하게 할 수 있다. 키가 메시지의 일부가 되며, 이는 메시지 정의와 키를 함께 정의하는 데 편리하다.
- `akka.routing.ConsistentHashingRouter.ConsistentHashableEnvelop`로 메시지를 감싸 데이터가 사용할 일관성 해시 키를 정의할 수 있다. 여기서 송신자는 사용할 키를 알고 있다.

1. com.packt.chapter3 패키지에 ConsistantHashingpool.scala 파일을 만든다.
2. 다음을 파일 상단에 추가한다.

```
import akka.actor.{Actor, ActorSystem, Props}
import akka.routing.ConsistentHashingPool
import akka.routing.ConsistentHashingRouter.{
ConsistentHashMapping, ConsistentHashable,
ConsistentHashableEnvelope}
import akka.util.Timeout
import scala.concurrent.duration.
```

3. 액터에 송신할 메시지를 다음과 같이 정의한다.

```scala
case class Evict(key: String)
case class Get(key: String) extends ConsistentHashable {
  override def consistentHashKey: Any = key
}
case class Entry(key: String, value: String)
```

4. 캐시 목적을 위해 다음과 같이 액터를 정의하자.

```scala
class Cache extends Actor {
  var cache = Map.empty[String, String]
  def receive = {
    case Entry(key, value) =>
    println(s" ${self.path.name} adding key $key")
    cache += (key -> value)
    case Get(key) =>
    println(s" ${self.path.name} fetching key $key")
    sender() ! cache.get(key)
    case Evict(key) =>
    println(s" ${self.path.name} removing key $key")
    cache -= key
  }
}
```

5. 테스트 앱을 만든다.

```scala
object ConsistantHashingpool extends App {
  val actorSystem = ActorSystem("Hello-Akka")
  def hashMapping: ConsistentHashMapping = {
    case Evict(key) => key
  }
  val cache =
  actorSystem.actorOf(ConsistentHashingPool(10, hashMapping
  = hashMapping).
   props(Props[Cache]), name = "cache")
  cache ! ConsistentHashableEnvelope(
  message = Entry("hello", "HELLO"), hashKey = "hello")
  cache ! ConsistentHashableEnvelope(
  message = Entry("hi", "HI"), hashKey = "hi")
```

```
            cache ! Get("hello")
            cache ! Get("hi")
            cache ! Evict("hi")
        }
```

6. 앱을 실행하면 다음과 같이 출력된다.

```
$e adding key hi
$d adding key hello
$d fetching key hello
$e fetching key hi
$e removing key hi
```

예제 분석

여기서는 액터의 ConsistentHashingPool을 구현했다. 먼저 ConsistentHashable 트레이트를 구현하는 메시지를 만들고, 캐싱의 맵을 유지하는 액터를 정의한다. 테스트 앱에서는 액터의 ConsistentHashingPool을 만드는 앱을 만든다. 출력을 통해 액터가 항상 캐시 입력을 위해 수신했던 같은 키와 값을 반환함을 볼 수 있다.

액터의 RandomPool 만들기

액터의 무작위 풀은 라우티 리스트 사이에서 무작위로 라우티를 골라 메시지를 송신하는 것에 불과하다. 어떤 라우티가 메시지를 고르고 작업을 하는지 신경 쓰지 않을 때 유용하다. 그리고 가장 바쁜 액터에게 메시지를 송신하게 만들 수도 있다.

준비하기

모든 준비 사항은 앞 절과 같다. Hello-Akka 프로젝트를 불러오고 시작하기만 하면 된다.

1. com.packt.chapter3 패키지에 RandomPool.scala 파일을 만든다.

2. 파일 상단에 다음을 추가한다.

```
import akka.actor.{Props, ActorSystem, Actor}
import akka.routing.RandomPool
```

3. 다음과 같이 액터를 정의한다.

```
class RandomPoolActor extends Actor {
  override def receive = {
    case msg: String => println(s" I am ${self.path.name}")
    case _ => println(s" I don't understand the message")
  }
}
```

4. 테스트 앱을 만든다.

```
object RandomPoolApp extends App {
  val actorSystem = ActorSystem("Hello-Akka")
  val router =
   actorSystem.actorOf(RandomPool(5).props
   (Props[RandomPoolActor]))
  for (i <- 1 to 5) {
    router ! s"Hello $i"
  }
}
```

5. 앱을 실행시키면 다음과 같이 출력된다.

```
I am $b
I am $c
I am $b
I am $c
I am $e
```

앞 절을 위해서 RandomPool 클래스를 불러오고 테스트 앱에서 한 것과 같이 액터의 풀을
만드는 것 외에 아무것도 하지 않았다.

라우터에 특별하게 처리된 메시지 송신하기

액터에서 특별하게 다뤄지는 메시지가 몇 가지 있다. 이들은 특별한 행위를 가진다. 이런
메시지는 대부분 액터를 관리하는 데 사용한다.

이들 메시지의 타입은 각각 다음과 같다.

- Broadcast 메시지
- PoisonPill 메시지
- Kill 메시지
- AddRoutee, RemoveRoutee 같은 관리 메시지

준비하기

이번 절에서는 Broadcast, PoisonPill Kill만 다룬다. 모든 준비 사항은 이전과 같다.

예제 구현

1. com.packt.chapter3 패키지에 SpeciallyHandled.scala 파일을 만든다.
2. 파일 상단에 다음을 추가한다.

   ```
   import akka.actor.{PoisonPill, Props, ActorSystem, Actor}
   import akka.routing.{Broadcast, RandomPool}
   ```

3. 다음과 같이 액터로 보내는 case 오브젝트 메시지를 추가한다.

```
case object Handle
```

4. 액터를 정의한다.

```
class SpeciallyHandledActor extends Actor {
  override def receive = {
    case Handle => println(s"${self.path.name} says hello")
  }
}
```

5. 다음과 같이 테스트 앱을 만든다.

```
object SpeciallyHandled extends App {
  val actorSystem = ActorSystem("Hello-Akka")
  val router =
   actorSystem.actorOf(RandomPool(5).props
   (Props[SpeciallyHand
   ledActor]))
  router ! Broadcast(Handle)
  router ! Broadcast(PoisonPill)
  router ! Handle
}
```

6. 앱을 실행시키면 다음과 같이 출력된다.

```
$b says hello
$a says hello
$c says hello
$e says hello
$d says hello
```

출력된 마지막 줄에 "message not delivered"(메시지가 전달되지 않았습니다)라는 오류가 나올 것이다.

출력에서 보듯이, Handle 메시지를 Broadcast 봉투로 감싸 모든 액터가 같은 메시지를 송신받을 수 있다. 이후, 라우터 내 모든 액터를 없애기 위해 특별하게 처리되는 메시지인 PoisonPill을 Broadcast 봉투 안에 넣어 송신한다.

Kill 메시지라는 것도 있다. 라우터가 이를 수신하면 ActorKilledException 예외를 던지고 고장이 나게 된다. 그 뒤 어떻게 감독되느냐에 따라 재개되거나, 재시작되거나 종료된다.

크기가 동적으로 조정되는 액터의 풀 만들기

증가하고 감소하는 요청의 개수를 다루기 위해 라우터 하위의 액터 개수를 다양하게 하고 싶은 상황이 있다. 다음 절은 이와 같은 상황을 위한 것이다.

준비하기

이 절을 진행하려면 Hello-Akka 프로젝트를 불러와야 한다. 모든 준비 사항은 이전과 같다.

예제 구현

1. com.packt.chapter3 패키지에 ResizablePool.scala 파일을 만든다.
2. 파일 상단에 다음을 추가한다.

   ```
   import akka.actor.{Props, Actor, ActorSystem}
   import akka.routing.{RoundRobinPool, DefaultResizer}
   ```

3. 액터에게 송신할 메시지를 case 오브젝트로 만든다.

   ```
   case object Load
   ```

4. 다음과 같이 더미 액터를 정의한다.

```
class LoadActor extends Actor {
  def receive = {
    case Load => println("Handing loads of requests")
  }
}
```

5. 테스트 앱을 만든다.

```
object ResizablePool extends App {
  val system = ActorSystem("Hello-Akka")
  val resizer = DefaultResizer(lowerBound = 2,
  upperBound = 15)
  val router = system.actorOf(RoundRobinPool(5,
  Some(resizer)).props(Props[LoadActor]))
  router ! Load
}
```

앱을 실행하면 다음과 같이 출력된다.

Handing loads of requests

액터가 피보나치와 같은 계산을 하고 요청에 따라 처리량이 증가하는지 검증하는 것은 독
자에게 맡긴다.

4

퓨처와 에이전트 사용하기

이 장에서 다루는 내용은 다음과 같다.

- 간단한 작업을 위해 퓨처를 직접 사용하기
- 액터로 퓨처 사용하기
- 액터 내에서 퓨처 사용하기
- 퓨처를 위해 for comprehension 사용하기
- 퓨처에서 콜백 다루기
- 퓨처로 간단한 병렬 앱 만들기
- 퓨처의 시퀀스 줄이기
- 에이전트 읽고 업데이트하기
- 에이전트를 모나드처럼 구성하기

소개

3장에서는 액터로 메시지를 라우팅하는 방법을 배웠다. 이번 장에서는 퓨처에 대해 배운다.

퓨처는 동시적concurrency 실행 및 병렬parallel 실행을 위해 다른 스레드에서 작업할 때 사용한다. 퓨처는 동시적 작업의 결과를 가지며, 현재 스레드의 실행을 블로킹blocking하여 동기적으로synchronously, 아니면 퓨처에서 콜백을 처리해 비동기적asynchronously으로 접근할 수 있다.

퓨처는 콜백 및 다른 작업을 실행하기 위해서 스레드 풀이 지원하는 ExecutionContext를 필요로 한다.

따라서 퓨처는 대체로 다른 스레드에 동시적으로 작업을 실행할 때 사용한다.

간단한 작업을 위해 퓨처를 직접 사용하기

퓨처를 소개하는 예제로, 간단한 연산에서 퓨처를 사용하는 방법을 살펴본다. 두 정수를 더하고 퓨처를 사용해 이 작업을 비동기적으로 실행한다.

준비하기

이 절을 진행하려면 Hello-Akka 프로젝트를 불러온다. 그 밖의 준비 사항은 이전과 같다.

예제 구현

이 절을 위해서 다음 단계를 수행해야 한다.

1. com.packt.chapter4 패키지에 AddFuture.scala 파일을 만든다.
2. 파일 상단에 다음을 추가한다.

```
import scala.concurrent.duration._
import scala.concurrent.{Await, Future}
import scala.concurrent.ExecutionContext.Implicits.global
```

3. 테스트 앱을 만든다.

```
object AddFuture extends App {
  val future = Future(1+2).mapTo[Int]
  val sum = Await.result(future, 10 seconds)
  println(s"Future Result $sum")
}
```

예제 분석

앞 절에서는 두 숫자의 합을 계산하고 이를 퓨처로 감쌌다. sum을 기다리고 있기 때문에 결과를 Int로 매핑했다. 퓨처를 실행하기 위해 scala.concurrent.ExecutionContext. Implicits.global을 불러왔다. 여기서, 결과를 회수하도록 현재 스레드를 블로킹하기 위해 Await 패턴을 사용한다.

앱을 실행하면 다음과 같이 출력된다.

Future Result 3

액터로 퓨처 사용하기

이번 절에서는 어떻게 액터로 퓨처를 사용하는지, 그리고 퓨처가 계산한 결과를 회수하는지를 살펴본다.

준비하기

Hello-Akka 프로젝트를 불러오기만 하면 되며, 그 밖의 준비 사항은 이전과 같다.

액터로 퓨처를 사용하고 계산 결과를 회수하는 단계는 다음과 같다.

1. com.packt.chapter4 패키지에 FutureWithActor.scala 파일을 만든다.

2. 파일 상단에 다음을 추가한다.

```
import akka.actor.{Actor, ActorSystem, Props}
import akka.pattern.ask
import akka.util.Timeout
import scala.concurrent.Await
import scala.concurrent.duration._
```

3. 다음 코드와 같이 두 정수의 합을 계산하고 이를 송신자에게 송신하는 액터를 만든다.

```
class ComputationActor extends Actor {
  def receive = {
    case (a: Int, b: Int) => sender ! (a + b)
  }
}
```

4. 다음과 같이 샘플 테스트 앱을 만든다.

```
object FutureWithScala extends App {
  implicit val timeout = Timeout(10 seconds)
  val actorSystem = ActorSystem("Hello-Akka")
  val computationActor =
    actorSystem.actorOf(Props[ComputationActor])
  val future = (computationActor ? (2,3) ).mapTo[Int]
  val sum = Await.result(future, 10 seconds)
  println(s"Future Result $sum")
}
```

앱을 실행하면 다음 절에서와 같이 출력된다.

예제 분석

더하기를 계산하는 액터를 만들었으며, 액터에게 메시지를 송신하고 퓨처 검증자validator를 받기 위해 ? 표시를 사용한다. 여기서는 액터 시스템 자체가 Executioncontext를 제공하므로 명시적으로 필요하지는 않는다.

이전 앱을 실행하면 다음과 같이 출력된다.

Future Result 5

액터 내에서 퓨처 사용하기

액터 내에서 퓨처를 사용해서 작업을 다른 스레드에 비동기적으로 스케줄링하는 방법을 배운다.

준비하기

모든 준비 사항은 이전과 같다. Hello-Akka 프로젝트를 IDE에 불러오기만 하면 된다.

예제 구현

액터 내에 퓨처를 사용하는 단계는 다음과 같다.

1. com.packt.chapter4 패키지에 FutureInsideActor.scala 파일을 만든다.
2. 파일 상단에 다음을 추가한다.

```
import akka.actor.{Props, ActorSystem, Actor}
import scala.concurrent.{Await, Future}
import scala.concurrent.duration._
```

3. 다음 코드와 같이 내부에서 퓨처를 사용하는 액터를 만든다.

```
class FutureActor extends Actor {
  import context.dispatcher
  def receive = {
    case (a:Int, b:Int) => val f = Future(a+b)
    (Await.result(f, 10 seconds))
  }
}
```

4. 테스트 앱을 만든다.

```
object FutureInsideActor extends App {
  val actorSystem = ActorSystem("Hello-Akka")
  val fActor = actorSystem.actorOf(Props[FutureActor])
  fActor !(10, 20)
}
```

예제 분석

이번 절에서는 다른 곳에서 사용했던 것처럼 퓨처를 사용한다. 액터 내부에 아카 안의 기본 디스패처인 context.dispatcher를 불러옴으로써 ExecutionContext를 얻었다는 점만이 유일한 차이다.

여기서, 퓨처로부터 결과를 회수하기 위해 Await.result를 사용하며, 이는 액터 내 스레드를 블로킹한다. 이는 추천하지 않는다. onComplete와 같은 콜백 함수를 사용해야 한다.

앱을 실행하면 다음과 같이 출력된다.

```
Future result is 30
```

퓨처에 for comprehension 사용하기

이번 절에서는 스칼라 컬렉션에서와 같이 퓨처를 순회하는 데 어떻게 for comprehension 을 사용하는지 살펴본다. 퓨처는 스칼라의 리스트와 같이 모나드이므로, 리스트를 작업 하는 것과 같은 방법으로 퓨처를 작업할 수 있다. 이는 또한 퓨처를 구성하는 방법이기 도 하다.

준비하기

모든 준비 사항은 이전과 같다. Hello-Akka 프로젝트를 IDE에 불러오기만 하면 된다.

예제 구현

1. com.packt.chapter4 패키지에 ForComprehensions.scala 파일을 만든다.
2. 파일 상단에 다음을 추가한다.

```
import scala.concurrent.duration._
import scala.concurrent.{Await, Future}
import scala.concurrent.ExecutionContext.Implicits.global
```

3. 테스트 앱을 만든다.

```
object ForComprehensions extends App {
  val futureA = Future(20 + 20)
  val futureB = Future(30 + 30)
  val finalFuture: Future[Int] = for {
    a <- futureA
    b <- futureB
  } yield a + b
  println("Future result is " + Await.result(finalFuture, 1
  seconds))
}
```

예제 분석

이전 앱에서는 두 정수를 더하는 퓨처를 두 개 만들고, for 구문을 이용해 두 퓨처를 순회하게 한다. 여기서, 개별 퓨처를 블로킹하지 않는다. 대신 최종 퓨처를 만들고 결과를 기다린다(블로킹한다).

앱을 실행하면 결과는 다음과 같을 것이다.

```
Future result is 100
```

퓨처에서 콜백 다루기

이번 절에서는 콜백 함수로 퓨처의 응답을 다루는 방법을 배운다. 이는 퓨처의 비동기적 처리라고도 알려져 있다. 콜백 함수를 사용해서 현재 스레드를 퓨처로부터의 응답을 위해 블로킹하지 않는다.

준비하기

이 절을 진행하려면 Hello-Akka 프로젝트를 IDE에 불러와야 하며, 그 밖의 준비 사항은 이전과 같다.

예제 구현

1. com.packt.chapter4 패키지에 callback.scala 파일을 만든다.
2. 파일 상단에 다음을 추가한다.

   ```
   import scala.concurrent.ExecutionContext.Implicits.global
   import scala.concurrent.Future
   import scala.util.{Failure, Success}
   ```

3. 다음과 같이 스칼라 앱을 만든다.

```scala
object Callback extends App {
  val future = Future(1 + 2).mapTo[Int]
  future onComplete {
    case Success(result) => println(s"result is $result")
    case Failure(fail) => fail.printStackTrace()
    }
  println("Executed before callback")
}
```

예제 분석

이전 앱에서는 단지 두 개의 정수를 더하기만 하는 퓨처를 만들었다. 여기서, 콜백 함수인 onComplete를 사용했다. onComplete 함수에서 Success나 failure일 수 있는 두 가지 경우를 다뤘다. 이는 출력에서 println 문이 퓨처가 완료되기 전에 실행되는 것에서 볼 수 있듯이, 퓨처를 비동기적으로 처리한다.

앱을 실행하면 다음과 같이 출력된다.

Executed before callback
result is 3

퓨처로 간단한 병렬 앱 만들기

이번 절에서는 결과를 병렬로 계산하는 앱을 만든다. 독립적인 작업을 병렬화해 프로그램의 실행 시간을 줄이는 방법을 배운다.

이 절을 진행하려면 Hello-Akka 프로젝트를 IDE에 불러와야 하며, 그 밖의 준비 사항은
이전과 같다.

1. com.packt.chapter4 패키지에 Parallel.scala 파일을 만든다.

2. 파일 상단에 다음을 추가한다.

```
import scala.concurrent.ExecutionContext.Implicits.global
import scala.concurrent.{Await, Future}
```

3. 다음 코드와 같이 피보나치 수를 계산하는 스칼라 오브젝트를 만든다.

```
object Fib {
  def fib(n: Int): Int = {
    def fib_tail(n: Int, a: Int, b: Int): Int = n match {
      case 0 => a
      case _ => fib_tail(n - 1, b, a + b)
    }
    fib_tail(n, 0, 1)
  }
}
```

4. 다음과 같이 간단한 Parallel 테스트 앱을 만든다.

```
object Parallel extends App {
  import Fib._
  val t1 = System.currentTimeMillis
  val sum = fib(100) + fib(100) + fib(100)
  println(s"sum is $sum time taken in sequential
    computation $
{System.currentTimeMillis - t1 / 1000.0}")
  val t2 = System.currentTimeMillis
  val future1 = Future(fib(100))
  val future2 = Future(fib(100))
```

```
val future3 = Future(fib(100))

val future = for {
  x <- future1
  y <- future2
  z <- future3
} yield (x + y + z)
future onSuccess {
  case sum =>
  val endTime = ((System.currentTimeMillis - t2) /
   1000.0)
  println(s"sum is $sum time taken in parallel computation
  $endTime seconds")
}
Thread.sleep(5000)
}
```

예제 분석

앞 절의 출력에서 병렬 연산 시간이 순차적 구현보다 훨씬 적다는 것을 알 수 있다.

단순히 피보나치 숫자의 퓨처를 만들어 for comprehension을 사용해 구성했다. 또한 각 퓨처를 블로킹하는 대신 최종 퓨처에 콜백을 사용했다. 따라서 퓨처로부터 병렬 연산 능력을 얻을 수 있다.

이전 앱을 실행하면 다음과 같이 출력된다.

```
sum is 1354645321 time taken in sequential computation 1.477588591743776E12
sum is 1354645321 time taken in parallel computation 0.131 seconds
```

퓨처의 시퀀스 줄이기

for comprehension을 사용해서 서로 다른 타입의 퓨처를 구성하는 방법은 알고 있다. 그러나 이번 절에서는 같은 타입으로 된 일련의 퓨처를 구성하는 방법을 배운다.

준비하기

IDE에 Hello-Akka 프로젝트를 불러온다. 그 밖의 준비 사항은 이전과 같다.

예제 구현

1. com.packt.chapter4 패키지에 RedcuingFutures.scala 파일을 만든다.
2. 파일 상단에 다음을 추가한다.

```
import akka.util.Timeout
import scala.concurrent.duration._
import scala.concurrent.{Await, Future}
import scala.concurrent.ExecutionContext.Implicits.global
```

3. 다음과 같이 간단한 앱을 만든다.

```
object ReducingFutures extends App {
  val timeout = Timeout(10 seconds)
  val listOfFutures = (1 to 10).map(Future(_))
  val finalFuture = Future.reduce(listOfFutures)(_ + _)
  println(s"sum of numbers from 1 to 10 is $
  {Await.result(finalFuture, 10
  seconds)}")
}
```

예제 분석

이번 절에서는 1부터 10까지 숫자의 퓨처를 만들어 퓨처 리스트를 얻어냈다. 그런 다음 리스트에서 주로 하는 것처럼 퓨처의 시퀀스와 이들을 축소시키는 함수를 받는 Future. reduce 메서드로 퓨처를 축소했다.

앱을 실행하면 다음과 같이 출력된다.

```
sum of numbers from 1 to 10 is 55
```

에이전트 읽고 업데이트하기

에이전트는 저장소 위치에 공유된 접근성을 제공하는 데 쓰인다. 이들은 개별 위치를 독립적이고, 비동기적으로 변경할 수 있도록 해준다. 에이전트는 생명주기 동안 하나의 저장소 위치에 묶여 있으며, 동작의 결과로 그 위치(를 새로운 상태로)가 변경되는 것만을 허용한다. 동작^action은 에이전트의 상태에 비동기적으로 적용되는 함수(인수를 추가하는 것을 선택할 수 있다)이며 반환값은 에이전트의 새로운 상태가 된다.

에이전트를 업데이트하는 것은 비동기적이지만, 에이전트의 상태는 모든 스레드에서 아무런 메시지 없이 get이나 apply를 사용해서 항상 즉시 읽기가 가능하다.

준비하기

이 절을 진행하기 전에, 프로젝트에 akka-agent 의존성을 다운로드해야 한다. 이를 위해, 다음 의존성을 프로젝트의 build.sbt에 추가해야 한다.

```
libraryDependencies += "com.typesafe.akka" % "akka-agent_2.11" % "2.4.4"
```

이제, 리눅스의 터미널이나 윈도우의 커맨드 프롬프트를 열고 프로젝트의 디렉터리로 이동한 뒤 sbt update 명령을 실행해 jar 의존성 파일을 다운로드한다.

이제, IDE에 Hello-Akka 프로젝트를 불러온다.

예제 구현

1. com.packt.chapter4 패키지에 Agent.scala 파일을 만든다.

2. 파일 상단에 다음을 추가한다.

```
import akka.agent.Agent
import akka.util.Timeout
import scala.concurrent.ExecutionContext.Implicits.global
import scala.concurrent.duration._
import scala.concurrent.{Await, Future}
```

3. 다음과 같이 테스트 앱을 만든다.

```
object AgentApp extends App {
  val timeout = Timeout(10 seconds)
  val agent = Agent(5)
  val result = agent.get
  println(s"Result is now $result")
  val f1: Future[Int] = agent alter 7
  println(s"Result after sending a value ${Await.result(f1,
    10 seconds)}")
  val f2: Future[Int] = agent alter (_ + 3)
  println(s"Result after sending a function
    ${Await.result(f2, 10
  seconds)}")
}
```

앱을 실행하면 다음 절에서와 같이 출력된다.

예제 분석

이전 앱에서는 초깃값이 5인 간단한 에이전트를 만든다. get 메서드로 에이전트 값을 읽을 수 있다. 에이전트에 퓨처를 반환하는 alter 함수를 사용해서 값이나 함수를 송신할 수 있다. 따라서 퓨처로부터 결과를 회수할 수 있다. 첫 번째 값은 5였고, 그 뒤 에이전트에 7을 송신했으며, 에이전트는 결과를 7로 업데이트했다. 그런 다음 에이전트에 현재 값에 3을 더하는 함수를 송신했으며, 10을 얻었다.

앱을 실행하면 다음과 같이 출력된다.

```
Result is now 5
Result after sending a value 7
Result after sending a function 10
```

에이전트를 모나드처럼 구성하기

이번 절에서는 퓨처처럼 for comprehension을 이용해 에이전트를 구성하는 방법을 살펴본다.

준비하기

프로젝트에 akka-agent 의존성을 다운로드했으므로, IDE에 프로젝트를 불러오기만 하면 된다.

예제 구현

1. com.packt.chapter4 패키지에 AgentComposition.scala 파일을 만든다.
2. 파일 상단에 다음을 추가한다.

   ```
   import akka.agent.Agent
   import scala.concurrent.ExecutionContext.Implicits.global
   ```

3. 다음과 같이 테스트 앱을 만든다.

   ```
   object AgentComposition extends App {
     val agent1 = Agent("Hello, ")
   ```

```
    val agent2 = Agent("World")
    val finalAgent = for {
      value1 <- agent1
      value2 <- agent2 } yield value1 + value2
    println(finalAgent.get)
}
```

예제 분석

이는 for comprehension을 사용해 퓨처를 구성했을 때와 같다. 또한 에이전트에 map과 flatMap 메서드도 쓸 수 있다.

앱을 실행하면 다음과 같이 출력된다.

Hello world

5

액터 스케줄링과
그 밖의 유틸리티

이 장에서 다루는 내용은 다음과 같다.

- 특정 간격으로 작업 스케줄링하기
- 특정 간격으로 액터의 작업 스케줄링하기
- 액터에서 스케줄링된 작업 취소하기
- 장애 확산을 막는 서킷 브레이커 만들기
- 액터에 로깅 도입하기
- 액터 유닛 테스트 작성하기
- 아카 독립 앱 패키징 및 배포
- 도커 컨테이너 내 아카 앱 패키징 및 배포
- 아카 앱 설정하기

앞 장에서 감시, 메시지 라우팅, 퓨처 등을 배웠다. 이번 장에서는 특정 간격으로 작업이 실행되도록 스케줄링하는 방법, 그리고 액터의 스케줄링, 로깅, 테스팅, 아카 앱을 배포하는 방법을 배운다. 이들 절은 서로 연관이 없으며 자신만의 맥락과 뜻을 가진다. 이들 절은 유틸리티처럼 생각할 수 있다.

특정 간격으로 작업 스케줄링하기

크론 잡^{cron job}처럼 특정 시간에 작업되거나 일정한 간격을 두고 반복해서 작업되기를 원하는 경우가 있다.

준비하기

이 절을 진행하려면 Hello-Akka 프로젝트를 불러온 뒤 모든 코드를 넣을 com.packt. chapter5 패키지를 만들어야 한다.

예제 구현

1. com.packt.chapter5 패키지에 ScheduleOperation.scala 파일을 만든다.
2. 파일 상단에 다음을 추가한다.

   ```
   import akka.actor.ActorSystem
   import scala.concurrent.duration._
   ```

3. 다음과 같이 액터 시스템을 만들고 작업을 스케줄링할 테스트 앱을 만든다.

   ```
   object ScheduleOperation extends App {
     val system = ActorSystem("Hello-Akka")
     import system.dispatcher
     system.scheduler.scheduleOnce(10 seconds)
   ```

```
      { println(s"Sum of (1 + 2) is ${1 + 2}")
      }
    system.scheduler.schedule(11 seconds, 2 seconds) {
     println(s"Hello, Sorry for disturbing you every 2 seconds")
    }
  }
```

예제 분석

앱을 실행하면 다음과 같이 출력된다.

**Sum of (1 +2) is 3 Hello, Sorry for disturbing you in every 2 seconds
Hello, Sorry for disturbing you in every 2 seconds Hello, Sorry for
disturbing you in every 2 seconds ....**

코드를 보면 system.scheduler에 scheduleOnce와 schedule 두 메서드가 있다. schedule
Once 메서드에서는 특정 준비 시간 후에 한 번만 작업이 일어나도록 스케줄링한다. 예제
의 경우 10초다. schedule 메서드에서는 2초마다 작업되도록 스케줄링했으며, 이는 특정
준비 시간 이후 시작됐다. 예제의 경우 준비 간격은 11초다.

특정 간격으로 액터의 작업 스케줄링하기

액터를 스케줄링하는 것은 간단한 작업을 스케줄링하는 것과 같다. 액터가 시간 간격 후
에 반복적으로 어떤 작업을 하기를 원하는 경우가 있다.

준비하기

Hello-Akka 프로젝트를 불러오기만 하면 되며, 그 밖의 준비 사항은 이전과 같다.

1. com.packt.chapter5 패키지에 ScheduleActor.scala 파일을 만든다.

2. 파일 상단에 다음을 추가한다.

```
import akka.actor.{Actor, Props, ActorSystem}
import scala.concurrent.duration._
```

3. 다음과 같이 두 개의 무작위 정수를 더하는 간단한 액터를 만든다.

```
class RandomIntAdder extends Actor {
  val r = scala.util.Random
  def receive = {
    case "tick" =>
    val randomInta = r.nextInt(10)
    val randomIntb = r.nextInt(10)
    println(s"sum of $randomInta and $randomIntb is
    ${randomInta + randomIntb}")
  }
}
```

4. 액터를 스케줄링하는 테스트 앱을 만든다.

```
object ScheduleActor extends App {
  val system = ActorSystem("Hello-Akka")
  import system.dispatcher
  val actor = system.actorOf(Props[RandomIntAdder])
  system.scheduler.scheduleOnce(10 seconds, actor, "tick")
  system.scheduler.schedule(11 seconds, 2 seconds, actor,
  "tick")
}
```

앱을 실행하면 다음과 같이 출력되며, 10초 지연 후에, 그리고 2초마다 나타날 것이다.

```
sum of 6 and 1 is 7
sum of 7 and 0 is 7
```

```
sum of 5 and 1 is 6
sum of 4 and 3 is 7
sum of 2 and 5 is 7
```

이제 앞에서 작업을 스케줄링했던 것과 같은 방법으로 액터를 스케줄링할 수 있다. 기능을 어떻게 구현할지는 우리에게 달렸다. 우리만의 스케줄러를 구현할 수 있다.

 아카에서 스케줄러를 구현하려면 http://doc.akka.io/docs/akka/current/java/scheduler.html을 참고하라.

액터에서 스케줄링된 작업 취소하기

이제 액터를 스케줄링하는 방법을 알게 됐지만, 특정 조건에서는 스케줄러를 취소하는 것도 중요하다. 스케줄러가 원하는 결과를 달성하는 데 충분한 시간을 가지도록 상태를 유지시켜야 한다.

준비하기

Hello-Akka 프로젝트를 불러오기만 하면 되며, 그 밖의 준비 사항은 이전과 같다.

예제 구현

1. com.packt.chapter5 패키지에 CancelOperation.scala 파일을 만든다.
2. 파일 상단에 다음을 추가한다.

   ```
   import akka.actor.{Cancellable, Props, ActorSystem, Actor}
   import scala.concurrent.duration._
   ```

3. 다음과 같이 액터를 정의한다. 이는 Scheduler 오브젝트를 참조하므로 컴파일 되지 않는다.

```scala
class CancelOperation extends Actor {
  var i = 10
  def receive = {
    case "tick" => {
      println(s"Hi, Do you know i do the same task again and
      again")
      i = i - 1
      if (i == 0) Scheduler.cancellable.cancel()
    }
  }
}
```

4. 다음과 같이 간단한 테스트 앱을 만든다.

```scala
object Scheduler extends App {
  val system = ActorSystem("Hello-Akka")
  import system.dispatcher
  val actor = system.actorOf(Props[CancelOperation])
  val cancellable: Cancellable = system.scheduler.schedule(0
  seconds, 2 seconds, actor, "tick")
}
```

예제 분석

앱을 실행하면 다음 내용이 10번 출력된다.

Hi, Do you know i do the same task again and again

스케줄러를 만들 때, 취소 메서드를 노출시키는 Cancellable 인터페이스 타입에 이를 할 당할 수 있다. 따라서 스케줄러를 취소할 수 있다. 예제에서는 스케줄러가 10번 실행됐 을 때 취소했다.

장애 확산을 막는 서킷 브레이커 만들기

아카 분산 시스템에서는 작업을 비동기적으로 수행하는 액터의 형태로 많은 서비스를 작성하도록 한다. 이런 앱에서는 일부 서비스가 엄청난 부하를 받아 언제든지 고장 날 수 있다. 따라서 어떤 서비스가 특정 서비스에 의존하고 그 특정 서비스에 장애가 발생한다면, 그러한 특정 서비스를 호출하는 서비스로 장애가 전파될 가능성이 있다. 그러므로 장애가 발생하거나 응답이 없는 서비스를 호출하는 것을 막고 앞으로의 요청을 받지 않도록 하는 체계가 필요하다.

아카는 이런 시나리오를 다루도록 서킷 브레이커circuit breaker를 제공한다.

준비하기

Hello-Akka 프로젝트를 불러오기만 하면 되며, 그 밖의 준비 사항은 이전과 같다. 이번 절에서는 더미 데이터베이스를 만들고 이로부터 레코드를 가져올 것이다. 서킷 브레이커에서 특정 횟수보다 요청을 많이 받아 지연이 발생하면 어떻게 요청을 막는지 보기 위해 이를 사용한다.

예제 구현

1. com.packt.chapter5 패키지에 CircuitBreaker.scala 파일을 만든다.
2. 파일 상단에 다음을 추가한다.

```
import akka.actor.{Actor, ActorSystem, Props}
import akka.pattern.{CircuitBreaker, ask}
import akka.util.Timeout
import scala.concurrent.duration._
```

3. 데이터를 보관하는 case 오브젝트를 추가한다.

```
case class FetchRecord(recordID: Int)
case class Person(name: String, age: Int)
```

4. 다음과 같이 더미 DB를 만들고, 그 안에 Person 레코드를 보관하는 스칼라 맵을 만든다.

```
object DB {
  val data = Map(1 -> Person("John", 21), 2 -> Person("Peter",
  30), 3 ->
  Person("James", 40), 4 -> Person("Alice", 25), 5 ->
  Person("Henry", 26),
  6 -> Person("Jackson", 48))
}
```

5. 다음과 같이 ID로 매핑된 레코드를 가져오는 액터를 만든다.

```
class DBActor extends Actor {
  def receive = {
    case FetchRecord(recordID) =>
      if (recordID >= 3 && recordID <= 5)
        Thread.sleep(3000)
      else sender ! DB.data.get(recordID)
  }
}
```

6. 다음과 같이 타임아웃 설정으로 서킷 브레이커를 만든다.

```
val breaker =
  new CircuitBreaker(system.scheduler,
    maxFailures = 3,
    callTimeout = 1 seconds,
    resetTimeout = 2 seconds).
    onOpen(println("===========State is open============")).
    onClose(println("===========State is closed============")
)
```

7. 테스트 앱을 만들고, 그 안에 서킷 브레이커를 사용한다.

```
object CircuitBreakerApp extends App {
  val system = ActorSystem("hello-Akka")
  implicit val ec = system.dispatcher
  implicit val timeout = Timeout(3 seconds)
```

```
val breaker =
  new CircuitBreaker(system.scheduler,
    maxFailures = 3,
    callTimeout = 1 seconds,
    resetTimeout = 2 seconds).
    onOpen(println("==========State is open============")).
    onClose(println("=========State is closed===========")
    )

val db = system.actorOf(Props[DBActor], "DBActor")

(1 to 10).map(recordId => {
  Thread.sleep(3000)
  val askFuture = breaker.withCircuitBreaker(db ?
  FetchRecord(recordId))
  askFuture.map(record => s"Record is: $record and RecordID
  $recordId").recover({
    case fail => "Failed with: " + fail.toString
  }).foreach(x => println(x))
})
```

예제 분석

앱을 실행하면 다음과 같이 출력된다.

Record is:
Some(Person(John,21)) and RecordID 1 Record is:
Some(Person(Peter,30)) and RecordID 2 Failed with:
akka.pattern.CircuitBreaker$$anon$1:
Circuit Breaker Timed out. Failed with:
akka.pattern.CircuitBreaker$$anon$1:
Circuit Breaker Timed out. Failed with:
akka.pattern.CircuitBreaker$$anon$1: Circuit Breaker Timed out.
==========State is open==============
Failed with: akka.pattern.CircuitBreakerOpenException: Circuit Breaker is
open; calls are failing fast
==========State is closed==============

```
Record is:
None and RecordID 7 Record is:
None and RecordID 8 Record is:
None and RecordID 9 Record is:
None and RecordID 10
```

출력된 것을 살펴보면, 레코드 ID (3, 4, 5)의 실패가 세 번 발생했음을 알 수 있다. 서킷 브레이커의 설정에 따라, 최대 실패 횟수 이후의 추가 요청을 막는다. 그렇기 때문에 State is open이란 메시지를 보게 되며, 서킷 브레이커가 2초간 재설정되기 때문에 ID 6의 출력을 볼 수 없다. 재설정 간격 이후에 정상으로 작동하기 시작한다.

액터에 로깅 도입하기

로깅은 오류와 정보를 위해서 앱을 디버깅할 때 가장 좋은 방법이다. 이번 절에서는 액터에 로깅을 도입하는 방법을 살펴본다. sl4jLogger와 같이 앱에 로깅을 제공하는 서드파티 라이브러리가 있다. 아카에서는 로깅이 특정 API에 묶여 있지는 않지만, 아카가 제공하는 ActorLogging으로 진행할 것이다.

준비하기

이 절을 진행하는 데 다른 API 의존성이 필요하지는 않다. IDE에 Hello-Akka 프로젝트를 불러오기만 하면 된다.

예제 구현

1. com.packt.chapter5 패키지에 Logging.scala 파일을 만든다.
2. 파일에 다음을 추가한다.

   ```
   import akka.actor.{Props, ActorSystem, ActorLogging, Actor}
   ```

3. 다음과 같이 로깅을 사용하는 액터를 만든다.

```scala
class LoggingActor extends Actor with ActorLogging {
  def receive = {
    case (a: Int, b: Int) => {
      log.info(s"sum of $a and $b is ${a + b}")
    }
    case msg => log.warning(s"i don't know what are you talking
    about : msg")
  }
}
```

4. 다음과 같이 테스트 앱을 만든다.

```scala
object Logging extends App {
  val system = ActorSystem("hello-Akka")
  val actor = system.actorOf(Props[LoggingActor], "SumActor")
  actor !(10, 12)
  actor ! "Hello !!"
  system.terminate()
}
```

예제 분석

앱을 실행하면 다음과 같이 출력된다.

```
[INFO] [12/12/2016 23:06:06.478]
[hello-Akka-akka.actor.default-dispatcher-6]
[akka://hello-Akka/user/SumActor]
sum of 10 and 12 is 22
[WARN] [12/12/2016 23:06:06.480]
[hello-Akka-akka.actor.default-dispatcher-6]
[akka://hello-Akka/user/SumActor]
i don't know what are you talking about:
Hello !!
```

앱 설정에서 로깅 수준을 debug, inform, 또는 warn으로 설정할 수 있다.

더 많은 정보는 다음 사이트를 방문하라.

http://doc.akka.io/docs/akka/2.4.14/scala/logging.html#logging-of-dead-letters

액터 유닛 테스트 작성하기

아카 앱을 개발할 때, 액터의 자동화된 테스트를 작성해 예상대로 작동하는지 확인해야 한다. 액터 모델은 본래 비동기적이라는 측면에서 다르므로, 액터의 유닛 테스트 방법에 대한 시각이 다르다.

준비하기

우선, 앱의 build.sbt에 akka-testkit 의존성을 추가해야 한다. 따라서 build.sbt에 다음의 의존성을 추가한다.

```
libraryDependencies += "com.typesafe.akka" % "akka-testkit_2.11" % "2.4.4"
libraryDependencies += "org.scalatest" % "scalatest_2.11" % "3.0.1"
```

이제 프로젝트의 루트 디렉터리로 이동해서 sbt update를 실행하면 이전의 의존성을 다운로드할 것이다. 그 뒤 IDE에 Hello-Akka 프로젝트를 불러온다.

예제 구현

1. src/test/scala 프로젝트 폴터에 com.packt.chapter5 패키지를 만든다.
2. com.packt.chapter5 패키지에 Testing.scala 파일을 만든다.
3. 파일 상단에 다음을 추가한다.

   ```
   import akka.actor.{Actor, ActorSystem, Props}
   import akka.testkit.{ImplicitSender, TestKit}
   ```

```
import org.scalatest.{BeforeAndAfterAll, Matchers,
WordSpecLike}
```

4. 두 정수의 합을 반환하는 간단한 액터를 만들자.

```scala
class SumActor extends Actor {
  def receive = {
    case (a: Int, b: Int) => sender ! (a + b)
  }
}
```

5. 다음과 같이 테스트 명세를 만든다.

```scala
class TestSpec() extends TestKit(ActorSystem("TestSpec")) with
ImplicitSender with WordSpecLike with Matchers with
BeforeAndAfterAll {

  override def afterAll {
    TestKit.shutdownActorSystem(system)
  }

  "Sum actor" must {

    "send back sum of two integers" in {
      val sumActor = system.actorOf(Props[SumActor])
      sumActor !(10, 12)
      expectMsg(22)
    }
  }
}
```

예제 분석

앱을 실행하면, 전체 테스트가 녹색불과 함께 통과됨을 보게 된다. 다음과 같이 테스트를
커맨드라인에서 실행할 수 있다.

sbt "test-only com.packt.chapter5.TestSpec"

따라서, 아카는 액터를 테스트하는 그 자신만의 테스팅 프레임워크를 제공한다. 많은 수의 테스팅 기술이 있기 때문에 하나의 절에서 다룰 수는 없다. 더 많은 정보는 다음 주소를 방문하라.

http://doc.akka.io/docs/akka/current/scala/testing.html

아카 독립 앱 패키징 및 배포

어떤 앱을 개발한 후에, 모든 플랫폼에서 앱을 실행할 수 있게 배포판^{distribution}/어셈블리^{assembly}로 패키징한다. 이번 기법에서는 아카 앱을 배포판으로 패키징하고 독립 앱으로 실행되도록 배포하는 방법을 배운다.

준비하기

앱을 fat jar로 패키징하는 데 SBT 어셈블리 플러그인을 사용할 것이다. IDE에 Hello-Akka 프로젝트를 불러오기만 하면 된다. SBT 및 어셈블리 플러그인에 작업 경험이 있다고 가정한다.

예제 구현

1. 각 SBT 프로젝트에는 project 폴더에 `assembly.sbt` 파일이 있다. 파일이 없다면, 하나 만든다.
2. 파일에 SBT 어셈블리 플러그인 의존성을 추가한다.

   `addSbtPlugin("com.eed3si9n" % "sbt-assembly" % "0.14.3")`
3. 프로젝트의 루트 디렉터리에서 커멘드라인에 `set update`를 실행하면 플러그인 의존성 jar를 다운받을 것이다.
4. 프로젝트의 루트 디렉터리에서 `sbt assembly` 명령을 실행해 jar를 패키징한다. 프로젝트 의존성과 함께 코드를 패키징할 것이다.

5. 이제 다음과 같이 어떤 절이든 실행할 수 있다.

```
java -cp assemblyPath fullyQualifiedClassName
java -cp /user-directory/Hello-Akka/target/scala-2.11/Hello-Akkaassembly-
1.0.jar
com.packt.chapter5.ScheduleActor
```

예제 분석

SBT 어셈블리는 앱을 fat jar로 패키징할 수 있게 해준다.

 더 많은 정보는 https://github.com/sbt/sbt-assembly를 방문하라.

도커 컨테이너 내 아카 앱 패키징 및 배포

이번 절에서는 도커 컨테이너 안에서 아카 앱을 실행하는 방법을 배운다. 도커에 익숙하고 리눅스 머신에 도커에 설치돼 있어 실행된다는 것을 가정하고 진행한다. 도커는 애플리케이션 컨테이너 엔진이다. 이 절은 도커 안에서 앱을 실행하는 것에 집중한다.

 도커를 설치하는 방법에 대한 더 많은 정보는 다음을 방문하라.
https://www.digitalocean.com/community/tutorials/how-to-install-and-use-docker-on-ubuntu-16-04

이전 절에서는 아카 앱을 어셈블리 jar로 패키징하는 방법을 배웠다. '아카 독립 앱 패키징 및 배포' 절을 마친 후에 이번 절을 진행하는 것을 추천한다. 도커 이미지를 만들 때 이 어셈블리 jar를 사용할 것이다.

예제 구현

1. 우선, 머신에 도커가 잘 설치돼 있는지 확인한다. 다음 명령을 실행해서 버전을 확인하라.

   sudo docker version

   위 명령이 실패하면 앞서 언급했던 설치 페이지를 방문하라.

2. Hello-Akka 프로젝트 내에 위치해 있다는 가정 하에, Hello-Akka 프로젝트 내에 dockerApp이란 디렉터리를 만든다. 여기에 도커 파일과 다른 것들을 둘 것이다.

3. 이제 dockerApp 디렉터리 안에 docker란 디렉터리를 만들어라. 여기에 앱 어셈블리 jar 파일을 복사한다.

4. dockerApp 디렉터리에 dockerize.sh란 배시 스크립트를 만들고, 그 안에 다음 명령을 입력하라.

```
#!/bin/bash
echo "====================Removing target before making
assembly================================="
rm -fr ../target && rm -fr docker/*
echo "====================Entering to Hello-Akka directory and
creating assembly================"
cd ../ && sbt assembly
echo "====================Coming back to dockerApp
directory==================================="
cd - echo "====================Copying application jar to
docker folder============================="
```

```
sudo cp ../target/scala-2.11/Hello-Akka-assembly-1.0.jar
docker/
echo "===================Building docker
image================================================"
sudo docker build -t akkaapp .
echo "===================Running docker
container================================================"
sudo docker run akkaapp
```

5. dockerApp 디렉터리 안에 Dockerfile이란 파일을 만들고, 그 안에 다음 명령을 입력한다.

```
FROM java:8
COPY docker/Hello-Akka-assembly-1.0.jar Hello-Akka-assembly-
1.0.jar
RUN java -cp Hello-Akka-assembly-1.0.jar
com.packt.chapter5.ScheduleActor
```

6. dockerize 스크립트를 실행한다. 이는 어셈블리 jar를 만들고, 도커 이미지를 구축한 뒤, 도커 컨테이너를 실행한다.

예제 분석

이 절을 이해하려면 실행되는 도커가 설치돼 있어야 한다. 이는 1단계에서 사용한 명령으로 확인할 수 있다. 그런 다음 앱을 조립하고 도커 이미지를 구축하는 배시 스크립트를 만든다. 도커 이미지를 만들기 위해서는 앱을 실행하는 명령이 들어있는 Dockerfile이 항상 있어야 한다.

아카 앱 설정하기

아카 앱에는 프로그램이나 설정을 통해서 준비해야 하는 많은 속성이 있다. 설정은 아카 앱에서 속성을 정하는 데 추천하는 접근법이다.

이 절을 진행하려면 IDE에 Hello-Akka 프로젝트를 불러오기만 하면 된다. 그 밖의 준비 사항은 이전과 같다. 기본적으로 설정은 application.conf 파일에서 읽어오지만, 모든 .conf 파일을 읽을 수 있다. 일반적으로, 모든 conf 파일을 프로젝트의 resources 폴더에 넣어 둔다.

예제 구현

1. akka.conf는 conf 파일을 프로젝트의 src/main/resources 폴더에 만든다.

2. 예제를 위해 다음과 같은 속성을 akka.conf에 추가한다.

```
myactor {
  actorname=actor1
  actorsystem=hell-akka
}
```

3. com.packt.chapter5 패키지에 ActorWithConfig.scala 파일을 만든다.

4. 파일 상단에 다음을 추가한다.

```
import akka.actor.{Props, Actor, ActorSystem}
import com.typesafe.config.Config
import com.typesafe.config.ConfigFactory
```

5. 액터를 정의한다.

```
class MyActor extends Actor {
  def receive = {
    case msg: String => println(msg)
  }
}
```

6. 다음과 같이 설정을 읽어 들이는 앱을 만든다.

```
object ActorWithConfig extends App {
  val config: Config = ConfigFactory.load("akka.conf")
```

140

```
        val actorsystem =
        ActorSystem(config.getString("myactor.actorsystem"))
        val actorName = config.getString("myactor.actorname")
        val actor = actorsystem.actorOf(Props[MyActor], actorName)
        println(actor.path)
    }
```

예제 분석

앱을 실행하면 다음과 같이 출력된다.

akka://hello-akka/user/actor1

출력에서 액터 경로는 akka.conf에서 제공하는 값으로 구성돼 있다. 설정을 읽어 들이는
것은 이 절에 한정되지 않는다. 이는 단지 시작점일 뿐이다. 전체 문서는 다음을 방문하라.

http://doc.akka.io/docs/akka/snapshot/general/configuration.html

6

아카 지속성

이 장에서 다루는 내용은 다음과 같다.

- 지속성을 위해 액터 준비하기
- 액터의 상태 복구하기
- 지속성 액터 안전하게 종료하기
- 스냅샷을 이용한 복구 시간 단축
- 지속성 FSM 모델 만들기
- LevelDB로 상태 지속시키기
- 카산드라로 상태 지속시키기
- 레디스로 상태 지속시키기
- 이벤트 소싱 이해하기
- 이벤트 소싱에서 장애 다루기
- 지속성 쿼리 사용하기
- LevelDB를 위한 지속성 쿼리

소개

아카 생태계에서 유용한 모듈로 아카 지속성^{persistence} 모듈이 있다. 몇몇 사용 사례에서, 스테이트풀 액터가 유지하는 상태는 앱이 올바르게 행동하는 데 매우 중요하다. 이런 종류의 앱은 상태를 잃어버리는 것을 허용할 수 없다. 이는 스테이트풀 액터가 재시작될 때 일어날 수 있으며, 클러스터 내 다른 노드로 전이되거나 JVM 손상을 야기할 수 있다. 아카 지속성은 이런 작업에 쓸모가 있다. 이는 상태를 저장하는 체계를 제공하며 상태를 복구할 수 있다. 아카 지속성은 전통적인 접근법과 다르게, 이런 작업을 달성하는 데 이벤트 소싱^{event sourcing}을 사용한다. 이벤트 소싱 세계에서는 실제 상태를 절대로 저장하지 않고, 특정 상태를 달성하기 위해 액터 안에서 발생한 이벤트의 순서 집합을 저장한다. 이런 방법으로 필요할 때 액터의 상태를 복구하는 데 쓸 수 있는 이벤트의 로그를 가진다. 또한, 이런 기술은 액터가 어떻게 현재 상태에 도달하는지 이해하는 방법을 제공한다. 각 이벤트를 분석하고 재연해볼 수 있기 때문이다. 이 장에서는 액터 지속성을 만드는 방법과 이벤트를 지속시킬 때 각자 다른 데이터 저장소를 사용하게 하는 방법을 다룬다.

지속성을 위한 액터 준비

아카 지속성을 살펴보기 전에, 사용된 용어와 아키텍처를 다시 보자.

- PersistentActor: 저널^{journal}에 이벤트를 지속시키는 스테이트풀 액터. 지속성 액터가 시작되거나 재시작되면, 기록된 메시지는 그 액터에서 재연돼 메시지로부터 내부 상태를 복원할 수 있다.
- AsyncWriteJournal: 지속성 액터로 송신될 수 있는 이벤트의 순서가 있는 컬렉션을 보관하는 저널. 앱은 어떤 메시지를 저널에 넣을지, 그리고 어떤 메시지를 저널에 넣지 않고 지속성 액터가 수신하는지 통제할 수 있다. 저널 배후의 데이터 저장소는 설정 가능하며 필요에 따라 정해야 한다. 기본적으로 아카 지속성은 LevelDB 저널 플러그인(로컬 파일시스템을 사용하며 복제되지 않음)이 딸려 온다.

- **AtLeastOnceDelivery**: 목적지에 적어도 한 번^{at-least-once} 전달한다는 의미를 보장하는 메시징 전달 체계
- **스냅샷 저장소**: 스냅샷 저장소^{snapshot store}는 지속성 액터의 스냅샷을 지속시킨다. 스냅샷은 저널로부터의 회복 시간을 빠르게 하는 데 사용된다. 스냅샷 저장소 배후의 데이터 저장소는 설정 가능하며(저널과 같이) 로컬 파일시스템을 기본으로 사용한다.

이번 절에서는 기본 저널 LevelDB를 사용해서 액터의 지속성을 유지하는 방법을 살펴본다.

준비하기

아카 지속성으로 작업하려면 프로젝트에 아카 지속성 의존성을 다운로드해야 한다. 이를 위해, 다음을 build.sbt에 추가해야 한다.

```
libraryDependencies += "com.typesafe.akka" % "akka-persistence_2.11" %
"2.4.17"
libraryDependencies += "org.iq80.leveldb" % "leveldb" % "0.7"
```

준비가 되면 sbt update 실행을 잊지 말길 바란다.

예제 구현

1. 먼저, 클래스 파일을 추가할 패키지를 준비하자. src/main/scala 안에 com.packt.chapter6 패키지를 만든다.
2. 이벤트를 보관하고 상태를 유지하는 데 필요한 클래스를 만들자. com.packt.chapter6 패키지 내에 다음과 같은 내용의 SamplePersistenceModel.scala 파일을 만든다.

```
package com.packt.chapter6

sealed trait UserAction
case object Add extends UserAction
case object Remove extends UserAction
case class UserUpdate(userId: String, action: UserAction)

sealed trait Event
case class AddUserEvent(userId: String) extends Event
case class RemoveUserEvent(userId: String) extends Event

case class ActiveUsers(users: Set[String] = Set.empty[String])
{
  def update(evt: Event) = evt match {
    case AddUserEvent(userId) => copy(users + userId)
    case RemoveUserEvent(userId) => copy(users.filterNot(_ ==
    userId))
  }
  override def toString = s"$users"
}
```

3. 그런 다음 지속성 액터를 만들자. com.packt.chapter6 패키지에 SamplePersis
   tenceActor.scala 파일을 만든다. 코드는 다음과 같아야 한다.

```
package com.packt.chapter6

import akka.persistence.{PersistentActor, SnapshotOffer}

class SamplePersistenceActor extends PersistentActor {
    override val persistenceId = "unique-id-1"
    var state = ActiveUsers()
  def updateState(event: Event) = state = state.update(event)

  val receiveRecover: Receive = {
    case evt: Event => updateState(evt)
    case SnapshotOffer(_, snapshot: ActiveUsers) => state =
    snapshot
  }
```

```
val receiveCommand: Receive = {
  case UserUpdate(userId, Add) =>
  persist(AddUserEvent(userId))(updateState)
  case UserUpdate(userId, Remove) =>
  persist(RemoveUserEvent(userId))(updateState)
  case "snap" => saveSnapshot(state)
  case "print" => println(state)
  }
}
```

4. 또한 저널과 스냅샷 데이터 저장소를 설정해야 한다. 예제를 위해, 저널에 LevelDB를 사용할 것이다. 이들 설정은 reference.conf 내에서 정해져야 한다. src/main/resource 내에 reference.conf 파일을 만든다. 내용은 다음과 같다.

```
akka.persistence.journal.plugin =
"akka.persistence.journal.leveldb"
akka.persistence.snapshot-store.plugin =
"akka.persistence.snapshot-store.local"

akka.persistence.journal.leveldb.dir = "target/sample/journal"
akka.persistence.snapshot-store.local.dir =
"target/sample/snapshots"

akka.persistence.journal.leveldb.native = false
```

5. 이제 액터를 테스트하는 앱을 만들자. com.packt.chapter6 내에 다음과 같은 코드로 SamplePersistenceApp.scala 파일을 만든다.

```
package com.packt.chapter6

import akka.actor.{ActorSystem, Props}

object SamplePersistenceApp extends App {
  val system = ActorSystem("example")
  val persistentActor1 =
  system.actorOf(Props[SamplePersistenceActor])
  persistentActor1 ! UserUpdate("foo", Add)
  persistentActor1 ! UserUpdate("baz", Add)
  persistentActor1 ! "snap"
```

```
persistentActor1 ! "print"
persistentActor1 ! UserUpdate("baz", Remove)
persistentActor1 ! "print"
Thread.sleep(2000)
system.stop(persistentActor1)
val persistentActor2 =
system.actorOf(Props[SamplePersistenceActor])
persistentActor2 ! "print"
Thread.sleep(2000)
system.terminate()
}
```

6. 코드가 준비되면 인텔리제이나 커맨드라인에서 실행하고 출력 내용을 분석하자.

hveiga$ sbt "runMain com.packt.chapter6.SamplePersistenceApp"
[info] Running com.packt.chapter6.SamplePersistenceApp
Set(foo, baz)
Set(foo)
Set(foo)
[success] Total time: 8 s, completed Apr 6, 2017 2:20:12 PM

예제 분석

이번 절에서는 지속성 액터를 만드는 방법을 다뤘다. 이를 위해, PersistentActor 트레이트를 추가해야 한다. 이번 사례는 활동 유저의 정보가 있는 액터를 시뮬레이션하는 것이다. 시작으로 이벤트, 명령command, 상태를 정의해야 한다. 상태는 액터의 현재 상태를 나타내는 클래스이며 복구하고자 하는 것이다. 이 경우에는 ActiveUsers가 있다. 이벤트는 상태에서 벌어지는 변화를 나타내는데, 이 경우 AddUser와 RemoveUser가 그러하다. 명령은 액터에게 송신되는 일반적인 메시지를 나타내며, UserUpdate가 그러하다. 각 지속성 액터는 persistenceId, receiveRecover, receiveCommand 행위를 정의해야 한다. persistence ID는 데이터 저장소를 포함해 전체 시스템에서 액터를 유일하게 식별하는 식별자다. 이 ID는 상태를 복구할 때 사용하며, 다른 액터의 생명주기에 걸쳐 바뀌지 않는다는 것을 보장해야 한다. receiveCommand는 액터의 일반적인 행위로, 여기서 상태의 변화를 유지시킨다. 마지막으로, receiveRecover 행위는 가장 최근의 상태로 이르도록 이벤트나 스냅샷을 재연하는 데 사용한다.

이 특정 시나리오에서, AddUser와 RemoveUser 두 형태의 이벤트를 저장하고 있음을 볼 수 있다. receiveCommand 행위에서 UserUpdate 명령을 수신할 때마다 저널의 변화를 기록하기 위해 persist를 호출한다. 여러분의 명령이 상태를 직접적으로 업데이트하는 것은 아니라는 것을 언급해둘 필요가 있다. persist를 호출할 때, 이벤트와 업데이트를 할 함수를 제공해야 한다. 이런 목적으로 updateState 함수를 사용한다. receiveRecover 행위에서 상태를 복구할 때 이와 동일한 함수를 사용한다. 이 예제에서 쓰인 다른 개념은 스냅샷이다. 이런 지속 동작은 자동으로 일어나지만, persisAll()을 사용해서 한 번에 복수로 저장하는 것도 가능하다. 게다가, 같은 기능을 블로킹 없이 제공하는 비동기적 버전의 메서드도 있다. 스냅샷은 상태를 복제한 것이며 복구 시간을 줄여준다. 이 경우, 액터가 snap 명령을 수신할 때 saveSnapshot을 호출한다. 데이터 저장소로부터 상태를 복구할 때, 아카 지속성은 먼저 스냅샷을 확인하고 그 뒤 저장된 이벤트를 확인한다. 이런 방법으로, 가장 빠른 복구 시간을 보장한다. 앱을 실행하면, 액터를 중단시키고 새로운 생명 주기를 만들 때 상태를 복구함을 알 수 있다. 추후 '이벤트 소싱에서 장애 다루기' 절에서 복구를 더 자세히 배운다.

액터의 상태 복구하기

지속성 액터는 persistence ID 기반으로 상태를 복구한다. 이 ID는 주어진 지속성 액터를 위해, 그리고 데이터 저장소 내에 있어서 유일해야 한다. 이는 이벤트를 지속시키고 복구할 때 저널의 일관성을 보장하는 데 필요하다. 지속성 액터가 만들어질 때마다, 아카 지속성은 이벤트와 스냅샷의 각 저널과 스냅샷 저장소를 확인한다. 기본 행위는 가장 최근의 스냅샷을 적용하고 그 후에 잃어버린 이벤트를 재연하는 것이다. 그러나 이런 행위는 이번 절에서 보는 바와 같이 필요에 따라 수정할 수 있다. 이번 절에서는 아카 지속성 내 복구 전략이 무엇인지 보며 설명할 것이다.

이 절을 진행하려면 IDE에 hello-Akka 프로젝트를 불러와야 한다. 그 밖의 준비 사항은 이전에 akka-persistence 의존성을 다운받은 것과 동일하다. 이 절에서는 LevelDB 플러그인을 사용한다.

이 절에서는 다음 단계를 수행해야 한다.

1. 먼저, 이벤트와 명령을 위한 클래스를 만들자. com.packt.chapter6에 다음 내용으로 FriendModel.scala 파일을 만든다.

```scala
package com.packt.chapter6

case class AddFriend(friend: Friend)
case class RemoveFriend(friend: Friend)
case class Friend(id: String)
sealed trait FriendEvent
case class FriendAdded(friend: Friend) extends FriendEvent
case class FriendRemoved(friend: Friend) extends FriendEvent

case class FriendState(friends: Vector[Friend] =
Vector.empty[Friend]) {
  def update(evt: FriendEvent) = evt match {
    case FriendAdded(friend) => copy(friends :+ friend)
    case FriendRemoved(friend) => copy(friends.filterNot(_ ==
    friend))
  }
  override def toString = friends.mkString(",")
}
```

2. 두 번째로, 친구의 리스트를 유지하는 액터를 만들자. 이 리스트는 친구를 추가하고 삭제하는 동안 변경될 것이다. com.packt.chapter6 패키지에 다음 코드로 FriendActor.scala 파일을 만든다.

```scala
package com.packt.chapter6

import akka.actor.{ActorLogging, Props}
import akka.persistence.{PersistentActor, Recovery,
RecoveryCompleted, SnapshotOffer}

object FriendActor {
  def props(friendId: String, recovery: Recovery) = Props(new
  FriendActor(friendId, recovery))
}

class FriendActor(friendId: String, r: Recovery) extends
PersistentActor with ActorLogging {
  override val persistenceId = friendId
  override val recovery = r
  var state = FriendState()
  def updateState(event: FriendEvent) = state =
  state.update(event)

  val receiveRecover: Receive = {
    case evt: FriendEvent =>
      log.info(s"Replaying event: $evt")
      updateState(evt)
    case SnapshotOffer(_, recoveredState : FriendState) =>
      log.info(s"Snapshot offered: $recoveredState")
      state = recoveredState
    case RecoveryCompleted => log.info(s"Recovery completed.
    Current state: $state")
  }

  val receiveCommand: Receive = {
    case AddFriend(friend) => persist(FriendAdded(friend))
    (updateState)
    case RemoveFriend(friend) => persist(FriendRemoved(friend))
    (updateState)
    case "snap" => saveSnapshot(state)
    case "print" => log.info(s"Current state: $state")
  }
}
```

3. 그다음 다른 복구 옵션을 시연하기 위한 작은 앱의 집합을 만들자. com.packt.
chapter6 패키지에 FriendApp.scala 파일을 만든다. 첫 번째 앱은 저널과 스냅
샷을 만들기 위해 몇 개의 add friend와 remove friend 메시지를 송신할 것
이다.

```scala
package com.packt.chapter6
import akka.actor.ActorSystem
import akka.persistence.{Recovery, SnapshotSelectionCriteria}

object FriendApp extends App {
  val system = ActorSystem("test")
  val hector = system.actorOf(FriendActor.props("Hector",
  Recovery()))
  hector ! AddFriend(Friend("Laura"))
  hector ! AddFriend(Friend("Nancy"))
  hector ! AddFriend(Friend("Oliver"))
  hector ! AddFriend(Friend("Steve"))
  hector ! "snap"
  hector ! RemoveFriend(Friend("Oliver"))
  hector ! "print"
  Thread.sleep(2000)
  system.terminate()
}
```

4. 같은 파일에, 기본 복구 행위를 시연하기 위해 다음 코드를 추가한다.

```scala
object FriendRecoveryDefault extends App {
  val system = ActorSystem("test")
  val hector = system.actorOf(FriendActor.props("Hector",
  Recovery()))
  hector ! "print"
  Thread.sleep(2000)
  system.terminate()
}
```

5. 같은 파일에, 스냅샷이 아닌 이벤트로만 복구하는 것을 시현하는 다음 코드를 추가한다.

```
object FriendRecoveryOnlyEvents extends App {
  val system = ActorSystem("test")
  val recovery = Recovery(fromSnapshot =
  SnapshotSelectionCriteria.None)
  val hector = system.actorOf(FriendActor.props("Hector",
  recovery))
  hector ! "print"
  Thread.sleep(2000)
  system.terminate()
}
```

6. 같은 파일에, 다음과 같이 어떤 이벤트가 복구될지 한계를 정하는 것을 보여주기 위한 코드를 추가한다.

```
object FriendRecoveryEventsSequence extends App {
  val system = ActorSystem("test")
  val recovery = Recovery(fromSnapshot =
  SnapshotSelectionCriteria.None, toSequenceNr = 2)
  val hector = system.actorOf(FriendActor.props("Hector",
  recovery))
  Thread.sleep(2000)
  system.terminate()
}
```

7. 같은 파일에, 다음과 같이 얼마나 많은 이벤트가 재연될지 한계를 정하는 것을 보여주는 코드를 추가한다.

```
object FriendRecoveryEventsReplay extends App {
  val system = ActorSystem("test")
  val recovery = Recovery(fromSnapshot =
  SnapshotSelectionCriteria.None, replayMax = 3)
  val hector = system.actorOf(FriendActor.props("Hector",
  recovery))
  Thread.sleep(2000)
  system.terminate()
}
```

8. src/main/resources에 있는 reference.conf 파일에 다음 값들이 나타나도록 한다.

```
akka.persistence.journal.plugin =
"akka.persistence.journal.leveldb"
akka.persistence.snapshot-store.plugin = .
"akka.persistence.snapshot-store.local"
akka.persistence.journal.leveldb.dir = "target/friend/journal"
akka.persistence.snapshot-store.local.dir =
"target/friend/snapshots"
```

9. 모든 코드가 준비되면 인텔리제이나 커맨드라인에서 실행 후 출력된 내용을 분석하자.

```
hveiga$ sbt "runMain com.packt.chapter6.FriendApp"
[INFO] [akka://test/user/$a] Recovery completed. Current state:
[INFO] [akka://test/user/$a] Current state:
Friend(Laura),Friend(Nancy),Friend(Steve)
...
hveiga$ sbt "runMain com.packt.chapter6.FriendRecoveryDefault"
[INFO] [akka://test/user/$a] Snapshot offered:
Friend(Laura),Friend(Nancy),Friend(Oliver),Friend(Steve)
[INFO] [akka://test/user/$a] Replaying event:
FriendRemoved(Friend(Oliver))
[INFO] [akka://test/user/$a] Recovery completed. Current state:
Friend(Laura),Friend(Nancy),Friend(Steve)
[INFO] [akka://test/user/$a] Current state:
Friend(Laura),Friend(Nancy),Friend(Steve)
...
hveiga$ sbt "runMain com.packt.chapter6.FriendRecoveryOnlyEvents"
[INFO] [akka://test/user/$a] Replaying event:
FriendAdded(Friend(Laura))
[INFO] [akka://test/user/$a] Replaying event:
FriendAdded(Friend(Nancy))
[INFO] [akka://test/user/$a] Replaying event:
FriendAdded(Friend(Oliver))
[INFO] [akka://test/user/$a] Replaying event:
FriendAdded(Friend(Steve))
[INFO] [akka://test/user/$a] Replaying event:
```

```
FriendRemoved(Friend(Oliver))
[INFO] [akka://test/user/$a] Recovery completed. Current state:
Friend(Laura),Friend(Nancy),Friend(Steve)
[INFO] [akka://test/user/$a] Current state:
Friend(Laura),Friend(Nancy),Friend(Steve)
...
hveiga$ sbt "runMain
com.packt.chapter6.FriendRecoveryEventsSequence"
[INFO] [akka://test/user/$a] Replaying event:
FriendAdded(Friend(Laura))
[INFO] [akka://test/user/$a] Replaying event:
FriendAdded(Friend(Nancy))
[INFO] [akka://test/user/$a] Recovery completed. Current state:
Friend(Laura),Friend(Nancy)
...
hveiga$ sbt "runMain
com.packt.chapter6.FriendRecoveryEventsReplay"
[INFO] [akka://test/user/$a] Replaying event:
FriendAdded(Friend(Laura))
[INFO] [akka://test/user/$a] Replaying event:
FriendAdded(Friend(Nancy))
[INFO] [akka://test/user/$a] Replaying event:
FriendAdded(Friend(Oliver))
[INFO] [akka://test/user/$a] Recovery completed. Current state:
Friend(Laura),Friend(Nancy),Friend(Oliver)
```

예제 분석

이번 절에서는 장애를 다룰 때 아카 지속성이 제공하는 복구 옵션을 다뤘다. 이를 보여주기 위해, 친구 리스트가 있는 FriendActor라는 작은 액터를 만들었다. 액터를 만들 때 Recovery 객체를 제공해야 한다. 이 객체의 복구 방법을 맞춤화할 수 있다. 첫 번째 앱에서는 친구 4명을 추가하고, 스냅샷을 얻어내고, 친구 중 한 명을 삭제했다. 이 모든 이벤트는 Hector ID로 지속됐다. 앱을 실행하면 네 개의 앱이 만들어진다.

FriendRecoveryDefault를 실행하면, 기본적인 복구가 어떻게 나타나는지 보게 된다. 출력을 보면, 먼저 스냅샷을 받고 Oliver를 삭제하는 이벤트를 재연한다. 이벤트가 발생하기 전에 스냅샷을 얻어냈기 때문이다. 기본적으로, 아카 지속성은 가장 마지막 스냅샷을 얻어내고 그 시점 이후의 이벤트를 재연한다. FriendRecoveryOnlyEvents를 실행할 때, 복구 객체에 fromSnapshot = SnapshotSelectionCriteria.None을 주었다. 이는 지속성 모듈에 어떤 스냅샷도 사용하지 말라고 말하는 것이며, 로그를 보면 모든 이벤트가 재연됐음을 알 수 있다. FriendRecoveryEventsSequence를 실행할 때 toSequenceNr 값을 2로 주었다. 이는 최대 두 개의 이벤트가 재연될 것을 뜻한다. 그렇기 때문에 Laura와 Nancy만이 친구로 추가됐음을 볼 수 있다. 마지막으로 FriendRecoveryEventsReplay를 실행할 때, replayMax 값을 3으로 주었다. 이는 로그에서 보는 바와 같이 오직 3개의 이벤트만이 재연될 것을 뜻한다. 복잡한 시나리오에서는, 저널에 지속된 모든 이벤트 대신 필요한 이벤트만 재연하도록 toSequenceNr과 replayMax 값으로 재생하는 것이 가능하다.

지속성 액터 안전하게 종료하기

액터를 정지할 때는 주로 PoisonPill 메시지를 송신한다. 이는 중단되기 전에 액터가 메일박스 내 이전 메시지를 처리하도록 해준다. 이는 일반적인 액터에게는 분명히 적절하지만, 지속성 액터를 사용할 때는 예상치 못한 행위로 바뀔 수 있다. 지속성 액터가 persist()를 호출 할 때 저널로부터 이벤트가 저장됐다는 확인을 기다리는 동안, 유입되는 명령은 숨겨진다. 유입되는 명령은 액터의 메일박스가 소비할 것이며, 확인을 기다리는 동안 내부 비밀 장소에 넣어 둔다(따라서, persist 핸들러를 호출하기 전에). 그러므로 지속성 액터는 다른 메시지를 처리하기 전에 PoisonPill 메시지를 수신하고 이를 (자동으로) 처리할 수도 있으며, 이와 같은 상황은 액터의 불완전한(그리고 어쩌면 예상치 못한) 중단을 야기한다. 이번 절에서는 지속성 액터를 올바르게 정지하는 방법을 살펴본다.

이 절을 진행하려면 IDE에 hello-Akka 프로젝트를 불러와야 한다. 그 밖의 준비 사항은 이전에 akka-persistence 의존성을 다운받은 것과 동일하다. 이전의 '지속성을 위해 액터 준비하기' 절에서 개발했던 SamplePersistenceActor를 사용한다.

예제 구현

이 절을 위해서는 다음 단계를 따른다.

1. 먼저, 지속성 액터를 정지하는 명시적 객체를 만들자. SamplePersistenceModel. scala 파일 끝에 다음 객체를 추가한다.

```
case object ShutdownPersistentActor
```

2. 두 번째로, 이 객체를 다루도록 액터를 수정하자. SamplePersistenceActor 내 receiveCommand 명령을 다음과 같이 보이도록 업데이트한다. 또한 postStop 훅을 추가한다.

```
val receiveCommand: Receive = {
  case UserUpdate(userId, Add) => persist(AddUserEvent(userId))
  (updateState)
  case UserUpdate(userId, Remove) =>
  persist(RemoveUserEvent(userId))(updateState)
  case "snap" => saveSnapshot(state)
  case "print" => println(state)
  case ShutdownPersistentActor => context.stop(self)
}

override def postStop() = println(s"Stopping [${self.path}]")
```

3. com.packt.chapter6 패키지에 다음 내용으로 SafePersistenceActorShutdown App.scala 파일을 만든다.

```
package com.packt.chapter6

import akka.actor.{ActorSystem, PoisonPill, Props}

object SafePersistenceActorShutdownApp extends App {
  val system = ActorSystem("safe-shutdown")
  val persistentActor1 =
  system.actorOf(Props[SamplePersistenceActor])
  val persistentActor2 =
  system.actorOf(Props[SamplePersistenceActor])

  persistentActor1 ! UserUpdate("foo", Add)
  persistentActor1 ! UserUpdate("foo", Add)
  persistentActor1 ! PoisonPill
  persistentActor2 ! UserUpdate("foo", Add)
  persistentActor2 ! UserUpdate("foo", Add)
  persistentActor2 ! ShutdownPersistentActor
}
```

4. 모든 코드가 준비되면 인텔리제이나 커맨드라인에서 앱을 실행하자.

```
hveiga$ sbt clean
[success] Total time: 0 s, completed
hveiga$ sbt "runMain
com.packt.chapter6.SafePersistenceActorShutdownApp"
[info] Running com.packt.chapter6.SafePersistenceActorShutdownApp
Stopping [akka://safe-shutdown/user/$a]
[INFO] [akka://safe-shutdown/user/$a] Message
[com.packt.chapter6.UserUpdate] from Actor[akka://safeshutdown/
deadLetters] to Actor[akka://safeshutdown/
user/$a#1801050022] was not delivered. (...)
[INFO] [akka://safe-shutdown/user/$a] Message
[com.packt.chapter6.UserUpdate] from Actor[akka://safeshutdown/
deadLetters] to Actor[akka://safeshutdown/
user/$a#1801050022] was not delivered. (...)
Stopping [akka://safe-shutdown/user/$b]
```

예제 분석

이번 절에서는 지속성 액터를 정지하려면 보통의 액터에 일반적으로 사용하는 Poison Pill 객체 대신에 명시적 객체를 만들어야 한다는 것을 배웠다. 이런 목적으로 Shutdown PersistentActor를 만들었다. SafePersistenceActorShutdownApp이 만들어낸 출력을 보면 PoisonPill과 사용자 정의 메시지의 행위를 별도로 확인할 수 있다. PoisonPill 로 정지할 때, Stopping [akka://safe-shutdown/user/$a] 메시지와 그 뒤 UserUpdate 메시지가 액터에 수신되지 못하였음을 알려주는 두 개의 info 로그를 볼 수 있다. Shut downPersistentActor로 정지할 때, 간단하게 Stopping [akka://safe-shutdown/user /$b]를 볼 수 있으며, 이는 두 메시지가 종료 전에 액터에 의해 수신됐음을 알려준다.

스냅샷을 이용한 복구 시간 단축

'소개' 절에서 언급했듯이, 아카 지속성은 액터의 상태를 지속시키는 데 이벤트 소싱을 사용한다. 이벤트 소싱은 상태 자체 대신에 상태의 변화를 보관하는 기술이다. 이런 방법으로, 무엇이 일어났는지에 대한 시퀀스를 얻게 된다. 이와 같은 체계는 훌륭하며 전통적인 접근법보다 몇 가지 장점을 가지지만, 지속시키고 복구 시 재연할 수백만 개의 이벤트가 있을 때 과도해질 수 있다. 그렇기 때문에 아카 지속성은 복구 시간을 빠르게 하기 위해 현재 상태의 스냅샷을 얻도록 해준다. 지속성 액터는 saveSnapShot을 호출해서 내부 상태의 스냅샷을 저장할 수 있다. 지속성 액터는 스냅샷 저장에 성공하면 SaveSnapshotSuccess 메시지를, 그렇지 않으면 SaveSnapshotFailure를 수신한다.

이 절을 진행하려면 IDE에 hello-Akka 프로젝트를 불러와야 한다. 그 밖의 준비 사항은 이전에 akka-persistence 의존성을 다운받은 것과 동일하다. 첫 번째 절인 '지속성을 위해 액터 준비하기'에서 만든 클래스를 사용할 것이다.

예제 구현

이 절을 위해서는 다음 단계를 수행해야 한다.

1. 먼저, 모든 스냅샷 기능을 나열하기 위한 새로운 액터를 만들자. com.packt. chapter6 패키지에 SnapshotActor.scala 파일을 만든다. 코드는 다음과 같아야 할 것이다.

```scala
package com.packt.chapter6

import akka.actor.ActorLogging
import akka.persistence._

class SnapshotActor extends PersistentActor with ActorLogging {
  override val persistenceId = "ss-id-1"
  var state = ActiveUsers()
  def updateState(event: Event) = state = state.update(event)

  val receiveRecover: Receive = {
    case evt: Event => updateState(evt)
    case SnapshotOffer(metadata, snapshot: ActiveUsers) =>
    state = snapshot
    case RecoveryCompleted => log.info(s"Recovery completed.
    Current state: [$state]")
  }

val receiveCommand: Receive = {
  case UserUpdate(userId, Add) =>
  persist(AddUserEvent(userId))(updateState)
```

```scala
      case UserUpdate(userId, Remove) =>
      persist(RemoveUserEvent(userId))(updateState)
      case "snap" => saveSnapshot(state)
      case SaveSnapshotSuccess(metadata) =>
      log.info(s"Snapshot success [$metadata]")
      case SaveSnapshotFailure(metadata, e) =>
      log.warning(s"Snapshot failure [$metadata] Reason: [$e]")
    }

    override def postStop() = log.info("Stopping")
    override def recovery =
    Recovery(SnapshotSelectionCriteria.Latest)
    }
```

2. 두 번째로, 새로운 액터를 테스트할 작은 앱을 만들자. com.packt.chapter6 패키지에 SnapshotApp.scala 파일을 만든다. 내용은 다음과 같다.

```scala
package com.packt.chapter6

import akka.actor.{ActorSystem, Props}

object SnapshotApp extends App {
  val system = ActorSystem("snapshot")
  val persistentActor1 = system.actorOf(Props[SnapshotActor])
  persistentActor1 ! UserUpdate("user1", Add)
  persistentActor1 ! UserUpdate("user2", Add)
  persistentActor1 ! "snap"
  Thread.sleep(2000)
  system.stop(persistentActor1)
  val persistentActor2 = system.actorOf(Props[SnapshotActor])
  Thread.sleep(2000)
  system.terminate()
}
```

3. 코드가 준비되면 인텔리제이나 커맨드라인에서 실행하자.

```
hveiga$ sbt clean
[success] Total time: 0 s, completed Apr 6, 2017 8:27:06 PM
hveiga$ sbt "runMain com.packt.chapter6.SnapshotApp"
[info] Running com.packt.chapter6.SnapshotApp
```

```
[INFO] [akka://snapshot/user/$a] Recovery completed. Current
state: [Set()]
[INFO] [akka://snapshot/user/$a] Snapshot success
[SnapshotMetadata(ss-id-1,2,1491528436556)]
[INFO] [akka://snapshot/user/$a] Stopping
[INFO] [akka://snapshot/user/$b] Recovery completed. Current
state: [Set(user1, user2)]
[INFO] [akka://snapshot/user/$b] Stopping
[success] Total time: 10 s
```

예제 분석

이번 절에서는 어떻게 지속성 액터로 스냅샷을 사용하는지 다뤘다. 지금까지 스냅샷이 지속성 액터의 복구 시간을 줄이는 데 크게 도움이 된다는 것을 봐왔다. 이를 보여주기 위해, SnapshotActor라는 새로운 액터를 만들었다. 이 액터가 snap 명령을 수신할 때마다 상태의 현재 버전을 저장하기 위해 saveSnapshot(state)를 호출한다. 이 동작은 성공하거나 실패할 수 있다. 성공하면 액터는 SaveSnapshotSuccess 메시지를 지속성 ID, 스냅샷의 일련번호, 타임스탬프를 가지는 메타데이터와 함께 수신한다. 실패하면 액터는 SaveSnapshotFailure 메시지를 메타데이터 및 왜 실패했는지에 대한 이유와 함께 수신한다. 예제의 로그에서 스냅샷 저장이 성공하는 것을 볼 수 있다.

한편, 스냅샷으로부터 상태를 복구할 때, 액터가 receiveRecover 행위 안에서 현재 상태를 업데이트하기 위해 SnapshotOffer 메시지를 수신한다. 이 메시지는 상태의 인스턴스는 물론 메타데이터를 가진다. 복구 과정이 완료되면, 액터는 이를 나타내기 위해 RecoveryCompleted 메시지를 수신한다. 액터를 중단시키고 새로운 생명주기를 만들 때 앱에서 복구 과정이 일어남을 볼 수 있다. 상태가 복구되고 이를 Recovery completed. Current state: [Set(user1, user2)] 로그에서 볼 수 있다. 상태의 스냅샷을 얻는다 하더라도, 이벤트는 여전히 저널에 저장되어 있다. 스냅샷을 얻으면 저널에서 오래된 이벤트를 삭제하기를 원할 수도 있다. 이는 일련번호를 필요로 하는 deleteMessages 메서드를 사용해 할 수 있다. 주어진 숫자보다 일련번호가 낮은 메시지는 삭제될 것이다.

deleteSnapshot을 호출할 때도 비슷한 행위가 일어난다. 이 메서드에도 일련번호를 주어야 하며, 주어진 번호보다 일련번호가 낮은 모든 스냅샷이 삭제될 것이다.

지속성 FSM 모델 만들기

FSM은 유한 상태 머신finite-state machine을 뜻한다. 아카는 액터 내에 FSM을 쉽게 만드는 기능을 제공한다. FSM과 아카에 대해 더 자세히 알려면, 10장, '다양한 아카 패턴 이해'의 '유한 상태 머신' 절을 보라. 이 시점부터는 아카 FSM에 대한 일부 기본 지식을 가지고 있다고 가정한다. 아카 지속성은 또한 FSM 지속성을 만들도록 한다. FSM의 상태가 다른 것으로 바뀔 때, 그 변화는 지속되므로 FSM을 가장 최근의 상태로 재시작하는 것이 가능하다.

이번 절에서는 카운트다운 랫치countdown latch를 예제로 사용해서 아카 FSM 앱에 지속성을 포함시키는 방법을 살펴본다. 카운트다운 랫치는 동기화의 원형으로 다른 스레드에서 특정 개수의 작업이 완료될 때까지 하나나 그 이상의 스레드가 기다리도록 해준다. 이 예제에서는 특정 개수의 작업을 지속시켜 장애의 경우에 복원되도록 할 것이다.

준비하기

이 절을 진행하려면 IDE에 hello-Akka 프로젝트를 불러와야 한다. 그 밖의 준비 사항은 이전에 akka-persistence 의존성을 다운받은 것과 동일하다.

예제 구현

이 절을 위해 다음 단계를 수행해야 한다.

1. 먼저, 카운트다운 랫치를 위해 모델 클래스를 만들자. com.packt.chapter6 패키지에 PersistentFSMModel.scala 파일을 만든다. 내용은 다음과 같아야 한다.

```
package com.packt.chapter6

import akka.persistence.fsm.PersistentFSM.FSMState

sealed trait CountDownLatchState extends FSMState
case object Closed extends CountDownLatchState { val identifier
= "Closed" }
case object Open extends CountDownLatchState { val identifier =
"Open" }

case class Count(n: Int = -1)
sealed trait Command
case class Initialize(count: Int) extends Command
case object Mark extends Command

sealed trait DomainEvent
case object LatchDownOpen extends DomainEvent
case class LatchDownClosed(remaining: Int) extends DomainEvent
```

2. 두 번째로, 상태 및 명령에 따라 무엇을 할지 정의하는 실제 FSM 액터를 만들자.
   com.packt.chapter6 패키지에 PersistentFSMActor.scala 파일을 만든다. 코드
   는 다음과 같다.

```
package com.packt.chapter6

import akka.actor.{ActorLogging, Props}
import akka.persistence.fsm.PersistentFSM
import scala.reflect.ClassTag

class PersistentFSMActor(_persistenceId: String)(implicit val
domainEventClassTag: ClassTag[DomainEvent])
extends PersistentFSM[CountDownLatchState,Count,DomainEvent]
with ActorLogging {

  startWith(Closed, Count())
  when(Closed) {
    case Event(Initialize(count), _) =>
      log.info(s"Initializing countdown latch with count
```

```
          $count")
        stay applying LatchDownClosed(count)
      case Event(Mark, Count(n)) if n != 0 =>
        log.info(s"Still $n to open gate.")
        stay applying LatchDownClosed(n)
      case Event(Mark, _) =>
        log.info(s"Gate open.")
        goto(Open) applying LatchDownOpen
    }
    when(Open) {
      case Event(Initialize(count), _) => goto(Closed) applying
LatchDownClosed(count)
    }

    override def preStart() = log.info("Starting.")
    override def postStop() = log.info("Stopping.")
    override val persistenceId = _persistenceId
    override def applyEvent(event: DomainEvent, countdown: Count)
    = event match {
      case LatchDownClosed(i) => Count(i-1)
      case LatchDownOpen => Count()
    }
}
```

3. 같은 파일에 Props 메서드를 위한 편의 오브젝트를 만들자.

```
object PersistentFSMActor {
  def props(persistenceId: String) = Props(new
PersistentFSMActor(persistenceId))
}
```

4. 그런 다음 코드를 테스트하고 장애로부터 무엇을 복구할 수 있는지 보여주기 위해 작은 앱을 만들자. 이번에는 액터를 중단시키고 같은 지속성 IDE로 새로운 액터를 만들어 장애를 시뮬레이션할 것이다. com.packt.chapter6 패키지에 다음과 같은 내용으로 PersistentFSMApp.scala 파일을 만든다.

```
package com.packt.chapter6

import akka.actor.ActorSystem
```

```scala
object PersistentFSMApp extends App {
  val system = ActorSystem("test")
  val actor1 = createActor("uid1")
  actor1 ! Initialize(4)
  actor1 ! Mark
  actor1 ! Mark
  Thread.sleep(2000)
  system.stop(actor1)
  val actor2 = createActor("uid1")
  actor2 ! Mark
  actor2 ! Mark

  def createActor(id: String) =
system.actorOf(PersistentFSMActor.props(id))
}
```

5. 모든 코드가 준비되면 인텔리제이나 커맨드라인에서 테스트해보자.

```
hveiga$ sbt "runMain com.packt.chapter6.PersistentFSMApp"
[info] Running com.packt.chapter6.PersistentFSMApp
[INFO] [akka://test/user/$a] Starting.
[INFO] [akka://test/user/$a] Initializing countdown latch with
count 4
[INFO] [akka://test/user/$a] Still 3 to open gate.
[INFO] [akka://test/user/$a] Still 2 to open gate.
[INFO] [akka://test/user/$a] Stopping.
[INFO] [akka://test/user/$b] Starting.
[INFO] [akka://test/user/$b] Still 1 to open gate.
[INFO] [akka://test/user/$b] Gate open.
```

예제 분석

이번 절에서는 FSM 아카 모듈에 지속성을 포함시키는 방법을 다뤘다. 먼저 FSM의 상태, 데이터, 명령, 이벤트 클래스를 정의해야 한다. 상태는 주어진 시간에 FSM이 될 수 있는 상태를 말한다. 예제의 경우, 이들 상태는 Open과 Close이다. 둘 다 액터 내 PersistentFSM

에 제공하는 CountDownLatchState 타입을 상속한다. 데이터는 FSM의 현재 상태 내의 일부 부가적인 정보를 나타낸다. 예제의 경우, 잠그기^{latch}가 끝날 때까지 얼마나 많은 작업이 남았는지 아는데 Count를 사용한다. 명령은 FSM 액터에 송신하는 메시지를 나타낸다. 예제의 경우 Initialize와 Mark 단 두 가지가 있다. Initialize 메시지는 주어진 카운트로 카운트다운 랫치를 시작한다. Mark 메시지는 작업이 완료됐으며 카운트가 감소돼야 함을 알려주기 위해 사용한다. 마지막으로, 이벤트는 저널 내 지속될 지속성 이벤트를 나타낸다.

각 상태에는 행위를 정의해야 하며, 여기서는 when 메서드에 구현을 제공함으로써 이를 해낸다. 이 행위는 다음 상태가 무엇인지 그리고 이런 변화를 저널에 기록하는 데 어떤 이벤트를 적용하는지를 정의하는 데 필요하다. 다른 상태로 이동하기 위해 goto를, 아니면 FSM을 stay를 사용해 현재 상태로 유지한다. 마지막으로 설명할 것은 applyEvent 메서드다. applyEvent 메서드는 현재 상태의 데이터를 업데이트하는 데 사용한다. 이는 행위에 applying을 호출할 때 일어난다. 추가로, 주어진 지속성 액터를 위해서 데이터를 복구하기 위해 저널의 이벤트를 재연할 때 같은 메서드를 쓴다. 액터를 만들면 카운트다운 랫치를 4로 초기화한다. 그 뒤 두 개의 Mark 메시지를 송신하며 장애를 시뮬레이션하기 위해 액터를 중단시킨다. 같은 지속성 ID로 액터를 인스턴트화하면, 저널로부터 상태를 복구한다. 따라서 다음의 두 Mark 메시지를 송신할 때 그 당시의 카운트를 가져오며, Gate Open 이란 로그를 남기고 끝난다. 전체 네 개의 Mark 메시지를 송신했기 때문이다.

중요한 것은, 이런 특성이 여전히 실험적인 것으로 표시돼 있으며 미래에 API가 바뀔 수도 있다는 점이다.

LevelDB로 상태 지속시키기

아카 지속성은 액터의 상태를 저장하는 체계를 이벤트의 시퀀스나 스냅샷 전체를 저장함으로써 정의한다. 그러나 아카 지속성은 이들을 위해 어떤 하부 기술을 데이터 저장소로 사용하는지 강제하지 않는다. 아카 지속성은 기본적으로 API 역할을 한다. LevelDB는 아카 지속성이 어떻게 동작하는지를 이해하는 데 간단한 해결책이 된다. LevelDB는 로컬 파일시스템에 상태를 저장하며, 저널을 복제하지 않는다. 따라서 운영 환경에서는 LevelDB를 사용하는 것을 권장하지 않는다.

이번 절에서는 지속성을 위해 필요한 하부 기술을 정의하는 법을 다시 볼 것이며, 이번 경우에는 LevelDB다. LevelDB는 저널을 위한 플러그인을 제공하지만, 스냅샷을 위해서는 제공하지 않는다. 따라서 이번 절에서는 스냅샷에 대해서 이야기하지 않는다.

준비하기

이 절을 진행하려면 IDE에 **hello-Akka** 프로젝트를 불러와야 한다. 그 밖의 준비 사항은 이전에 **akka-persistence** 의존성을 다운받은 것과 동일하다.

예제 구현

이번 절을 위해 다음 단계를 수행해야 한다.

1. 먼저, 필요한 의존성을 가져와야 한다. build.sbt를 열고 다음 줄이 있도록 한다.

```
libraryDependencies += "org.iq80.leveldb" % "leveldb" % "0.7"
libraryDependencies += "org.fusesource.leveldbjni" %
"leveldbjni-all" % "1.8"
```

2. sbt compile을 실행해 sbt가 의존성을 새로고침하도록 한다.
3. 그런 다음 reference.conf 파일에 플러그인을 설정해야 한다. src/main/resources 안에 reference.conf 파일을 만들고 다음 설정을 넣는다.

```
akka.persistence.journal.plugin =
"akka.persistence.journal.leveldb"
akka.persistence.journal.leveldb {
  dir = "target/sample/journal"
  native = false
}
```

예제 분석

이번 절에서는 아카 지속성 저널 플러그인으로 LevelBD를 사용할 때 앱을 설정하는 방법을 다뤘다. 이를 위해, 필요한 의존성을 가져오고 reference.conf 안에 akka.persistence.journal.plugin 속성을 설정해야 한다. 이는 모든 지속성 액터가 저장소 플러그인으로 LevelDB를 사용하도록 한다. LevelDB는 이벤트를 저장하는 데 로컬 파일시스템을 사용하므로 akka.persistence.journal.leveldb 속성에 위치를 명시적으로 주어야 한다. 이 경우 액터를 실행할 때 target/sample/journal 아래 몇몇 바이너리 파일을 보게 된다. 이들은 LevelDB가 모든 이벤트를 다루고 저장할 때 사용한다. native 속성은 Native LevelDB(JNI를 통해서)를 사용하기 위해서 true로, 아니면 LevelDB 자바 포트를 사용하기 위해 false로 설정할 수 있다.

중요한 세부 사항 중 지적할 것은 지속성 액터가 저널과 스냅샷을 위해 reference.conf에서 정의된 플러그인과 다른 특정 플러그인을 사용하도록 강제할 수 있다는 점이다. 이는 서로 다른 액터에 서로 다른 저장소 플러그인을 사용하기를 원할 경우 어느 정도의 유연성을 제공한다. 이는 지속성 액터에서 journalPluginId, snapshotPluginId, 아니면 둘 다 오버라이딩하면 된다.

```
trait GivenActorWithSpecificPlugins extends PersistentActor {
override val persistenceId = "some-id"
//`reference.conf` 내 저널 플러그인 설정 엔트리로의 절대 경로
override def journalPluginId = "some-journal-plugin-id"
// `reference.conf` 내 스냅샷 저장소 플러그인 설정 엔트리로의 절대 경로
override def snapshotPluginId = "some-snapshot-plugin-id"
}
```

TIP LevelDB 플러그인은 또한 공유 저널 플러그인으로 사용해서 복수의 액터 시스템이 같은 저널을 공유하도록 할 수 있다. 그럼에도 불구하고 이는 장애의 단일 지점이 될 수도 있으므로 권장하지 않는다. 대신에 지속성 플러그인 프록시를 사용해서 해낼 수 있다. 안타깝게도, 이를 구현하는 데 필요한 모든 단계는 이 절의 범위를 넘어선다. 이에 대해 더 알고자 하면 다음 링크를 방문하라.

http://doc.akka.io/docs/akka/current/scala/persistence.html#persistence-plugin-proxy

카산드라로 상태 지속시키기

아파치 카산드라Apache Cassandra는 아카 지속성을 위한 저장소 플러그인의 또 다른 대안이다. 아파치 카산드라는 인기 있으며, 고가용성의, 장애를 허용하는, 확장성 있는 데이터베이스로 애플이나 넷플릭스 같은 많은 성공한 기업에서 사용한다. 아카 생태계는 저널과 스냅샷 모두를 위한 저장소 플러그인으로 아파치 카산드라를 사용하는 플러그인을 제공한다. 이번 절에서는 어떻게 필요한 의존성을 가져오고, 저널과 스냅샷을 위한 원하는 플러그인으로 아파치 카산드라를 정의하며, 테스트를 위한 작은 앱을 실행하는지 살펴본다.

준비하기

이 절을 진행하려면 IDE에 hello-Akka 프로젝트를 불러와야 한다. 그 밖의 준비 사항은 이전에 akka-persistence 의존성을 다운받은 것과 동일하다. 이 절을 테스트하려면 아파치 카산드라 인스턴스가 필요하다. 편의상 기본 포트인 9042에 하나의 인스턴스가 실행 중이라고 가정한다. 이번 절에서는 주식의 최근 가격을 유지하는 액터를 가지며, 변화가 있을 때마다 상태를 저장하는 아카 지속성을 사용한다.

아파치 카산드라를 설치하려면 공식 문서의 단계를 따르기를 바란다.

http://cassandra.apache.org/doc/latest/getting_started/installing.html

예제 구현

이 절을 위해서는 다음 단계를 수행해야 한다.

1. 먼저, 필요한 의존성을 가져와야 한다. build.sbt를 열고 다음 줄이 있는지 확인하라.

   ```
   libraryDependencies += "com.typesafe.akka" %% "akkapersistence-
   cassandra" % "0.25.1"
   ```

2. 그다음 sbt compile을 실행한다.

3. 이벤트와 명령을 정의하는 case 클래스를 만들기 시작하자. com.packt.chapter6 패키지에 StockPersistenceModel.scala 파일을 만든다. 파일에는 다음 내용이 있어야 한다.

   ```
   package com.packt.chapter6

   case class ValueUpdate(newValue: Double)
   case class StockValue(value: Double, timestamp: Long =
   System.currentTimeMillis())
   case class ValueAppended(stockValue: StockValue)

   case class StockHistory(values: Vector[StockValue] =
   Vector.empty[StockValue]) {
     def update(evt: ValueAppended) = copy(values :+
     evt.stockValue)
     override def toString = s"$values"
   }
   ```

4. 그다음 지속성 액터를 정의하자. com.packt.chapter6 패키지에 StockPersist
enceActor.scala 파일을 만든다. 코드는 다음과 같아야 한다.

```scala
package com.packt.chapter6

import akka.actor.{ActorLogging, Props}
import akka.persistence.{PersistentActor, RecoveryCompleted}

object StockPersistenceActor {
  def props(stockId: String) = Props(new
  StockPersistenceActor(stockId))
}

class StockPersistenceActor(stockId: String) extends
PersistentActor with ActorLogging {
  override val persistenceId = stockId
  var state = StockHistory()
  def updateState(event: ValueAppended) = state =
  state.update(event)

  val receiveRecover: Receive = {
    case evt: ValueAppended => updateState(evt)
    case RecoveryCompleted => log.info(s"Recovery completed.
    Current state: $state")
  }

  val receiveCommand: Receive = {
    case ValueUpdate(value) =>
    persist(ValueAppended(StockValue(value)))(updateState)
    case "print" => log.info(s"Current state: $state")
  }
}
```

5. 테스트를 위한 작은 앱을 만들자. com.packt.chapter6 패키지에 StockPersist
enceApp.scala 파일을 만든다. 내용은 다음과 같아야 한다.

```scala
package com.packt.chapter6

trait AkkaHelper {
```

```
lazy val system = akka.actor.ActorSystem("example")
lazy val teslaStockActor =
system.actorOf(StockPersistenceActor.props("TLSA"))
}

object StockApp extends App with AkkaHelper {
  teslaStockActor ! ValueUpdate(305.12)
  teslaStockActor ! ValueUpdate(305.15)
  teslaStockActor ! "print"
  Thread.sleep(5000)
  system.terminate()
}

object StockRecoveryApp extends App with AkkaHelper {
  teslaStockActor ! ValueUpdate(305.20)
  teslaStockActor ! "print"
  Thread.sleep(2000)
  system.terminate()
}
```

6. 마지막으로, 카산드라 플러그인을 사용하기를 원한다는 것을 아카 지속성
   이 알 수 있게 설정 파일을 만들자. src/main/resources 내에 다음 설정으로
   application-cassandra.conf 파일을 만든다.

   ```
   akka.persistence.journal.plugin = "cassandra-journal"
   akka.persistence.snapshot-store.plugin = "cassandra-snapshotstore"
   ```

7. 모든 코드가 준비되면 두 앱 모두 실행하고 결과를 보자. 카산드라가 로컬에서
   9042 포트로 실행 중이어야 한다.

   ```
   hveiga$ sbt -Dconfig.resource=application-cassandra.conf "runMain
   com.packt.chapter6.StockApp"
   [info] Running com.packt.chapter6.StockApp
   [INFO] [akka://example/user/$a] Recovery completed. Current
   state: Vector()
   [INFO] [akka://example/user/$a] Current state:
   Vector(StockValue(305.12,1492276972404),
   StockValue(305.15,1492276972542))
   [success] Total time: 14 s, completed Apr 15, 2017 12:22:59 PM
   ```

```
hveiga$ sbt -Dconfig.resource=application-cassandra.conf "runMain
com.packt.chapter6.StockRecoveryApp"
[info] Running com.packt.chapter6.StockRecoveryApp
[INFO] [akka://example/user/$a] Recovery completed. Current
state: Vector(StockValue(305.12,1492276972404),
StockValue(305.15,1492276972542))
[INFO] [akka://example/user/$a] Current state:
Vector(StockValue(305.12,1492276972404),
StockValue(305.15,1492276972542),
StockValue(305.2,1492276998372))
[success] Total time: 6 s, completed Apr 15, 2017 12:23:22 PM
```

예제 분석

이번 절에서는 카산드라 플러그인을 사용할 때 앱을 설정하는 법을 다뤘다. 먼저, 올바른 의존성을 가지도록 해야 하며, 이를 위해 sbt가 이를 가져오도록 했다. 그런 다음 application-cassandra.conf에서 akka.persistence.journal.plugin을 cassandra-journal 로, akka.persistence.snapshot-store.plugin을 cassandra-snapshot-store로 설정해야 한다. 이 파일은 앱을 실행할 때 sbt 명령에 –Dconfig.resource를 추가해 사용했다.

예제가 어떻게 동작하는지 출력을 통해서 알 수 있다. 처음에는 저장된 상태가 아무것도 없으므로 Recevery completed. Current state: Vector()를 보게 된다. 그런 다음 두 개의 ValueUpdate 메시지와 print 메시지를 송신한다. 그다음 상태가 두 값을 가지고 있음을 확인한다. 두 번째 StockRecoveryApp 앱을 실행할 때, 시작 시에 어떻게 액터가 복구를 통해서 상태를 업데이트하는지 볼 수 있으며, 이 상태는 이전에 인쇄된 것과 들어맞는다. 이 시점에, 액터는 다시 완전히 기능할 수 있으며 새로운 메시지를 계속 처리할 수 있다.

akka-persistence-cassandra 모듈은 저널과 스냅샷 모두가 가능하다. 또한 아카 지속성 쿼리를 실행하는 기능도 있으며, 이는 개발자가 저장된 다른 이벤트를 검색할 수 있게 해 준다. 추후 '지속성 쿼리 사용하기' 절에서 이에 대해 배운다.

레디스로 상태 지속시키기

레디스Redis는 인기 있는 인메모리 데이터 저장소다. 레디스는 개발자가 데이터베이스, 캐시, 심지어는 메시지 브로커로 쓸 수 있는 여러 가지의 데이터 구조를 지원한다. 레디스는 또한 복제, 트랜잭션 및 아카 지속성을 위한 데이터 저장소로 사용하는 데 매력적으로 만드는 유용한 특성을 지원한다. 이번 절에서는 어떻게 필요한 의존성을 가져오는지, 저널과 스냅샷을 위해 원하는 플러그인으로 레디스를 정의하는지, 그리고 이를 테스트하는 작은 앱을 실행하는지 다룰 것이다.

준비하기

이 절을 진행하려면 IDE에 hello-Akka 프로젝트를 불러와야 한다. 그 밖의 준비 사항은 이전에 akka-persistence 의존성을 다운받은 것과 동일하다. 절을 테스트하려면 레디스 인스턴스가 필요하다. 편의상 기본 포트 6379에 하나의 레디스 인스턴스가 실행 중 이라고 가정한다. 이번 절에서는 앞 절인 '카산드라로 상태 지속시키기'에서 정의했던 클래스를 사용한다.

 레디스를 설치하려면 공식 문서의 단계를 따르기 바란다.
https://redis.io/download

예제 구현

1. 먼저, 필요한 의존성을 가져와야 한다. build.sbt을 열고 다음 줄이 있도록 한다.

```
resolvers += Resolver.jcenterRepo
libraryDependencies += "com.hootsuite" %% "akka-persistenceredis"
% "0.6.0"
```

2. 그다음 sbt compile을 실행하도록 하라.

3. 레디스 플러그인을 사용하기를 원한다는 것을 아카 지속성이 알도록 설정 파일을 만들자. src/main/resources에 다음 설정으로 application-redis.conf 파일을 만든다.

```
akka.persistence.journal.plugin = "akka-persistenceredis.
journal"
akka.persistence.snapshot-store.plugin = "akka-persistenceredis.
snapshot"
redis {
host = "localhost"
port = 6379
db = 1
}
```

4. 모든 코드가 준비되면, 두 앱을 모두 실행하고 결과를 보자. 레디스가 로컬에서 포트 6379로 실행 중이어야 한다.

```
hveiga$ sbt -Dconfig.resource=application-redis.conf "runMain
com.packt.chapter6.StockApp"
[info] Running com.packt.chapter6.StockApp
[INFO] [akka://example/user/RedisClient-$a] Connect to
localhost/127.0.0.1:6379
[INFO] [akka://example/user/$a] Recovery completed. Current
state: Vector()
[INFO] [akka://example/user/$a] Current state:
Vector(StockValue(305.12,1492278134212),
StockValue(305.15,1492278134607))
[INFO] [akka://example/user/RedisClient-$a] RedisWorkerIO stop
[success] Total time: 6 s, completed Apr 15, 2017 12:42:18 PM
hveiga$ sbt -Dconfig.resource=application-redis.conf "runMain
com.packt.chapter6.StockRecoveryApp"
[info] Running com.packt.chapter6.StockRecoveryApp
[INFO] [akka://example/user/RedisClient-$a] Connect to
localhost/127.0.0.1:6379
[INFO] [akka://example/user/$a] Recovery completed. Current
state: Vector(StockValue(305.12,1492278134212),
StockValue(305.15,1492278134607))
```

```
[INFO] [akka://example/user/$a] Current state:
Vector(StockValue(305.12,1492278134212),
StockValue(305.15,1492278134607),
StockValue(305.2,1492278156167))
[INFO] [akka://example/user/RedisClient-$b] RedisWorkerIO stop
[success] Total time: 3 s, completed Apr 15, 2017 12:42:37 PM
```

예제 분석

이번 절에서는 레디스 플러그인을 사용할 때 앱을 설정하는 법을 다뤘다. 먼저, 올바른 의존성을 가지도록 하기 위해 sbt가 이를 가져오게 했다. 그런 다음 application-redis.conf에서 akka.persistence.journal.plugin을 akka-persistence-redis.journal로, akka.persistence.snapshot-store.plugin을 akka-persistence-redis.snapshot으로 설정해야 한다. 이 파일은 앱을 실행할 때 sbt 명령에 —Dconfig.resource를 추가해 사용했다.

예제가 어떻게 동작하는지 출력을 통해서 볼 수 있다. 처음에는 저장된 상태가 아무것도 없으므로 Recevery completed. Current state: Vector( )를 보게 된다. 그런 다음 두 개의 ValueUpdate 메시지와 print 메시지를 송신한다. 그다음 상태가 두 값을 가지고 있음을 확인한다. 두 번째 StockRecoveryApp 앱을 실행할 때, 시작 시에 액터가 복구를 통해서 상태를 업데이트하는 방법을 볼 수 있으며, 이 상태는 이전에 인쇄된 것과 들어맞는다. 이 시점에, 액터는 다시 완전히 기능할 수 있으며 새로운 메시지를 계속 처리할 수 있다. 이런 움직임은 직전에 아파치 카산드라와 플러그인을 사용해서 살펴봤을 때와 일치한다. 이것이 아카 지속성의 실제 능력이며, 하부 데이터 저장소가 무엇인지에 구애 받지 않는다. 각 플러그인의 움직임은 같을 것이다.

이벤트 소싱 이해하기

이 장 전체에 걸쳐 논의해왔듯이, 아카 지속성은 이벤트 소싱 기술을 사용한다. 이벤트 소싱은 개체의 상태를 저장하는 패턴으로, 주어진 시간의 실제 상태를 지속시키는 대신에, 특정 개체에서 일어나는 변화를 지속시킨다. 이런 변화는 이벤트라 부른다. 이번 절에서는 이벤트 소싱의 장점 및 왜 이런 체계가 분산 앱에 더 잘 맞는지 살펴본다.

준비하기

이 절을 위해 준비할 것은 없다.

예제 구현

이 절을 위해, 이벤트 소싱이 아카에서 어떻게 동작하는지 단계를 나열한다.

1. 지속성 액터를 만들면 복구가 발동된다. 아카 지속성은 저널에 이벤트가 있는지, 아니면 스냅샷 저장소에 주어진 지속성 아이디로 스냅샷이 있는지 확인한다.

2. 저널에서 이벤트를 찾으면, 그에 맞춰 상태 업데이트를 처리한다. 액터가 이를 수행하는 동안 다른 메시지를 수신하면, 복구가 완료됐을 때 처리하도록 넣어 둔다.

3. 스냅샷 저장소에서 스냅샷을 찾으면, 이에 따라 상태 업데이트를 처리한다. 액터가 업데이트하는 동안 다른 메시지를 수신하면, 복구가 완료됐을 때 처리하도록 넣어 둔다.

4. 액터가 복구되면 새로운 메시지를 수신할 준비가 된 것이다.

5. 액터가 수신하는, 상태를 수정하는 각 메시지는(또한 명령이라 알려진) 기록돼야 한다. 이는 특정 변화를 나타내는 이벤트를 만들어 달성한다. persist()를 호출하고 이벤트를 위한 핸들러를 제공한다. persist() 메서드는 이벤트가 저널에 추가되고 액터의 상태를 업데이트할 핸들러가 실행되도록 한다. 이런 행동은 원자적으로^{atomically} 이뤄진다.

6. 지속시키는 동안 장애가 발생하면, 일관성이 더 이상 보장받지 못하므로 액터가 무조건 중단된다.

이런 패턴은 전통적인 CRUD 작업 대비 몇 가지 장점을 가진다.

1. 이벤트 소싱은 데이터 저장소를 오직 추가 및 읽기 기능으로만 쓸 수 있도록 해준다. 이미 지속된 이벤트를 업데이트할 필요가 없으므로, 이런 목적을 위해 매우 다양한 기술을 선택할 수 있다. CRUD는 주로 데이터베이스(SQL이나 NoSQL)에 의존하는 반면, 이벤트 소싱은 아파치 카프카와 같은 기술로 동작할 수 있다.
2. 이들 동작에 적용될 필요가 있는 작업으로부터 상태 업데이트 과정을 분리한다.
3. 이벤트의 각 단계를 이해하도록 재생할 수 있으므로 상태가 어떻게 업데이트되고 있는지에 대한 가시성을 준다. 다음 절인 '이벤트 소싱에서 장애 다루기'에서 이에 대해 더 논의한다.

예제 분석

이번 절에서는 아카에서 이벤트 소싱이 동작하는 방법과 이 패턴의 장점을 다뤘다. 아카 팀은 장애를 복구할 수 있는 빠르고 깔끔한 방법으로써 액터의 상태를 저장하는 데 이 접근법을 추천한다.

또한 이벤트 소싱을 일반적으로 이해하는 데 필요한 몇 가지 팁과 고려 사항이 있다.

- **표준적인 접근법은 없다**: 현재, 이벤트 소싱을 구현하는 특정 방법이나 도구는 존재하지 않는다.
- **타임스탬프를 추가하라**: 복수의 인스턴스를 실행하는 경우, 이벤트를 순서대로 저장하지 않는다면 저장소가 유효하지 않게 될 수도 있다. 이는 각 이벤트에 타임스탬프를 추가함으로써 쉽게 해결 가능하다. 아카 지속성은 이미 이벤트를 타임스탬프와 함께 저장한다.

- **복구 시간이 오래 걸릴 수도 있다**: 저널의 크기가 커지면, 저장된 모든 이벤트를 재생하여 복구하는 데 시간이 꽤 걸릴 수 있다. 이런 것이 시스템에 문제가 된다면 스냅샷이 복구 시간을 낮추고 빠르게 할 수 있다.

이 책의 마지막인 11장, '라곰으로 마이크로서비스하기'에서는 상태가 있는 마이크로서비스가 있을 때 라곰이 이벤트 소싱과 CQRS를 사용해서 개체를 지속시키는 방법을 살펴본다.

이벤트 소싱에서 장애 다루기

장애는 컴퓨터과학에서 일상적인 것이다. 시스템은 망가진다. 하드웨어는 작동을 멈춘다. 예상할 수 없는 통제 불가능한 변수가 항상 존재한다. 그러나 장애는 결국 발생하며 장애를 해결하는 행동을 취할 수 있다고 가정할 수 있다. 아카 지속성은 액터가 상태를 유지해야 하며 새로 시작하기 위해 간단히 재시작하는 것이 불가능할 때 장애를 복구하기 쉽게 디자인됐다. 이번 절에서는 무언가 잘못됐을 때 지속성 액터에서 무슨 일이 벌어지는지 살펴본다.

준비하기

절을 위해 준비할 것은 없다.

예제 구현

이벤트 소싱과 지속성 액터를 사용할 때 다음과 같은 상황이 발생할 수 있다.

- **저널로부터 이벤트를 복구할 수 없음**: 새로운 지속성 액터를 만들 때, 저널을 사용하지 못할 수도 있다. 그러므로 액터가 상태를 복구할 필요가 있는지 확인할 수 없다. 이때 아카 지속성은 이를 계속할 수 없다고 판단하고, onRecoveryFailure 콜

백을 실행하며, 액터를 무조건 중단시킨다.

- **저널에 이벤트를 지속시킬 수가 없음**: 실행 중인 지속성 액터가 있을 때, 저널이 주어진 시간에는 사용하지 못하게 될 수 있다. 이때, 아카 지속성은 이벤트를 추가로 지속시키지 못하며 지속성 액터에서 일관성이 유지되는지 확신할 수 없다. 아카 지속성은 이를 계속할 수 없다고 판단하고 onPersistFailure 콜백을 실행하며, 액터를 무조건 중단시킨다.

- **저널에서 메시지를 삭제할 수 없음**: 실행 중인 지속성 액터가 있을 때, 저널이 주어진 시간에는 사용하지 못하게 될 수 있다. 이때, 아카 지속성은 저널에서 메시지를 삭제할 수 없게 된다. 액터는 DeleteMessagesFailure 메시지를 수신하고 실행을 계속한다. 메시지를 삭제할 때의 장애는 지속성에 비해 치명적이지는 않다. 일관성이 유지되고 있으므로 액터는 중단될 필요가 없다.

예제 분석

이번 절에서는 지속성 액터가 고장 날 수 있을 때의 서로 다른 시나리오를 다뤘다. 아카 지속성은 일관성을 보장해야 한다. 이는 액터 지속성이 persis()나 다른 변형들이 동작하지 않을 때 액터를 무조건 중단시키는 것이 왜 엄격한지를 설명해준다. 액터 지속성은 또한 복구 상태가 무엇인지를 알게 해주는 두 가지 메서드 recoveryRunning과 recoveryFinished를 제공하며, 둘 다 부울 값을 반환한다. 복구 단계가 완료됐는지 아니면 여전히 실행 중인지를 확인하는 데 이를 사용할 수 있다. 게다가, 개발자가 이벤트를 복구하거나 지속시키는 것이 불가능해 무조건 중단하기 전에 로직을 실행할 수 있도록 두 가지 콜백 onRecoveryFailure과 onPersistFailure를 제공한다.

지속성 액터가 중단됐을 때 BackoffSupervisor를 사용할 것을 조언한다. 저널과의 문제가 네트워크나 부하와 관련된 것이라면, 빈번한 재시작으로 과부하를 주는 대신에 저널이 다시 반응적이 되도록 지수적인 백오프backoff 전략을 사용하는 것이 좋다. 예제는 다음과 같다.

```
val childProps = Props[SomePersistentActor]
val props = BackoffSupervisor.props(
 Backoff.onStop(
 childProps,
 childName = "someActor",
 minBackoff = 5 seconds,
 maxBackoff = 30 seconds,
 randomFactor = 0.3))
context.actorOf(props, name = "someSupervisor")
```

지속성 쿼리 사용하기

아카 지속성 쿼리는 아카 지속성 생태계의 지원 모듈로 저널 이벤트에 대한 가시성을 준다. 아카 지속성 쿼리는 아카 스트림을 통해 저널의 비동기적인 쿼리를 실행하는 수단을 제공한다. 아카 지속성 쿼리는 이벤트의 로그를 분석하는 데 사전 정의된 쿼리 모음을 정의한다. 아카 지속성 쿼리는 목적상 매우 느슨한 API를 가지며, 따라서 일반적으로 저널 플러그인마다 구현이 조금씩 다르다. 이번 절에서는 다르게 사전 정의된 쿼리를 리뷰하며 각 쿼리가 어디에 쓰이는지 살펴본다.

준비하기

이 절은 준비할 것이 없다. 그러나 이 절을 진행하기 전에 아카 지속성 콘텍스트에 어떤 이벤트 어댑터가 있는지 이해하는 것이 필요하다. 이벤트 어댑터는 데이터 모델을 도메인 모델로부터 완전히 분리하는 데 도움을 준다. 이는 데이터 모델이 시간이 갈수록 발전하거나 저널에 이벤트를 저장할 때 다른 형식을 사용하고자 하는 상황에서 도움이 된다. 이벤트 어댑터는 태깅tagging에도 쓰인다. 몇몇 상황에서는, 저장하는 이벤트에 메타데이터를 추가하는 것을 원할 수도 있다. 아카 지속성은 이런 작업을 위해 Tagged라 불리는 케이스 클래스를 제공하며, 이를 통해 이벤트와 태그 집합을 제공한다. 이벤트에 태그를 추가하려면 WriteEventAdapter를 확장하는 자신만의 이벤트 어댑터를 작성해야 한다. 태깅 이벤트 어댑터에 대한 간단한 예제는 다음과 같다.

```
import akka.persistence.journal.WriteEventAdapter
import akka.persistence.journal.Tagged
class MyTaggingEventAdapter(tags: Set[String]) extends WriteEventAdapter {
  override def toJournal(event: Any): Any = Tagged(event, tags)
  override def manifest(event: Any): String = ""
}
```

예제 구현

이 절을 위해 모든 사전 정의된 쿼리를 살펴본다.

- AllPersistenceIdsQuery: 모든 지속성 ID를 내보내는 라이브 스트림을 반환한다. 이 쿼리는 readJournal.persistenceIds()를 호출해 사용할 수 있다.

- CurrentPersistenceIdsQuery: AllPersistenceIds와 같이 스트림을 반환하지만, 유입되는 새로운 이벤트의 라이브 구독자^subscriber를 유지하지는 않는다. 그러므로 이 변형은 저널 내에 있는 지속성 ID만을 내보낸다. 이 쿼리는 readJournal.currentPersistenceIds()를 호출해 사용할 수 있다.

- EventsByPersistenceIdQuery: 주어진 지속성 ID로부터 모든 이벤트를 내보내는 라이브 스트림을 반환한다. 이 쿼리는 readJournal.eventsByPersistenceId("some-persistence-id")를 호출해 사용할 수 있다.

- CurrentEventsByPersistenceIdQuery: EventsByPersistenceId와 같이 스트림을 반환하지만, 주어진 지속성 ID에 대한 저널 내의 현재 이벤트만을 내보낸다. 이 쿼리는 readJournal.currentEventsByPersistenceId("some-persistenceid")를 호출해 사용할 수 있다.

- EventsByTag: 이는 주어진 태그에 맞는 태그를 가지는 모든 이벤트를 내보내는 스트림을 반환한다. 이 스트림은 태그로만 필터링하므로 각 지속성 ID의 이벤트를 가질 수 있다. 이 쿼리는 readJournal.eventsByTag("some-tag")를 호출해 사용할 수 있다.

- CurrentEventsByTag: 이는 EventByTag와 같은 스트림을 반환하지만, 주어진 태그에 맞는 태그를 가지는 저널 내의 현재 이벤트만을 내보낸다. 이 쿼리는 readJournal.currentEventsByTag("some-tag")를 호출해 사용할 수 있다.

예제 분석

이번 절에서는 아카 지속성 쿼리에 의해 사전 정의된 쿼리로는 무엇이 있는지 살펴봤다. 모든 이벤트 쿼리하기, 지속성 ID로 쿼리하기, 태그로 쿼리하기가 가능하다는 것을 봤다. 또한 새로운 유입 이벤트를 수신하는 라이브 스트림을 가지거나 아니면 현재 저널에 있는 이벤트를 읽기 위해 변형을 사용할 수 있다. 다음 절 'LevelDB를 위한 지속성 쿼리'에서는 아카 지속성 쿼리 사용의 실제 예시를 제공한다.

아카 지속성 쿼리는 아카 2.4.17에서 실험적 모듈로 표시된다. 그러나 아카 2.5.0부터 아카 지속성 쿼리는 완벽히 지원되는 모듈로 격상됐으며 더 이상 실험적 모듈이 아니다.

LevelDB를 위한 지속성 쿼리

아카 지속성 쿼리는 저널 읽기뿐만 아니라 아카 스트림 덕분에 지속되고 있는 라이브 이벤트를 수신하는 기능을 제공한다. 아카 지속성 쿼리 구현은 어떤 하부 기술을 선택하느냐에 따라 달라진다. 이번 절에서는 저널의 모든 현재 이벤트를 쿼리하는 데 LevelDB 플러그인을 사용할 것이며, 또한 실시간 이벤트를 구독하기 위해 스트림을 만들 것이다. 아카 스트림을 더 알고 싶다면 8장, '아카 스트림'을 참고하라.

준비하기

이 절을 진행하려면 IDE에 hello-Akka 프로젝트를 불러와야 한다. 그 밖의 준비 사항은 이전에 akka-persistence 의존성을 다운받은 것과 동일하다. 또한 지속성 쿼리 의존성이 필요하다. 더불어 이 절을 위해 '액터의 상태 복구하기' 절에서 만든 클래스를 활용한다.

184

이 절을 위해서는 다음 단계를 수행해야 한다.

1. 먼저, 필요한 의존성을 얻어야 한다. build.sbt을 열고 다음 줄이 나타나도록 한다.

   ```
   libraryDependencies += "com.typesafe.akka" %% "akkapersistence-
   query-experimental" % "2.4.17"
   ```

2. sbt compile을 실행해 sbt가 새로운 의존성을 확인하도록 한다.

3. src/main/resources 내 reference.conf가 다음 값을 가지도록 한다.

   ```
   akka.persistence.journal.plugin =
   "akka.persistence.journal.leveldb"
   akka.persistence.snapshot-store.plugin =
   "akka.persistence.snapshot-store.local"
   akka.persistence.journal.leveldb.dir = "target/friend/journal"
   akka.persistence.snapshot-store.local.dir =
   "target/friend/snapshots"
   ```

4. com.packt.chapter6 패키지에 FriendJournalReader.scala 파일을 만든다. 이 파일은 두 개의 지속성 액터를 만들고 이벤트를 수신하기 위해 지속성 쿼리를 사용한다. 파일 내용은 다음과 같다.

   ```scala
   package com.packt.chapter6

   import akka.actor.ActorSystem
   import akka.persistence.Recovery
   import akka.persistence.query.PersistenceQuery
   import akka.persistence.query.journal.leveldb
   .scaladsl.LeveldbReadJournal
   import akka.stream.ActorMaterializer
   import akka.stream.scaladsl.Sink
   import scala.concurrent.duration._

   object FriendJournalReader extends App {
     implicit val system = ActorSystem()
     import system.dispatcher
   ```

```
implicit val mat = ActorMaterializer()(system)
val queries =
  PersistenceQuery(system).readJournalFor[LeveldbReadJournal]
  (LeveldbReadJournal.Identifier)

val laura = system.actorOf(FriendActor.props("Laura",
Recovery()))
val maria = system.actorOf(FriendActor.props("Maria",
Recovery()))
laura ! AddFriend(Friend("Hector"))
laura ! AddFriend(Friend("Nancy"))
maria ! AddFriend(Friend("Oliver"))
maria ! AddFriend(Friend("Steve"))
system.scheduler.scheduleOnce(5 second, maria,
AddFriend(Friend("Steve")))
system.scheduler.scheduleOnce(10 second, maria,
RemoveFriend(Friend("Oliver")))
Thread.sleep(2000)

queries.allPersistenceIds().map(id => system.log.info(s"Id
received [$id]")).to(Sink.ignore).run()
queries.eventsByPersistenceId("Laura").map(e =>
log(e.persistenceId, e.event)).to(Sink.ignore).run()
queries.eventsByPersistenceId("Maria").map(e =>
log(e.persistenceId, e.event)).to(Sink.ignore).run()

def log(id: String, evt: Any) = system.log.info(s"Id [$id]
Event [$evt]")
}
```

5. 모든 코드가 준비되면 인텔리제이나 커맨드 라인에서 실행하자.

```
hveiga$ sbt "runMain com.packt.chapter6.FriendJournalReader"
[info] Running com.packt.chapter6.FriendJournalReader
[INFO] [akka://default/user/$b] Recovery completed. Current
state:
[INFO] [akka://default/user/$a] Recovery completed. Current
state:
[INFO] [akka.actor.ActorSystemImpl(default)] Id received [Maria]
```

```
[INFO] [akka.actor.ActorSystemImpl(default)] Id received [Laura]
[INFO] [akka.actor.ActorSystemImpl(default)] Id [Maria] Event
[FriendAdded(Friend(Oliver))]
[INFO] [akka.actor.ActorSystemImpl(default)] Id [Laura] Event
[FriendAdded(Friend(Hector))]
[INFO] [akka.actor.ActorSystemImpl(default)] Id [Laura] Event
[FriendAdded(Friend(Nancy))]
[INFO] [akka.actor.ActorSystemImpl(default)] Id [Maria] Event
[FriendAdded(Friend(Steve))]
[INFO] [akka.actor.ActorSystemImpl(default)] Id [Maria] Event
[FriendAdded(Friend(Steve))]
[INFO] [akka.actor.ActorSystemImpl(default)] Id [Maria] Event
[FriendRemoved(Friend(Oliver))]
```

예제 분석

이번 절에서는 LevelDB로 아카 지속성 쿼리를 사용하는 방법을 살펴봤다. 이를 위해, 이벤트 소싱에서 장애 다루기 절에서 사용했던 클래스, 액터, 이벤트를 사용한다. 시작으로, 두 개의 FriendActor 인스턴스를 서로 다른 지속성 ID, Laura와 Maria로 만든다. 액터가 만들어지면, 이벤트를 만들기 위해 몇 개의 AddFriend 메시지를 송신하고 미래에 이벤트가 일어나도록 다른 두 개를 스케줄링한다. 그다음 세 개의 스트림을 정의한다. 세 쿼리를 실행하려면 액터 시스템 확장인 PersistenceQuery로부터 readJournal을 얻어야 한다. readJournalFor을 호출할 때 원하는 LevelDB 저널 리더를 명시하도록 LeveldbReadJournal.Identifier를 준다. 다른 플러그인을 사용하는 경우, 제공하는 클래스가 플러그인에 맞아야 한다.

첫 번째로 스트림은 allPersistenceId()을 사용해서 만든다. 이 스트림은 저널의 모든 지속성 ID를 내보낸다. Id received [Maria]와 Id received [Laura] 로그를 볼 수 있다. 두 번째와 세 번째 스트림은 서로 다른 두 개의 ID를 주어 eventsByPersistenceId을 사용한다. 이들 스트림은 지속된 이벤트를 각각 로깅한다. Laura ID의 경우 두 개의 이벤트가 출력되는 것을 볼 수 있다. Maria ID의 경우 네 개가 출력되는 것을 볼 수 있다. 숫자는 액터로 송신된 메시지의 개수와 같다. 쿼리는 아카 지속성에 대한 읽기 기능을 제공하며, 이벤트를 재연할 때 편리할 수 있다. 예를 들면, 어떻게 지속성 액터가 특정 상태로 되는지 이해할 때 도움이 된다.

7

원격화 및 아카 클러스터링

이 장에서 다루는 내용은 다음과 같다.

- 아카 앱 원격화
- 다른 머신에서 원격 액터 만들기
- 다른 머신에서 원격 액터 찾기
- 원격 액터를 다른 노드에 프로그램으로 배포하기
- 원격 액터를 사용해 앱 확장하기
- 원격 액터를 사용해 채팅 기반 앱 만들기
- 프로젝트에 아카 클러스터링 가능하게 하기
- 클러스터에서 분산된 게시/구독 사용하기
- 클러스터 샤딩
- 아카 클러스터 내 노드 사이에서 데이터 공유하기
- 클러스터에 걸쳐 싱글톤 액터 만들기

앞서 언급했듯이, 아카 액터는 기본적으로 분산돼 있다. 이런 개념은 액터 시스템을 단일 JVM을 넘어 확장 가능하게 한다. 아카는 다른 JVM에서 실행 중인 액터를 매끄럽게 연결하는 체계를 제공한다. 운영 시스템에서 높은 가용성과 회복성이 보장되기를 원할 것이다. 아카 원격화와 아카 클러스터링은 가용성과 회복성 보장에 도움이 된다.

각 액터는 액터 시스템 내 유일한 주소를 가진다. 주소는 다음과 같은 <actor system>/<actor path> 형식을 가진다. 이 형식이 로컬 액터 시스템에서는 올바르다 하더라도, 원격 액터에 접근할 때 적합한 형식은 <protocol>://<actor system>@<host>:<port>/<actor path>이다. 이 개념은 또한 **위치 투명성**이라 알려져 있다.

원격 액터를 접근하는 방법은 두 가지로 구별해야 한다.

- **아카 원격화**remoting: 액터가 원격 액터의 위치를 알고 있으며 통신하는 데 완전히 적합한 주소를 사용한다는 것을 뜻한다. 통신은 피어투피터peer-to-peer 방식으로 이뤄진다.
- **아카 클러스터링**clustering: 비집중화된 피어투피어 기반 클러스터 멤버십 서비스를 자동 장애 탐지와 함께 제공한다. 여기서, 멤버는 정보를 공유하기 위해 가십 프로토콜Gossip protocol을 사용한다. 아카 클러스터링은 아카 원격화 위에 구축돼 있다.

https://en.wikipedia.org/wiki/Gossip_protocol에서 가십 프로토콜을 좀 더 알 수 있다.

 아카 원격화나 클러스터링을 사용할 때, 몇 가지 새로운 변수가 작동하기 시작한다. 이들 변수 중에는 DNS 이슈, 연결 이슈, 버퍼 오버플로 이슈 등이 있다. 이들 중 어떤 것이든 메시지를 빠뜨리게 할 수도 있다. 분산 환경에서 프로그래밍을 할 때, 최종적으로는 예상하는 대로 동작하지 않을 것이라고 가정하고 코드를 구축하라. 게다가, 메시지는 직렬화하여 회선을 통해 보내야 한다. 따라서 객체가 직렬화될 수 있도록 하라.

아카 앱 원격화

아카 앱이 원격화를 사용할 수 있도록 하기 전에, 통신을 위해 사용할 수 있는 다른 전송 프로토콜을 보자.

- akka.tcp: 네티^{Netty} 프레임워크가 지원하는 TCP를 네트워크 프로토콜로 사용하는 원격화 프로토콜이다.
- akka: 실험적인 UDP 기반 원격화 프로토콜로 에어론^{Aeron}을 네트워크 프로토콜로 사용한다.

 https://github.com/real-logic/Aeron에서 에어론에 대해 더 알 수 있다.

현재로서는 akka.tcp가 더 안정적인 원격화 프로토콜이므로 이를 사용할 것이다. 그러나 아카는 새로운 원격화 계층인 akka가 더욱 성숙해지면 이를 사용 중단할^{deprecate} 계획이다.

준비하기

이 절을 진행하려면 Hello-Akka 프로젝트를 불러와야 한다. 그 밖의 모든 준비 사항은 이 전과 같다. 이번에는 원격화를 위해 필요한 의존성을 가져와야 한다.

예제 구현

이 절을 위해 다음 단계를 진행한다.

1. 필요한 의존성을 얻는 것으로 시작하자. build.sbt를 열고 아카의 원격화 의존성을 다음과 같이 추가한다.

```
libraryDependencies += "com.typesafe.akka" % "akka-remote_2.11"
% "2.4.17"
```

2. 그런 다음 sbt update를 실행해 중앙 저장소에서 의존성을 가져온다.

3. src/main/resources 디렉터리에 application.conf를 만든다.

4. 다음과 같은 설정 매개변수를 추가한다.

```
akka {
  actor {
    provider = "akka.remote.RemoteActorRefProvider"
  }
  remote {
    enabled-transports = ["akka.remote.netty.tcp"]
    netty.tcp {
      hostname = "127.0.0.1"
      port = 2552
    }
  }
}
```

예제 분석

이번 절에서는 필요한 의존성을 정의하고 원격화 기능을 활성화하도록 앱을 설정했다. 먼저, 액터 제공자를 akka.remote.RemoteActorRefProvider로 교체했다. 이는 원격화 액터를 만들고 찾을 수 있도록 해준다. 두 번째로, 원격화를 사용하기 위해 전송 프로토콜을 정의했다. 이 경우에는 netty.tcp를 선택했다. 또한 앱이 원하는 호스트 이름과 포트로 유입되는 메시지를 수신하도록 설정했다.

다른 머신에서 원격 액터 만들기

이번 절에서는 다른 머신에서 원격 액터를 만드는 방법을 살펴본다. 이 내용을 살펴보려면 서로 다른 포트에서(서로 다른 머신에서 실행 중인 것을 모방하기 위해) 실행 중인 두 개의 분리된 아카 앱을 시작해야 한다.

Hello-Akka 프로젝트를 불러오기만 하면 된다. 준비 사항은 이전과 같다. 또한 아카 원격
화 의존성이 build.sbt 파일에 있어야 한다.

예제 구현

1. src/main/resources 디렉터리에 다음 내용으로 application-1.conf 파일을 새
    로 만든다.

    ```
    akka {
      actor {
        provider = "akka.remote.RemoteActorRefProvider"
      }
      remote {
        enabled-transports = ["akka.remote.netty.tcp"]
        netty.tcp {
          hostname = "127.0.0.1"
          port = 2552
        }
      }
    }
    ```

2. src/main/resources 디렉터리에 다음 내용으로 두 번째 application-2.conf 파
    일을 새로 만든다.

    ```
    akka {
      actor {
        provider = "akka.remote.RemoteActorRefProvider"
        deployment {
          /simpleRemoteActor {
            remote =
            "akka.tcp://HelloAkkaRemoting1@127.0.0.1:2552"
          }
        }
      }
    ```

```
    remote {
      enabled-transports = ["akka.remote.netty.tcp"]
      netty.tcp {
        hostname = "127.0.0.1"
        port = 2553
      }
    }
  }
}
```

3. com.packt.chapter7 패키지에 SimpleActor.scala 파일을 다음 내용과 같이 만든다.

```
package com.packt.chapter7
import akka.actor.Actor

class SimpleActor extends Actor {
  def receive = {
    case _ =>
      println(s"I have been created at
        ${self.path.address.hostPort}")
  }
}
```

4. RemotingApplication.scala 파일을 만든다. 이 파일은 HelloAkkaRemoting1 HelloAkkaRemoting2 두 앱을 가진다.

```
package com.packt.chapter7
import akka.actor.{ActorSystem, Props}

object HelloAkkaRemoting1 extends App {
  val actorSystem = ActorSystem("HelloAkkaRemoting1")
}

object HelloAkkaRemoting2 extends App {
  val actorSystem = ActorSystem("HelloAkkaRemoting2")
  println("Creating actor from HelloAkkaRemoting2")
  val actor = actorSystem.actorOf(Props[SimpleActor],
    "simpleRemoteActor")
  actor ! "Checking"
}
```

5. HelloAkkaRemoting1을 실행한다. 인텔리제이나 커맨드라인에서 –Dconfig.re source=application-1.conf 플래그를 주어 application-1.conf 설정을 사용 한다.

```
hveiga$ sbt -Dconfig.resource=application-1.conf "runMain
com.packt.chapter7.HelloAkkaRemoting1"
[info] Running com.packt.chapter7.HelloAkkaRemoting1
[INFO] [run-main-0] [akka.remote.Remoting] Starting remoting
[INFO] [run-main-0] [akka.remote.Remoting] Remoting started;
listening on
addresses :[akka.tcp://HelloAkkaRemoting1@127.0.0.1:2552]
[INFO] [run-main-0] [akka.remote.Remoting] Remoting now listens
on addresses:
[akka.tcp://HelloAkkaRemoting1@127.0.0.1:2552]
```

6. 다른 커맨드라인 셸에서 두 번째 앱인 HelloAkkaRemoting2을 실행한다. 이를 위해 –Dconfig.resource=application-2.conf를 사용해서 두 번째 설정인 application-2.conf를 주어야 한다.

```
hveiga$ sbt -Dconfig.resource=application-2.conf "runMain
com.packt.chapter7.HelloAkkaRemoting2"
[info] Running com.packt.chapter7.HelloAkkaRemoting2
[INFO] [akka.remote.Remoting] Starting remoting
[INFO] [akka.remote.Remoting] Remoting started; listening on
addresses:
[akka.tcp://HelloAkkaRemoting2@127.0.0.1:2553]
[INFO] [akka.remote.Remoting] Remoting now listens on addresses:
[akka.tcp://HelloAkkaRemoting2@127.0.0.1:2553]
Creating actor from HelloAkkaRemoting2
```

7. 첫 번째 커맨드라인 셸에서 다음 메시지를 보게 될 것이다.

```
I have been created at HelloAkkaRemoting1
```

이번 절에서는 액터를 원격으로 만드는 방법을 살펴봤다. 이를 위해, 두 개의 원격화 가능 액터 시스템을 만들었다. 첫 번째 것은 127.0.0.1과 2552 포트로 수신하는 원격 리스너를 설정하는 application-1.conf를 사용한다. 두 번째는 127.0.0.1로 수신하지만, 2553 포트로 수신하는 원격 리스너를 설정하는 application-2.conf를 사용한다. 양쪽이 같은 포트를 사용하도록 설정하면 충돌이 일어날 수 있으므로 불가능하다. application-2.conf 설정은 remote 필드를 akka.tcp://HelloAkkaRemoting1@127.0.0.1:2552로 설정해 simpleRemoteActor가 어디서 만들어져야 하는지를 설명한다. 이를 토대로 HelloAkkaRemoting2 앱은 HelloAkkaRemoting1 액터 시스템에 액터를 만들고 이를 표준 출력으로 인쇄한다.

다른 머신에서 원격 액터 찾기

액터가 원격 머신에서 실행 중인지를 확인할 수 있다면 유용하다. 이는 액터가 이미 존재한다면, 중복된 것을 만들지 않도록 하는데 도움이 된다. 이를 위해, ActorSelection을 사용한다.

준비하기

준비 사항은 이전과 같다. 앞 절의 SimpleActor.scala, application-1.conf, application-2.conf를 재사용한다.

예제 구현

1. com.packt.chapter7 패키지에 LookingUpRemoteApplication.scala 파일을 만든다.

2. 다음과 같이 두 앱을 추가한다. 첫 번째는 액터를 원격으로 만든다. 다른 것은 원격 액터를 찾는다.

```scala
package com.packt.chapter7
import akka.actor.{ActorRef, ActorSystem, Props}
import scala.concurrent.duration._

object LookingUpActorSelection extends App {
  val actorSystem = ActorSystem("LookingUpActors")
  implicit val dispatcher = actorSystem.dispatcher
  val selection = actorSystem.actorSelection(
    "akka.tcp://LookingUpRemoteActors@127.0.0.1:2553
      /user/remoteActor")
  selection ! "test"
  selection.resolveOne(3 seconds).onSuccess {
    case actorRef : ActorRef =>
      println("We got an ActorRef")
      actorRef ! "test"
  }
}

object LookingUpRemoteActors extends App {
  val actorSystem = ActorSystem("LookingUpRemoteActors")
  actorSystem.actorOf(Props[SimpleActor], "remoteActor")
}
```

3. application-2.conf 설정을 사용해서 LookingUpRemoteActor 앱을 실행한다. 인텔리제이나 커맨드라인에서 −Dconfig.resource=application-2.conf 플래그를 준다.

```
hveiga$ sbt -Dconfig.resource=application-2.conf "runMain
com.packt.chapter7.LookingUpRemoteActors"
[info] Running com.packt.chapter7.LookingUpRemoteActors
[INFO] [akka.remote.Remoting] Starting remoting
[INFO] [akka.remote.Remoting] Remoting started; listening on
addresses :
[akka.tcp://LookingUpRemoteActors@127.0.0.1:2553]
[INFO] [akka.remote.Remoting] Remoting now listens on addresses:
[akka.tcp://LookingUpRemoteActors@127.0.0.1:2553]
```

4. 그런 다음 다른 커맨드라인 셀에서 application-1.conf 설정을 사용해서 Looki
   ngUpActorSelection 앱을 실행한다. 인텔리제이나 커맨드라인에서 –Dconfig.
   resource=application-1.conf 플래그를 준다.

```
hveiga$ sbt -Dconfig.resource=application-1.conf "runMain
com.packt.chapter7.LookingUpActorSelection" [info] Running
com.packt.chapter7.LookingUpActorSelection
[INFO] [akka.remote.Remoting] Starting remoting
[INFO] [akka.remote.Remoting] Remoting started; listening on
addresses:
[akka.tcp://LookingUpActors@127.0.0.1:2552]
[INFO] [akka.remote.Remoting] Remoting now listens on addresses:
[akka.tcp://LookingUpActors@127.0.0.1:2552]
We got an ActorRef
```

5. 원격 액터가 실행 중인 첫 번째 셀에서 다음과 같은 선언을 보게 된다.

```
I have been created at LookingUpRemoteActors
I have been created at LookingUpRemoteActors
```

예제 분석

이번 절에서는 ActorSelection을 사용해서 원격 액터를 찾는다. 이를 시작하기 위해, remoteActor 액터를 만드는 원격 액터를 작동시킨 다음 ActorSelection에 akka.tcp://LookingUpRemoteActors@127.0.0.1:2553/user/remoteActor를 주어 원격 액터를 찾는 앱을 작동시켰다.

ActorSelection은 원하는 액터를 찾기 위해 경로 내 액터의 계층을 거친다. ActorSelection은 이전에 만든 액터가 입력된 경로에 살지 않는다면, 어떤 액터도 만들지 않는다. 액터로부터 ActorRef를 얻으려면, 액터의 실제 참조를 반환하는 resolveOne()을 호출해야 한다. 이 동작은 시간이 걸리는 동작이며, 비동기적으로 이뤄진다. 따라서 메서드가 Future[ActorRef]를 반환한다.

여기서는 onSuccess();를 사용했지만, 퓨처로부터 결과를 가져오고 액터 내 스레드를 블록하는 데 Await.result를 사용할 수도 있다. 그러나 이를 추천하지는 않는다.

원격 액터를 다른 노드에 프로그램으로 배포하기

이번 절에서는 설정에서 명시적으로 원격 액터를 정의하지 않고 프로그램으로 만드는 방법을 살펴본다.

준비하기

모든 준비 사항은 이전과 같다. 앞 절의 SimpleActor.scala, application-1.conf, application-2.conf를 재사용한다.

예제 구현

1. RemoteActorProgramatically.scala 파일을 만든다. 그 안에 ActorSystem으로 RemoteActorsProgrammatically1과 RemoteActorsProgrammatically2라는 두 개의 작은 스칼라 앱을 정의한다. 두 번째 앱에서 withDeploy 메서드로 Simple Actor 타입의 액터를 만든다.

```
package com.packt.chapter7
import akka.actor.{ActorSystem, Address, Deploy, Props}
import akka.remote.RemoteScope

object RemoteActorsProgrammatically1 extends App {
  val actorSystem =
    ActorSystem("RemoteActorsProgramatically1")
}

object RemoteActorsProgrammatically2 extends App {
  val actorSystem =
```

```
    ActorSystem("RemoteActorsProgramatically2")
  println("Creating actor from RemoteActorsProgramatically2")
  val address = Address("akka.tcp",
    "RemoteActorsProgramatically1", "127.0.0.1", 2552)
  val actor = actorSystem.actorOf(
    Props[SimpleActor].withDeploy(Deploy(scope =
      RemoteScope(address))), "remoteActor")
      actor ! "Checking"
}
```

2. application-1.conf 설정을 사용해서 RemoteActorsProgrammatically1 앱을
   실행한다. 인텔리제이나 커맨드라인에서 −Dconfig.resource=application-1.
   conf 플래그를 준다.

```
hveiga$ sbt -Dconfig.resource=application-1.conf "runMain
com.packt.chapter7.RemoteActorsProgrammatically1"
[info] Running com.packt.chapter7.RemoteActorsProgramatically1
[INFO] [akka.remote.Remoting] Starting remoting
[INFO] [akka.remote.Remoting] Remoting started; listening on
addresses:
[akka.tcp://RemoteActorsProgramatically1@127.0.0.1:2552]
[INFO] [akka.remote.Remoting] Remoting now listens on addresses:
[akka.tcp://RemoteActorsProgramatically1@127.0.0.1:2552]
```

3. 다른 커맨드라인 셸에서 원격으로 액터를 만드는 두 번째 RemoteActorsProgramm
   atically2 앱을 실행한다. 이를 위해, −Dconfig.resource=application-2.conf
   를 사용해서 두 번째 설정인 application-2.conf를 줘야 한다.

```
hveiga$ sbt -Dconfig.resource=application-2.conf "runMain
com.packt.chapter7.RemoteActorsProgrammatically2"
[info] Running com.packt.chapter7.RemoteActorsProgramatically2
[INFO] [akka.remote.Remoting] Starting remoting
[INFO] [akka.remote.Remoting] Remoting started; listening on
addresses:
[akka.tcp://RemoteActorsProgramatically2@127.0.0.1:2553]
[INFO] [run-main-0] [akka.remote.Remoting] Remoting now listens
on addresses:
[akka.tcp://RemoteActorsProgramatically2@127.0.0.1:2553]
Creating actor from RemoteActorsProgramatically2
```

4. 첫 번째 커맨드라인 셸에서 다음과 같은 메시지를 보게 된다.

```
I have been created at RemoteActorsProgramatically1
```

예제 분석

프로그램으로 원격 액터를 배포하는 것은 가능하다. 이를 달성하기 위해서는 액터를 어디에 배포할 지 지정하게 해주는 withDeploy 메서드를 사용해야 한다. Props는 액터를 만드는 계약을 정의한다는 것을 상기하라. 매번 새로운 액터의 인스턴스를 만들려 할 때마다, 액터 시스템에 Props 객체를 주어야 한다. 이는 Props 설정마다 액터를 만든다.

deploy는 액터를 배포하는 데 기본적으로 로컬스코프^{LocalScope}를 사용한다. 원격화를 사용하고 완전한 주소를 제공함으로써 액터 시스템은 어디에 액터를 만들어야 하는지 알게 된다.

원격 액터를 사용해 앱 확장하기

분산 프로그래밍의 핵심 중 하나는 앱의 성능을 수평적으로 확장할 수 있는 능력이다. 액터가 처리할 메시지를 수신하고, 이런 처리에 시간이 어느 정도 걸린다는 시나리오를 가정해보자.

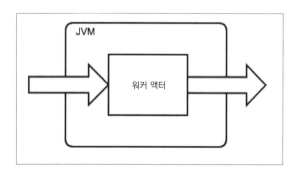

메시지의 빈도가 높아지기 시작하기 전까지는 모든 것이 예상대로 동작한다. 그 뒤 시스템의 병목지점이 액터임을 깨닫게 되고, 메시지 처리를 위해 액터의 풀을 만들기로 결정한다.

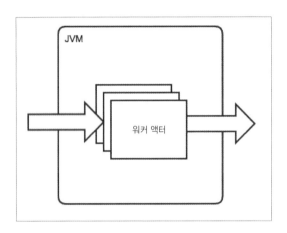

이런 해결책은 잘 동작한다. 그러나 메시지의 빈도가 계속 증가함에 따라 CPU와 메모리 사용도 늘어난다. 이를 해결하기 위해, 시스템을 수직 확장하고 더 많은 CPU와 메모리가 있는 큰 머신에서 앱을 실행하기로 결정한다.

그러나 이 시점에 CPU와 램이 또 다시 한계에 도달할 수 있다. 그러면 더 많은 하드웨어를 집어 넣는 것은 장기적인 해결책이 되지 못함을 깨닫게 된다. 따라서, 대안적인 솔루션으로 아카 원격화를 사용해서 시스템을 수평 확장하기로 결정한다. 솔루션을 마스터 노드와 처리를 하는 워커 노드를 가지도록 다시 디자인한다. 마스터 노드는 처리 작업을 워커 노드에게 보내는 책임을 맡는다. 워커 노드는 일할 준비가 됐다는 알림을 마스터에게 송신한다. 마스터 노드는 쓸 수 있는 워커 노드의 리스트를 유지하고 종료 메시지를 지켜본다. 이런 접근법은 워커 머신의 수를 유연하게 통제할 수 있도록 해준다.

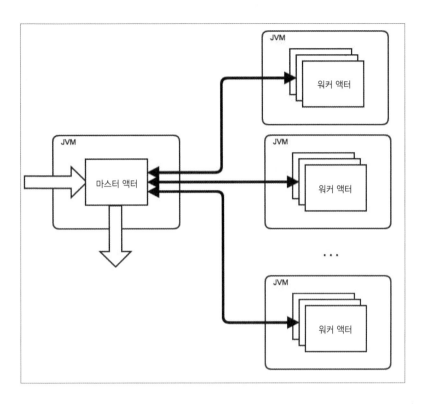

준비하기

모든 준비 사항은 이전과 같다. 이전에 다뤘던 application.conf를 재사용할 것이며, 또한 새로운 설정과 WorkerActor 클래스, MasterActor 클래스, 그리고 이들 사이에서 교환될 메시지를 정의하는 케이스 클래스를 만든다. 이들 클래스는 이전에 만들었던 것과 유사하다.

1. src/main/resources 디렉터리에 다음 내용으로 application-3.conf 파일을 새로 만든다.

```
akka {
  actor {
    provider = "akka.remote.RemoteActorRefProvider"
  }
  remote {
    enabled-transports = ["akka.remote.netty.tcp"]
    netty.tcp {
      hostname = "127.0.0.1"
      port = 2554
    }
  }
}
```

2. 작업을 수행하고 완료되면 정보를 인쇄하는 스칼라 아카 액터를 만든다. 이를 WorkerActor라 부르자. 처리 동안 소비하는 시간을 시뮬레이션하도록 Thread.sleep을 사용하라(이는 오직 테스트 목적을 위해서이며 운영 환경에서는 해서는 안 된다). 이 파일 안에, 케이스 클래스로 메시지를 정의하라.

```
package com.packt.chapter7
import akka.actor.{Actor, ActorRef}

case class Work(workId: String)
case class WorkDone(workId: String)

class WorkerActor extends Actor {
  def receive = {
    case Work(workId) =>
      Thread.sleep(3000) // 작업 소비 시간을 시뮬레이션함
      sender ! WorkDone(workId)
      println(s"Work $workId was done by worker actor")
  }
}
```

3. 작업을 수행하고 완료되면 정보를 인쇄하는 스칼라 아카 액터를 만든다. 이를 MasterActor라 부르자. 이 액터는 사용할 수 있는 액터의 리스트를 유지함은 물론 워커 액터가 중단됐는지 확인하고 필요하다면 이를 리스트에서 삭제하는 로직을 가진다.

```scala
package com.packt.chapter7
import akka.actor.{Actor, ActorRef, Terminated}
import scala.util.Random

case class RegisterWorker(workerActor: ActorRef)

class MasterActor extends Actor {
  var workers = List.empty[ActorRef]
  def receive = {
    case RegisterWorker(workerActor) =>
      context.watch(workerActor)
      workers = workerActor :: workers
    case Terminated(actorRef) =>
      println(s"Actor ${actorRef.path.address} has been
        terminated. Removing from available workers.")
      workers = workers.filterNot(_ == actorRef)
    case work: Work if workers.isEmpty =>
      println("We cannot process your work since
          there is no workers.")
    case work: Work =>
      workers(Random.nextInt(workers.size)) ! work
    case WorkDone(workId) =>
      println(s"Work with id $workId is done.")
  }
}
```

4. 두 개의 작은 스칼라 오브젝트인 ScalingOutWorker와 ScalingOutMaster와 각각 그 안에 ActorSystem을 만든다. 파일 이름은 ScalingOutApplication.scala로 하자. 워커 앱에서는, 먼저 마스터 액터 ActorRef를 찾고 10개 액터로 된 풀을 만든다. 마스터 앱에서는 서드파티로부터 작업이 들어오는 것을 시뮬레이션하기 위해 MasterActor에 작업 메시지를 송신한다.

```
package com.packt.chapter7
import akka.actor.{ActorRef, ActorSystem, Props}
import akka.routing.RoundRobinPool
import scala.concurrent.duration._

object ScalingOutWorker extends App {
  val actorSystem = ActorSystem("WorkerActorSystem")
  implicit val dispatcher = actorSystem.dispatcher
  val selection = actorSystem.actorSelection(
    "akka.tcp://MasterActorSystem@127.0.0.1:2552
    /user/masterActor")
  selection.resolveOne(3 seconds).onSuccess {
    case masterActor : ActorRef =>
      println("We got the ActorRef for the master actor")
      val pool = RoundRobinPool(10)
      val workerPool =
      actorSystem.actorOf(
        Props[WorkerActor].withRouter(pool), "workerActor")
        masterActor ! RegisterWorker(workerPool)
  }
}

object ScalingOutMaster extends App {
  val actorSystem = ActorSystem("MasterActorSystem")
  val masterActor = actorSystem.actorOf(Props[MasterActor],
    "masterActor")
  (1 to 100).foreach(i => {
    masterActor ! Work(s"$i")
    Thread.sleep(5000) // 5초마다 마스터 액터에게
        // 작업을 송신하는 것을 시뮬레이션함
  })
}
```

5. 먼저, application-1.conf를 사용해 마스터 앱을 실행한다. 인텔리제이나 커맨
   드라인에서 –Dconfig.resource=application-1.conf 플래그를 준다.

   hveiga$ sbt -Dconfig.resource=application-1.conf "runMain
   com.packt.chapter7.ScalingOutMaster"
   [info] Running com.packt.chapter7.ScalingOutMaster

```
[INFO] [akka.remote.Remoting] Starting remoting
[INFO] [akka.remote.Remoting] Remoting started; listening on
addresses:
[akka.tcp://MasterActorSystem@127.0.0.1:2552]
[INFO] [akka.remote.Remoting] Remoting now listens on addresses:
[akka.tcp://MasterActorSystem@127.0.0.1:2552]
We cannot process your work since there is no workers.
```

6. 두 번째로, application-2.conf를 사용해 워커 앱을 실행한다. 인텔리제이나 커맨드라인에서 –Dconfig.resource=application-2.conf 플래그를 준다.

```
hveiga$ sbt -Dconfig.resource=application-2.conf "runMain
com.packt.chapter7.ScalingOutWorker"
[info] Running com.packt.chapter7.ScalingOutWorker
[INFO] [akka.remote.Remoting] Starting remoting
[INFO] [akka.remote.Remoting] Remoting started; listening on
addresses:
[akka.tcp://WorkerActorSystem@127.0.0.1:2553]
[INFO] [akka.remote.Remoting] Remoting now listens on addresses:
[akka.tcp://WorkerActorSystem@127.0.0.1:2553]
We got the ActorRef for the master actor
Work 5 was done by worker actor
```

7. 세 번째로, application-3.conf를 사용해 워커 앱을 실행한다. 인텔리제이나 커맨드라인에서 –Dconfig.resource=application-3.conf 플래그를 준다.

```
hveiga$ sbt -Dconfig.resource=application-3.conf "runMain
com.packt.chapter7.ScalingOutWorker"
[info] Running com.packt.chapter7.ScalingOutWorker
[INFO] [akka.remote.Remoting] Starting remoting
[INFO] [akka.remote.Remoting] Remoting started; listening on
addresses:
[akka.tcp://WorkerActorSystem@127.0.0.1:2554]
[INFO] [run-main-0] [akka.remote.Remoting] Remoting now listens
on addresses:
[akka.tcp://WorkerActorSystem@127.0.0.1:2554]
We got the ActorRef for the master actor
Work 23 was done by worker actor
```

8. 그런 다음 두 번째 앱을 없애고 마스터노드에서의 출력을 본다.

```
Actor akka.tcp://WorkerActorSystem@127.0.0.1:2553 has been
terminated.
Removing from available workers.
```

9. 이제 다른 워커가 모든 메시지를 처리할 것이다.

```
Work with id 24 is done.
Work with id 25 is done.
Work with id 26 is done.
Work with id 27 is done.
```

예제 분석

이전 앱에서는 두 개의 액터를 만들었다.

1. MasterActor: 이 액터는 새로운 작업 메시지를 수신하며 이를 무작위 워커 액터에 송신한다. 쓸 수 있는 워커 액터가 없다면, 단순히 메시지를 버린다. 또한 워커를 등록하고 그들의 ActorRef를 리스트에 보관한다. 작업 워커 액터가 자신을 등록시키려 할 때마다 context.watch를 호출한다. 이는 중단된 워커를 리스트에서 제거하도록 terminated 메시지를 가질 수 있게 한다.

2. WorkerActor: 이 액터는 작업 메시지를 대기하며 Thread.sleep으로 처리를 시뮬레이션 한다. 이를 수행하면 WorkDone 메시지를 되돌려 송신한다.

또한 두 개의 작은 스칼라 앱이 있다.

1. ScalingOutMaster: 이 앱은 마스터 액터를 만들며 앱을 실행할 때 application-1.conf를 사용했으므로 들어오는 메시지를 2552 포트로 수신한다. 또한, MasterActor에 5초마다 작업 메시지를 송신한다.

2. ScalingOutWorker: 이 앱은 원격 마스터 액터를 찾는데 ActorSelection을 사용한다. 그다음, ActorRef를 얻어낸다. 이런 준비가 되면 10개의 워커 액터로 된

RoundRobinPoll을 만들며 MasterActor에 등록 메시지를 송신한다. MasterActor 는 등록 메시지 덕분에 이들 워커 액터의 존재를 알게 된다.

ScalingOutMaster 앱을 실행시킬 때 ScalingOutWorker 앱을 시작하기 전까지는 We cannot process your work since there is no workers(워커가 없으므로 작업을 처리할 수 없음)이란 메시지를 인쇄한다. 그 뒤 워커가 작업 메시지를 처리하고 있으므로 Work with id X is done(id X 작업이 완료됨)이란 메시지를 보게 된다.

지금까지 본 바와 같이, 앱을 수평 확장시킬 수 있도록 ScalingOutWorker 앱을 다른 노드에서(아니면 같은 머신에서 다른 포트로) 여러 번 실행할 수 있다. 예제에서는 application-2. conf와 application-3.conf를 사용해 두 번만 실행했다.

 중요 사항

운영 코드에서 Thread.sleep을 호출하는 것은 권하지 않는다. 이 호출은 스레드 중 하나를 막아서 앱의 성능을 낮춘다. 게다가, 이 아키텍처에서 MasterActor는 단일 장애 지점이다. 시스템에 단일 장애 지점이 없도록 디자인해 예상치 못한 이슈를 피하라.

원격화를 사용할 때 메시지는 직렬화하여 네트워크를 통해 송신해야 한다. 아카는 기본적으로 객체를 직렬화하는 데 자바 직렬자를 사용하며, 이는 성능이 좋지 않다. Protobuf나 Kryo와 같이 클래스를 자바의 것보다 더 짧은 시간에 더 작은 메시지로 직렬화하는 라이브러리를 찾아보는 것을 권한다.

원격화 액터를 사용해 채팅 기반 앱 만들기

서버-클라이언트 시스템은 원격 액터를 사용하는 좋은 예제다. 이번 절에서는 클라이언트가 접속한 클라이언트에게 메시지를 보내는 원격 서버에 접속하는 작은 채팅 앱을 개발한다.

준비 사항은 이전과 같다. 이전의 `application.conf`를 재사용할 것이며, 새로운 액터, 서버 액터 클래스, 클라이언트 액터 클래스, 그리고 커맨드라인에서 입력값을 다루는 클라이언트 인터페이스 액터 클래스를 만든다.

1. 시작으로, 다음 내용을 가지는 `ChatServer.scala` 파일을 만든다.

```scala
package com.packt.chapter7
import akka.actor.{Actor, ActorRef, Props, Terminated}

object ChatServer {
  case object Connect
  case object Disconnect
  case object Disconnected
  case class Message(author: ActorRef, body: String,
  creationTimestamp : Long = System.currentTimeMillis())
  def props = Props(new ChatServer())
}
class ChatServer extends Actor {
  import ChatServer._
  var onlineClients = Set.empty[ActorRef]
  def receive = {
    case Connect =>
      onlineClients += sender
      context.watch(sender)
    case Disconnect =>
      onlineClients -= sender
      context.unwatch(sender)
      sender ! Disconnected
    case Terminated(ref) =>
      onlineClients -= ref
    case msg: Message =>
      onlineClients.filter(_ != sender).foreach(_ ! msg)
```

```
    }
}
```

2. 다음 내용으로 ChatClient.scala 파일을 만든다.

```scala
package com.packt.chapter7
import akka.actor.{Actor, ActorRef, Props}
import com.packt.chapter7.ChatServer.{Connect, Disconnect,
Disconnected, Message}
import akka.pattern.ask
import akka.pattern.pipe
import scala.concurrent.duration._
import akka.util.Timeout

object ChatClient {
  def props(chatServer: ActorRef) = Props(new
    ChatClient(chatServer))
}

class ChatClient(chatServer: ActorRef) extends Actor {
  import context.dispatcher
  implicit val timeout = Timeout(5 seconds)
  override def preStart = { chatServer ! Connect }

  def receive = {
    case Disconnect =>
      (chatServer ? Disconnect).pipeTo(self)
    case Disconnected =>
      context.stop(self)
    case body : String =>
     chatServer ! Message(self, body)
    case msg : Message =>
      println(s"Message from [${msg.author}] at
        [${msg.creationTimestamp}]: ${msg.body}")
  }
}
```

3. 이제 커맨드라인에서 사용자 입력값을 읽는 헬퍼를 만들어야 한다. ChatClient Interface.scala 파일을 다음 내용으로 만든다.

```scala
package com.packt.chapter7
import akka.actor.{Actor, ActorRef, Props}
import com.packt.chapter7.ChatServer.Disconnect
import scala.io.StdIn._

object ChatClientInterface {
  case object Check
  def props(chatClient: ActorRef) = Props(new
    ChatClientInterface(chatClient))
}

class ChatClientInterface(chatClient: ActorRef)
  extends Actor {
    import ChatClientInterface._
    override def preStart() = {
      println("You are logged in. Please type and press
        enter to send messages. Type 'DISCONNECT'
        to log out.")
      self ! Check
    }

  def receive = {
    case Check =>
      readLine() match {
        case "DISCONNECT" => chatClient ! Disconnect
        println("Disconnecting...")
        context.stop(self)
        case msg =>
        chatClient ! msg
        self ! Check
      }
    }
}
```

4. 다음 내용으로 ChatApplication.scala 파일을 만든다.

```scala
package com.packt.chapter7
import akka.actor.{ActorRef, ActorSystem, Props}
import scala.concurrent.duration._

object ChatClientApplication extends App {
  val actorSystem = ActorSystem("ChatServer")
  implicit val dispatcher = actorSystem.dispatcher
  val chatServerAddress =
    "akka.tcp://ChatServer@127.0.0.1:2552/user/chatServer"
  actorSystem.actorSelection(chatServerAddress).resolveOne(3
  seconds).onSuccess {
    case chatServer : ActorRef =>
      val client = actorSystem.actorOf(
        ChatClient.props(chatServer), "chatClient")
      actorSystem.actorOf(ChatClientInterface.props(client),
        "chatClientInterface")
  }
}

object ChatServerApplication extends App {
  val actorSystem = ActorSystem("ChatServer")
  actorSystem.actorOf(ChatServer.props, "chatServer")
}
```

5. 채팅 서버를 실행하라. application-1.conf 설정을 사용해서 ChatServerApp
lication앱을실행한다. 인텔레제이나커맨드라인에서 -Dconfig.resource=appli
cation-1.conf 플래그를 준다.

```
hveiga$ sbt -Dconfig.resource=application-1.conf "runMain
com.packt.chapter7.ChatServerApplication"
[info] Running com.packt.chapter7.ChatServerApplication
[INFO] [akka.remote.Remoting] Starting remoting
[INFO] [akka.remote.Remoting] Remoting started; listening on
addresses: [akka.tcp://ChatServer@127.0.0.1:2552]
[INFO] [akka.remote.Remoting] Remoting now listens on addresses:
[akka.tcp://ChatServer@127.0.0.1:2552]
```

6. 채팅 클라이언트를 실행하라. application-2.conf 설정을 사용해서 ChatClient Application 앱을 실행한다. 인텔레제이이나 커맨드라인에서 –Dconfig.resource= application-2.conf 플래그를 준다.

```
hveiga$ sbt -Dconfig.resource=application-2.conf "runMain
com.packt.chapter7.ChatClientApplication"
[info] Running com.packt.chapter7.ChatClientApplication
[INFO] [akka.remote.Remoting] Starting remoting
[INFO] [akka.remote.Remoting] Remoting started; listening on
addresses:
[akka.tcp://ChatServer@127.0.0.1:2553]
[INFO] [run-main-0] [akka.remote.Remoting] Remoting now listens
on addresses:
[akka.tcp://ChatServer@127.0.0.1:2553]
You are logged in. Please type and press enter to send messages.
Type 'DISCONNECT' to log out.
```

7. application-3.conf를 사용해서 같은 과정으로 다른 클라이언트를 실행한다.

```
hveiga$ sbt -Dconfig.resource=application-3.conf "runMain
com.packt.chapter7.ChatClientApplication"
[info] Running com.packt.chapter7.ChatClientApplication
[INFO] [akka.remote.Remoting] Starting remoting
[INFO] [akka.remote.Remoting] Remoting started; listening on
addresses:
[akka.tcp://ChatServer@127.0.0.1:2554]
[INFO] [run-main-0] [akka.remote.Remoting] Remoting now listens
on addresses:
[akka.tcp://ChatServer@127.0.0.1:2554]
You are logged in. Please type and press enter to send messages.
Type 'DISCONNECT' to log out.
```

8. 커맨드라인 셸에서 무언가를 입력하면 다른 클라이언트에서 메시지를 볼 수 있게 된다.

```
# Output client one
Message from [Actor[akka.tcp://ChatServer@127.0.0.1:2554
/user/chatClient#1617614523]] at [1485716003725]: Hello
Hey, how are you?
```

```
# Output client two
Hello
Message from
[Actor[akka.tcp://ChatServer@127.0.0.1:2553/user/chatClient#-
757506747]] at [1485716010867]: Hey, how are you?
```

예제 분석

이번 절에서는 아카 원격화를 사용해 한 클라이언트에서 다른 클라이언트로 메시지를 송신하는 클라이언트-서버 시스템을 만드는 방법을 살펴봤다. 클라이언트가 만들어지면, 이들은 ChatServer 액터를 찾는데 ActorSelection을 사용한다. 그 뒤 사용자로부터의 커맨드라인 입력값을 처리하기 위해 ClientInterface 액터가 만들어진다. 200줄 이하의 코드로 사용 가능한 채팅방을 만들었다.

프로젝트에 아카 클러스터링 가능하게 하기

우리는 원격 액터 만들기, 찾기, 메시지 송신하기 등 원격 액터와 어떻게 상호작용하는지를 안다. 그러나 아카 원격화는 액터와 접속하려면 이들의 실제 주소를 알도록 요구한다. 아카 클러스터링은 아카 원격화의 위의 계층이며 비집중화된 장애 허용 서비스를 제공하도록 원격 액터를 관리하는 데 도움을 준다.

아카 클러스터링은 몇 가지 새로운 개념을 내놓는다.

- **노드**Node: 클러스터의 논리적 구성원이다. hostname:port:uid 튜플로 정의한다.
- **클러스터**Cluster: 멤버십 서비스에 걸쳐 같이 묶여 있는 노드의 집합이다. 아카 클러스터링은 클러스터에서 노드의 비집중화된 레지스트리를 유지하는 데 가십 프로토콜Gossip protocol을 활용한다.
- **리더**Leader: 클러스터에서 리더로써 활동하는 하나의 노드다. 리더는 통합 및 멤버십 상태 전이를 관리한다.

- **시드 노드**Seed nodes : 다른 노드가 클러스터에 합류하는 데 사용하는 노드의 집합이다.
- **장애 감지기**Failure detector : 노드가 클러스터의 다른 노드로부터 접속 불가능한지 감지하는 책임을 맞는다. 아카 클러스터는 하야시바라Hayashibara 등이 만든 파이 누적 장애 감지기Phi Accrual Failure Detector를 사용한다.
- **역할**Role : 이는 클러스터 내 서로 다른 구성원에게 역할을 주는 체계를 제공한다. 각 구성원은 0부터 n개의 역할을 할당받을 수 있다.

클러스터의 각 노드에는 생명주기가 있다.

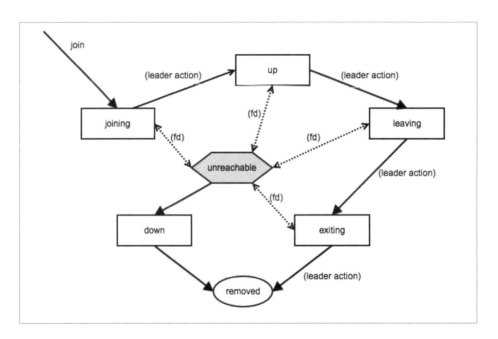

클러스터의 노드가 가질 수 있는 상태는 다음과 같다.

- **합류하기**Joining : 노드가 클러스터에 합류하려 할 때의 상태
- **업**Up : 일반적인 작동 중 상태
- **떠나기/남아있기**Leaving/Existing : 제거 과정 동안 사용되는 상태

- **다운**^{Down} : 노드가 더 이상 클러스터 의사결정의 일부가 아닌 상태
- **제거된**^{Removed} : 노드가 더 이상 클러스터의 구성원이 아닐 때의 상태

클러스터의 리더는 언제나 구성원 노드에 영향을 주고 클러스터 내 그들의 상태를 바꾸는 책임을 진다. 이들 결정은 가십 프로토콜을 통해 노드 사이에 공유된 정보에 근거하여 이뤄진다. 리더는 노드가 클러스터에 합류할 때 구성원의 **합류하기**와 **업** 상태를 예의 주시할 수 있으며, 노드가 클러스터를 떠날 때 구성원을 **나가기**에서 **제거된** 상태로 표시할 수 있다.

분산 환경에서는 네트워크 장애도 감안해야 한다. 아카 클러스터링은 접근 불가능한 노드를 감지하는 장애 감지와 이들을 자동으로 다운으로 표시하거나 심지어는 클러스터에서 제거할 수 있는 약간의 설정을 제공한다. 리더는 통합^{convergence}되어 있지 않은 경우 행동을 취할 수 없음을 주지하라. 이는 각 노드가 진행을 위해, 그리고 다른 노드가 합류하거나 제거되도록 서로의 상태에 동의해야 함을 의미한다.

아카 클러스터링은 격리된 모듈이 아니지만, 가장 일반적인 목적을 지원하기 위해 이에 관련한 작은 생태계를 가진다. 이들 모듈은 클러스터 도구, 클러스터 샤딩, 클러스터 지표, 클러스터 HTTP 관리, 클러스터 클라이언트 등이다. 이후 절에서 이들 중 일부를 자세히 살펴본다.

준비하기

이 절을 진행하려면 Hello-Akka 프로젝트를 불러와야 한다. 그 밖의 모든 준비 사항은 이전과 같다. 이번에는 클러스터링을 위해 필요한 의존성을 가져올 것이다.

예제 구현

이 절을 위해서는 다음 단계를 수행해야 한다.

1. 시작을 위해 필요한 의존성을 가져온다.
2. build.sbt 파일을 수정해 다음과 같이 아카 클러스터 의존성을 추가한다.

   ```
   libraryDependencies += "com.typesafe.akka" %
   "akka-cluster_2.11" % "2.4.17"
   ```

   그 뒤 중앙 저장소에서 의존성을 가져오도록 sbt update를 실행한다.
3. src/main/resources에 application-cluster.conf를 만든다.
4. 다음 설정 매개변수를 추가한다.

   ```
   akka {
     actor {
       provider = "akka.cluster.ClusterActorRefProvider"
     }
     remote {
       enabled-transports = ["akka.remote.netty.tcp"]
       netty.tcp {
         hostname = "127.0.0.1"
         port = 2552
       }
     }
     cluster {
       seed-nodes = [
         "akka.tcp://ClusterSystem@127.0.0.1:2552",
         "akka.tcp://ClusterSystem@127.0.0.1:2553"]
     }
   }
   ```

예제 분석

이번 절에서는 아카 클러스터링을 사용하기 위해 필요한 의존성을 포함시켰으며 이를 가능하게 하는 설정을 만들었다. 이제부터는 akka.cluster.ClusterActorRefProvider를 액터 공급자로 사용한다. 이 설정은 클러스터 합류를 위한 시드 노드를 지정한다. 원격 호스트 이름과 포트를 각각 127.0.0.1과 2552로 정의했으므로, 이 설정으로 실행되는 노드는 akka.tcp://ClusterSystem@127.0.0.1:2552 덕분에 시드 노드가 된다.

클러스터에서 분산된 게시/구독 사용하기

아카 클러스터링은 액터를 배포하는 데 장애를 허용하는 비집중화된 서비스를 제공한다. 그러나 액터가 서로 간의 상호작용이 가능하도록 어떤 노드에 살고 있는지 미리 알 필요가 있다. 이를 달성하는 데 도움이 되는 모듈은 분산된 게시/구독^{Distributed Publish-Subscribe} 모듈이다. 이 모듈은 클러스터에 표준 게시/구독 패턴의 개념을 가져다 준다.

이 패턴은 클러스터에 걸쳐 액터들에 대해 최종적으로는 일관적인 레지스트리를 유지하는 매개자^{meditator} 액터를 제공한다. 이는 어떤 노드의 어떤 액터든 어떤 다른 노드에 등록된 액터에게 메시지를 송신하게 해준다. 게다가, 액터를 주제^{topic}에 등록시킬 수 있다. 액터가 주제를 게시하면, 모든 구독자가 메시지의 복사본을 얻는다.

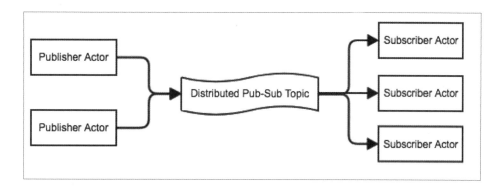

준비하기

이 절을 위해서는 같은 머신에서 실행 중인 노드의 클러스터를 준비한다. 여기서는 두 개의 application.conf 파일로 지정된 두 개의 포트를 사용한다. 각 노드에 알림 게시자와 알림 구독자를 가지는 앱을 실행한다.

1. 시작으로 필요한 의존성을 가져온다.

2. build.sbt 파일을 수정해 다음과 같이 아카 원격화 의존성을 추가한다.

```
libraryDependencies += "com.typesafe.akka" %
"akka-cluster-tools_2.11" % "2.4.17"
```

그 뒤 중앙 저장소에서 의존성을 가져오도록 sbt update를 실행한다.

3. src/main/resources 디렉터리에 다음과 같은 내용으로 application-cluster -1.conf 파일을 새로 만든다.

```
akka {
  actor {
    provider = "akka.cluster.ClusterActorRefProvider"
  }
  remote {
    log-remote-lifecycle-events = off
    enabled-transports = ["akka.remote.netty.tcp"]
    netty.tcp {
      hostname = "127.0.0.1"
      port = 2552
    }
  }
  cluster {
    seed-nodes = [
      "akka.tcp://ClusterSystem@127.0.0.1:2552",
      "akka.tcp://ClusterSystem@127.0.0.1:2553"
    ]
  }
}
```

4. src/main/resources 디렉터리에 다음과 같은 내용으로 application-cluster -2.conf 파일을 새로 만든다.

```
akka {
  actor {
    provider = "akka.cluster.ClusterActorRefProvider"
```

```
    }
    remote {
      log-remote-lifecycle-events = off
      enabled-transports = ["akka.remote.netty.tcp"]
      netty.tcp {
        hostname = "127.0.0.1"
        port = 2553
      }
    }
    cluster {
      seed-nodes = [
        "akka.tcp://ClusterSystem@127.0.0.1:2552",
        "akka.tcp://ClusterSystem@127.0.0.1:2553"
      ]
    }
  }
```

5. NotificationPublisher를 코딩한다. com.packt.chapter7 패키지에 다음 내용
   으로 NotificationPublisher.scala 파일을 만든다.

```
package com.packt.chapter7
import akka.actor.Actor
import akka.cluster.pubsub.DistributedPubSub
import akka.cluster.pubsub.DistributedPubSubMediator.Publish

class NotificationPublisher extends Actor {
  val mediator =
    DistributedPubSub(context.system).mediator
  def receive = {
    case notification: Notification =>
      mediator ! Publish("notification", notification)
  }
}
```

6. NotificationSubscriber를 코딩한다. com.packt.chapter7 패키지에 다음 내용
   으로 NotificationSubscriber.scala 파일을 만든다.

```
package com.packt.chapter7
import akka.actor.Actor
```

```
import akka.cluster.Cluster
import akka.cluster.pubsub.DistributedPubSub
import akka.cluster.pubsub.DistributedPubSubMediator.
  {Subscribe, SubscribeAck}

case class Notification(title: String, body: String)

class NotificationSubscriber extends Actor {
  val mediator = DistributedPubSub(context.system).mediator
  mediator ! Subscribe("notification", self)
  val cluster = Cluster(context.system)
  val clusterAddress = cluster.selfUniqueAddress

def receive = {
  case notification: Notification =>
    println(s"Got notification in node $clusterAddress =>
      $notification")
  case SubscribeAck(Subscribe("notification",
    None, `self`)) ⇒ println("subscribing");
  }
}
```

7. 다음 내용으로 DistributedPubSubApplication.scala 파일을 만든다.

```
package com.packt.chapter7
import akka.actor.{ActorSystem, Props}
import akka.cluster.Cluster
import scala.concurrent.duration._
import scala.util.Random

object DistributedPubSubApplication extends App {
  val actorSystem = ActorSystem("ClusterSystem")
  val cluster = Cluster(actorSystem)
  val notificationSubscriber =
    actorSystem.actorOf(Props[NotificationSubscriber])
  val notificationPublisher =
    actorSystem.actorOf(Props[NotificationPublisher])
  val clusterAddress = cluster.selfUniqueAddress
  val notification = Notification(s"Sent from
```

```
    $clusterAddress", "Test!")
  import actorSystem.dispatcher
  actorSystem.scheduler.schedule(Random.nextInt(5) seconds,
  5 seconds, notificationPublisher, notification)
}
```

8. 코드 전체가 준비되면 앱을 실행한다. 먼저, DistributedPubSubApplication 앱
   을 application-cluster-1.conf 설정으로 실행한다. 인텔리제이나 커맨드라인
   에서 –Dconfig.resource=application-cluster-1.conf 플래그를 넘긴다.

```
hveiga$ sbt -Dconfig.resource=application-cluster-1.conf "runMain
com.packt.chapter7.DistributedPubSubApplication"
[info] Running com.packt.chapter7.DistributedPubSubApplication
[INFO] [akka.remote.Remoting] Starting remoting
[INFO] [akka.remote.Remoting] Remoting started; listening on
addresses:
[akka.tcp://ClusterSystem@127.0.0.1:2552]
[INFO] [akka.cluster.Cluster(akka://ClusterSystem)] Cluster Node
[akka.tcp://ClusterSystem@127.0.0.1:2552] - Starting up...
[INFO] [akka.cluster.Cluster(akka://ClusterSystem)] Cluster Node
[akka.tcp://ClusterSystem@127.0.0.1:2552] - Registered cluster
JMX MBean
[akka:type=Cluster]
[INFO] [akka.cluster.Cluster(akka://ClusterSystem)] Cluster Node
[akka.tcp://ClusterSystem@127.0.0.1:2552] - Node
[akka.tcp://ClusterSystem@127.0.0.1:2552] is JOINING, roles []
[INFO] [akka.cluster.Cluster(akka://ClusterSystem)] Cluster Node
[akka.tcp://ClusterSystem@127.0.0.1:2552] - Leader is moving node
[akka.tcp://ClusterSystem@127.0.0.1:2552] to [Up]
Got notification in node UniqueAddress(
akka.tcp://ClusterSystem@127.0.0.1:2552,-1403384901) =>
Notification(Sent from UniqueAddress(
akka.tcp://ClusterSystem@127.0.0.1:2552,-1403384901),Test!)
Got notification in node UniqueAddress(
akka.tcp://ClusterSystem@127.0.0.1:2552,-1403384901) =>
Notification(Sent from UniqueAddress(
akka.tcp://ClusterSystem@127.0.0.1:2552,-1403384901),Test!)
```

9. 그런 다음 DistributedPubSubApplication 앱을 application-cluster-2.conf
   설정으로 실행한다. 인텔리제이나 커맨드라인에서 –Dconfig.resource=appli
   cation-cluster-2.conf 플래그를 넘긴다.

```
hveiga$ sbt -Dconfig.resource=application-cluster-2.conf "runMain
com.packt.chapter7.DistributedPubSubApplication"
[info] Running com.packt.chapter7.DistributedPubSubApplication
[INFO] [akka.remote.Remoting] Starting remoting
[INFO] [akka.remote.Remoting] Remoting started; listening on
addresses:
[akka.tcp://ClusterSystem@127.0.0.1:2553]
[INFO] [akka.cluster.Cluster(akka://ClusterSystem)] Cluster Node
[akka.tcp://ClusterSystem@127.0.0.1:2553] - Starting up...
[INFO] [akka.cluster.Cluster(akka://ClusterSystem)] Cluster Node
[akka.tcp://ClusterSystem@127.0.0.1:2553] - Registered cluster
JMX MBean
[akka:type=Cluster]
[INFO] [akka.cluster.Cluster(akka://ClusterSystem)] Cluster Node
[akka.tcp://ClusterSystem@127.0.0.1:2553] - Started up
successfully
[INFO] [akka.cluster.Cluster(akka://ClusterSystem)] Cluster Node
[akka.tcp://ClusterSystem@127.0.0.1:2553] - Welcome from
[akka.tcp://ClusterSystem@127.0.0.1:2552]
Got notification in node UniqueAddress(
akka.tcp://ClusterSystem@127.0.0.1:2553,-1370252985) =>
Notification(Sent from UniqueAddress(
akka.tcp://ClusterSystem@127.0.0.1:2553,-1370252985),Test!)
```

10. 두 앱을 모두 실행시키면 메시지가 게시되고 양쪽 커맨드라인의 노드가 이를 수
    신하는 것을 볼 수 있다.

```
# 2552 포트에서 실행 중인 노드
Got notification in node UniqueAddress(
akka.tcp://ClusterSystem@127.0.0.1:2552,-1403384901) =>
Notification(Sent from UniqueAddress(
akka.tcp://ClusterSystem@127.0.0.1:2553,-1370252985),Test!)
Got notification in node UniqueAddress(
akka.tcp://ClusterSystem@127.0.0.1:2552,-1403384901) =>
```

```
Notification(Sent from UniqueAddress(
akka.tcp://ClusterSystem@127.0.0.1:2552,-1403384901),Test!)
# 2553 포트에서 실행 중인 노드
Got notification in node UniqueAddress(
akka.tcp://ClusterSystem@127.0.0.1:2553,-1370252985) =>
Notification(Sent from UniqueAddress(
akka.tcp://ClusterSystem@127.0.0.1:2552,-1403384901),Test!)
Got notification in node UniqueAddress(
akka.tcp://ClusterSystem@127.0.0.1:2553,-1370252985) =>
Notification(Sent from UniqueAddress(
akka.tcp://ClusterSystem@127.0.0.1:2553,-1370252985),Test!)
```

예제 분석

이전 앱에서는 두 개의 구성원으로 구성된, 하나는 2552 포트에서 실행 중이며(application-cluster-1.conf를 사용해서) 다른 하나는 2553 포트에서 실행 중인(application-cluster-2.conf를 사용해서) 간단한 클러스터를 만들었다.

이 액터 시스템은 두 액터로 구성되어 있다.

- NotificationSubscriber: 매개자에게 구독 메시지를 송신해 notification이란 주제를 자기 스스로 구독하는 액터다. 매개자 액터에게는 DistributedPubSub 확장을 통해 접속한다. 구독이 준비되면 SubscribeAck 메시지를 송신한다. 그때부터 notification 주제로 게시된 모든 메시지를 액터가 수신하게 된다.
- NotificationPublisher: 이 액터는 DistributedPubSub 확장을 통해 매개자의 참조를 얻는다. 액터가 Notification 타입의 메시지를 수신할 때마다 매개자에게 Publish 메시지를 송신하여 notification 주제로 게시한다.

이 앱은 또한 메시지가 어디로부터 오는지 알 수 있도록 5초마다 Sent from [cluster Address] 제목으로 안내 메시지를 보내도록 스케줄된다.

첫 번째 앱을 실행하면, 클러스터가 시작되고 노드가 합류하기에서 업 상태로 옮겨짐을 볼 수 있다.

```
Cluster Node [akka.tcp://ClusterSystem@127.0.0.1:2552] - Node
[akka.tcp://ClusterSystem@127.0.0.1:2552] is JOINING, roles []
Cluster Node [akka.tcp://ClusterSystem@127.0.0.1:2552] - Leader is
moving node [akka.tcp://ClusterSystem@127.0.0.1:2552] to [Up]
```

그런 다음 두 번째 앱을 시작시킨다.

```
Cluster Node [akka.tcp://ClusterSystem@127.0.0.1:2552] - Node
[akka.tcp://ClusterSystem@127.0.0.1:2553] is JOINING, roles []
Cluster Node [akka.tcp://ClusterSystem@127.0.0.1:2552] - Leader is moving
node [akka.tcp://ClusterSystem@127.0.0.1:2553] to [Up]
Cluster Node [akka.tcp://ClusterSystem@127.0.0.1:2553] - Welcome from
[akka.tcp://ClusterSystem@127.0.0.1:2552]
```

분산된 게시/구독은 Put, Send, Remove 메시지를 사용해서 지점간point-to-point 방식으로 매개자에게 메시지를 송신할 수 있게 해준다.

클러스터 샤딩

아카 클러스터 샤딩sharding은 액터를 복수의 클러스터 노드에 걸쳐 자동으로 배포해주는 지원 모듈이다. 이들 액터는 식별자를 가지며 주로 개체entity라 알려져 있다. 각 액터 개체는 하나의 위치에서만 실행되며, ClusterSharding 확장을 통해 이들과 상호작용할 수 있다. 샤드는 EntityId를 통해 함께 관리되는 개체 그룹이다.

클러스터 샤딩은 메시지를 원하는 목적지로 라우팅하는 것을 맡으므로, 액터가 어디서 실행 중인지 알 필요가 없다. 액터 정보를 저장하는 데는 지속성 저장소가 필요하다. 아카 2.5.0에서부터 기본인 분산 데이터 저장소를 사용하도록 앱을 설정할 것이다. 다음 절에서는 분산 데이터를 좀 더 자세히 배운다.

클러스터 샤딩은 상태의 크기가 단일 머신의 메모리에 맞지 않는 스테이트풀 액터가 있을 때 쓰인다. 클러스터 샤딩 덕분에 앱을 단일 머신을 넘어서 쉽게 확장할 수 있다.

이번 절에서는 도시로부터 현재 온도 데이터를 수신하는 다음과 같은 시나리오에서 이런 특성을 시험한다. 어느 시점에는 앱을 글로벌적으로 확장하기로 결정하지만, 데이터가 단일 머신에 맞지 않는다. 따라서 클러스터 샤딩을 사용해 확장한다.

준비하기

이 절을 위해서는 같은 머신에서 실행되는 두 노드의 클러스터를 준비한다. 여기에서는 두 개의 서로 다른 application.conf 파일로 지정된 서로 다른 포트를 사용한다.

예제 구현

1. 필요한 의존성을 가져오며 시작한다.
2. build.sbt 파일을 수정해 다음과 같이 아카 샤딩 및 분산 데이터 의존성을 추가한다.

```
libraryDependencies += "com.typesafe.akka" %
"akka-cluster-sharding_2.11" % "2.4.17"
libraryDependencies += "com.typesafe.akka" %
"akka-distributed-data-experimental_2.11" % "2.4.17"
```

그 뒤 중앙 저장소에서 의존성을 가져오도록 sbt update를 실행한다.

3. src/main/resources 디렉터리에 다음 내용으로 application-cluster-sharding-1.conf 파일을 만든다.

```
akka {
  actor {
    provider = "akka.cluster.ClusterActorRefProvider"
  }
  remote {
    log-remote-lifecycle-events = off
```

```
      enabled-transports = ["akka.remote.netty.tcp"]
      netty.tcp {
        hostname = "127.0.0.1"
        port = 2552
      }
    }
    cluster {
      seed-nodes = [
        "akka.tcp://ClusterSystem@127.0.0.1:2552",
        "akka.tcp://ClusterSystem@127.0.0.1:2553"
      ]
      sharding.state-store-mode = ddata
    }
  }
```

4. src/main/resources 디렉터리에 다음 내용으로 application-cluster-shard
   ing-2.conf 파일을 만든다.

```
akka {
  actor {
    provider = "akka.cluster.ClusterActorRefProvider"
  }
  remote {
    log-remote-lifecycle-events = off
    enabled-transports = ["akka.remote.netty.tcp"]
    netty.tcp {
      hostname = "127.0.0.1"
      port = 2553
    }
  }
  cluster {
    seed-nodes = [
      "akka.tcp://ClusterSystem@127.0.0.1:2552",
      "akka.tcp://ClusterSystem@127.0.0.1:2553"
    ]
    sharding.state-store-mode = ddata
  }
}
```

5. TemperatureActor를 코딩하기 시작한다. com.packt.chapter7 패키지에 다음 내용으로 TemperatureActor.scala 파일을 만든다.

```scala
package com.packt.chapter7
import akka.actor.{Actor, PoisonPill, ReceiveTimeout}
import akka.cluster.Cluster
import akka.cluster.sharding.ShardRegion
import akka.cluster.sharding.ShardRegion.Passivate
import scala.concurrent.duration._

object TemperatureActor {
  case class Location(
    country: String, city: String) {
      override def toString = s"$country-$city" }
  case class UpdateTemperature(location: Location,
    currentTemp: Double)
  case class GetCurrentTemperature(location: Location)

  val extractEntityId: ShardRegion.ExtractEntityId = {
    case msg@UpdateTemperature(location, _) ⇒
      (s"$location", msg)
    case msg@GetCurrentTemperature(location) ⇒
      (s"$location", msg)
  }
  val numberOfShards = 100
  val extractShardId: ShardRegion.ExtractShardId = {
    case UpdateTemperature(location, _) ⇒
      (s"$location".hashCode % numberOfShards).toString
    case GetCurrentTemperature(location) ⇒
      (s"$location".hashCode % numberOfShards).toString
  }
  val shardName = "Temperature"
}

class TemperatureActor extends Actor {
  import TemperatureActor._
  var temperatureMap = Map.empty[Location, Double]
  override def preStart() = {
    println(s"I have been created at
```

```
          ${Cluster(context.system).selfUniqueAddress}")
    }
    def receive = {
      case update @ UpdateTemperature(location, temp) =>
        temperatureMap += (location -> temp)
        println(s"Temp updated: $location")
    case GetCurrentTemperature(location) =>
      sender ! temperatureMap(location)
    }
  }
```

6. 다음 내용으로 ClusterShardingApplication.scala 파일을 만든다.

```
package com.packt.chapter7
import akka.actor.{ActorRef, ActorSystem, Props}
import akka.cluster.sharding.{ClusterSharding,
ClusterShardingSettings}
import com.packt.chapter7.TemperatureActor.{
GetCurrentTemperature, Location, UpdateTemperature}
import akka.pattern.ask
import akka.util.Timeout
import scala.concurrent.duration._

object ClusterShardingApplication extends App {
  val actorSystem = ActorSystem("ClusterSystem")
  import actorSystem.dispatcher
  val temperatureActor: ActorRef =
    ClusterSharding(actorSystem).start(
      typeName = TemperatureActor.shardName,
      entityProps = Props[TemperatureActor],
      settings = ClusterShardingSettings(actorSystem),
      extractEntityId = TemperatureActor.extractEntityId,
      extractShardId = TemperatureActor.extractShardId)
  // 일정 시간이 지났음을 시뮬레이션하자. 운영에서는 Thread.sleep을 절대 사용해서는 안 된다!
    Thread.sleep(30000)
  val locations = Vector(Location("USA","Chicago"),
    Location("ESP", "Madrid"),Location("FIN", "Helsinki"))
  temperatureActor ! UpdateTemperature(locations(0), 1.0)
  temperatureActor ! UpdateTemperature(locations(1), 20.0)
```

```scala
temperatureActor ! UpdateTemperature(locations(2), -10.0)

implicit val timeout = Timeout(5 seconds)
locations.foreach {
  case location =>
    (temperatureActor ?
      GetCurrentTemperature(location)).onSuccess {
        case x: Double =>
          println(s"Current temperature in $location is $x")
      }
}
}
```

7. 전체 코드가 준비되면 앱을 실행한다. 먼저, ClusterShardingApplication 앱을 application-cluster-sharding-1.conf 설정으로 실행한다. 인텔리제이나 커맨 드라인에서 –Dconfig.resource=application- cluster-sharding-1.conf 플래 그를 넘긴다.

```
hveiga$ sbt -Dconfig.resource=application-cluster-sharding-1.conf
"runMain
com.packt.chapter7.ClusterShardingApplication"
[info] Running com.packt.chapter7.ClusterShardingApplication
[INFO] [akka.remote.Remoting] Starting remoting
[INFO] [akka.remote.Remoting] Remoting started; listening on
addresses:
[akka.tcp://ClusterSystem@127.0.0.1:2552]
[INFO] [akka.cluster.Cluster(akka://ClusterSystem)] Cluster Node
[akka.tcp://ClusterSystem@127.0.0.1:2552] - Starting up...
[INFO] [akka.cluster.Cluster(akka://ClusterSystem)] Cluster Node
[akka.tcp://ClusterSystem@127.0.0.1:2552] - Registered cluster
JMX MBean
[akka:type=Cluster]
[INFO] [akka.cluster.Cluster(akka://ClusterSystem)] Cluster Node
[akka.tcp://ClusterSystem@127.0.0.1:2552] - Started up
successfully
[INFO] [akka.cluster.Cluster(akka://ClusterSystem)] Cluster Node
[akka.tcp://ClusterSystem@127.0.0.1:2552] - Node
[akka.tcp://ClusterSystem@127.0.0.1:2552] is JOINING, roles []
```

```
[INFO] [akka.cluster.Cluster(akka://ClusterSystem)] Cluster Node
[akka.tcp://ClusterSystem@127.0.0.1:2552] - Leader is moving node
[akka.tcp://ClusterSystem@127.0.0.1:2552] to [Up]
[INFO] [akka.tcp://ClusterSystem@127.0.0.1:2552/system/sharding
/TemperatureCoordinator] Singleton manager starting singleton
actor
[akka://ClusterSystem/system/sharding/TemperatureCoordinator
/singleton]
[INFO] [akka.tcp://ClusterSystem@127.0.0.1:2552/system/sharding
/TemperatureCoordinator] ClusterSingletonManager state change
[Start -> Oldest]
```

8. 그런 다음 같은 앱을 application-cluster-sharding-2.conf 설정으로 실행한
   다. 인텔리제이나 커맨드라인에서 –Dconfig.resource=application-cluster-
   sharding-2.conf 플래그를 넘긴다.

```
hveiga$ sbt -Dconfig.resource=application-cluster-sharding-2.conf
"runMain
com.packt.chapter7.ClusterShardingApplication"
[info] Running com.packt.chapter7.ClusterShardingApplication
[INFO] [akka.remote.Remoting] Starting remoting
[INFO] [akka.remote.Remoting] Remoting started; listening on
addresses:
[akka.tcp://ClusterSystem@127.0.0.1:2553]
[INFO] [akka.cluster.Cluster(akka://ClusterSystem)] Cluster Node
[akka.tcp://ClusterSystem@127.0.0.1:2553] - Starting up...
[INFO] [akka.cluster.Cluster(akka://ClusterSystem)] Cluster Node
[akka.tcp://ClusterSystem@127.0.0.1:2553] - Registered cluster
JMX MBean
[akka:type=Cluster]
[INFO] [akka.cluster.Cluster(akka://ClusterSystem)] Cluster Node
[akka.tcp://ClusterSystem@127.0.0.1:2553] - Started up
successfully
[INFO] [akka.cluster.Cluster(akka://ClusterSystem)] Cluster Node
[akka.tcp://ClusterSystem@127.0.0.1:2553] - Welcome from
[akka.tcp://ClusterSystem@127.0.0.1:2552]
[INFO] [akka.tcp://ClusterSystem@127.0.0.1:2553/system/sharding
/TemperatureCoordinator] ClusterSingletonManager state change
[Start -> Younger]
```

9. 몇 초가 지나면(이런 목적으로 Thread.sleep()을 설정했다), 양쪽 커맨드라인 셸에서 다음 메시지를 보게 된다.

```
I have been created at
UniqueAddress(akka.tcp://ClusterSystem@127.0.0.1:2552,917600962)
Temp updated: USA-Chicago
I have been created at
UniqueAddress(akka.tcp://ClusterSystem@127.0.0.1:2552,917600962)
Temp updated: FIN-Helsinki
I have been created at
UniqueAddress(akka.tcp://ClusterSystem@127.0.0.1:2553,1986921980)
Temp updated: ESP-Madrid
```

10. 마지막으로, 다음과 같이 도시에 현재 온도를 요청하는 메시지를 보게 된다. 그리고 실행한 각 앱에 이 정보를 요청했으므로 양쪽 커맨드라인 셸에서 이들 메시지를 보게 된다.

```
Current temperature in USA-Chicago is 1.0
Current temperature in ESP-Madrid is 20.0
Current temperature in FIN-Helsinki is -10.0
```

예제 분석

이번 절에서는 클러스터 샤딩이 어떻게 앱 확장에 도움이 될 수 있는지 이해했다. 먼저, 단순히 주어진 위치의 온도 정보를 가지는 TemperatureActor 클래스를 정의했다. 그런 다음 ClusterSharding 확장을 통해 액터를 만들었다. 액터를 위한 샤딩을 정의할 때, 다음을 주어야 한다.

- Type name: 개체 이름을 정의한다.
- Props: 만들고자 하는 액터의 prop 객체를 참조한다.
- Settings: 샤딩 설정을 참조한다. 예를 들면 서로 다른 노드에서 서로 다른 샤드를 그들의 역할에 따라 실행하는 것과 같이 샤딩을 추가로 설정할 수 있도록 해준다.

- ExtractEntityId: 개체를 정의하는 앱 특정 함수다. 예제의 경우 Country-City 이다.
- ExtractShardId: 샤드를 정의하는 앱 특정 함수다. 일반적으로 클러스터 노드에 걸쳐 균일하게 액터를 분산하는(그리고 따라서, 이들 액터로 가는 데이터도) 복수의 샤 드를 원할 수도 있을 것이다.

여기서 볼 수 있듯이, 앱을 실행할 때 온도 액터가 미리 정의하지 않은 노드에 만들어진다. 또한, 어떤 클러스터 노드로부터든 ClusterSharding 확장을 통해 이들 액터에 매끄럽게 접속할 수 있다. 이는 간단한 작업을 확장시켜준다.

아카 클러스터 내 노드 사이에서 데이터 공유하기

아카 클러스터를 통해 해낼 수 있는 또 다른 재미있는 작업은 모든 노드 사이에서 분산된 데이터를 가지는 것이다. 분산 데이터 모듈은 최종적으로는 일관적인 데이터 구조를 가지도록 **충돌 방지 복제 데이터 타입**CRDT, Conflict-Free Replicated Data Types을 사용할 수 있게 해준다. CRDT는 어느 노드에서든 조정 없이 업데이트를 실행하는 것을 허용한다. 알고리즘은 업데이트 충돌의 경우 문제를 해결하는 데 단조 병합 함수monotonic merge function를 사용한다.

이런 데이터는 복제를 통해 클러스터 노드에 걸쳐 나눠지며, 데이터 구조의 모든 업데이트는 가십 프로토콜을 통해 알려진다. 가십을 사용한다는 아이디어의 배경은 모든 구성원이 주어진 데이터 구조 상태를 일치시키고 결정해야 한다는 것이다. 기본적으로, 아카 분산 데이터 모듈은 다음과 같은 데이터 구조를 제공하지만, 자신만의 사용자 정의 ReplicatedData 타입을 만들 수도 있다.

- Counters: GCounter와 PNCounter
- Sets: GSet와 ORSet
- Maps: ORMap, ORMultiMap, LWWMap, PNCounterMap
- Registers: LWWRegister와 Flag

모든 노드 안에서 구독^{subscription} 집합의 복제를 가지는 것이 좋은 예제가 될 수 있다. 이는 헤젤캐스트^{Hazelcast} 같은 도구를 이용할 수도 있지만 작업을 위해 **ORSet**과 분산 데이터를 사용할 것이다.

 중요 사항

아카 2.4.X까지는 실험적인 모듈이므로, 새로운 릴리스에서는 몇 가지 API가 바뀔 수도 있다. 데이터 구조는 최종적으로는(eventually) 일관적이다. 데이터 구조를 읽을 때 오래된 값을 반환할 수도 있음을 뜻한다.

준비하기

이 절을 위해서는 같은 머신에서 실행 중인 노드의 클러스터를 준비한다. 이를 위해, 두 개의 application.conf 파일로 지정된 두 개의 포트를 사용한다. 특히, 앞 절의 application-cluster-1.conf와 application-cluster-2.conf를 재사용한다.

예제 구현

1. 필요한 의존성을 가져오면서 시작한다.
2. build.sbt 파일을 수정해 다음과 같이 아카 분산 데이터 의존성을 추가한다.

   ```
   libraryDependencies += "com.typesafe.akka" %
   "akka-distributed-data-experimental_2.11" % "2.4.17"
   ```

   그 뒤 중앙 저장소로부터 의존성을 가져오도록 sbt update를 실행한다.
3. SubscriptionManager를 코딩하기 시작한다. com.packt.chapter7 패키지에 다음과 같은 내용으로 SubscriptionManager.scala 파일을 만든다.

   ```scala
   package com.packt.chapter7
   import akka.actor.{Actor, ActorRef, Props}
   import akka.cluster.Cluster
   ```

```scala
import akka.cluster.ddata._
import akka.cluster.ddata.Replicator._

object SubscriptionManager {
  case class Subscription(id: Int, origin: String,
    creationTimestamp: Long)
  case class AddSubscription(subscription: Subscription)
  case class RemoveSubscription(subscription: Subscription)
  case class GetSubscriptions(consistency: ReadConsistency)

  trait GetSubscriptionsResult
  case class GetSubscriptionsSuccess(subscriptions:
    Set[Subscription]) extends GetSubscriptionsResult
  case object GetSubscriptionsFailure extends
    GetSubscriptionsResult
  def props = Props(new SubscriptionManager())
  val subscriptionKey = "subscription_key"
}

class SubscriptionManager extends Actor {
  import SubscriptionManager._
  val replicator = DistributedData(context.system).replicator
  implicit val node = Cluster(context.system)
  private val DataKey = ORSetKey[Subscription]
    (subscriptionKey)
  replicator ! Subscribe(DataKey, self)

  def receive = {
    case AddSubscription(subscription) =>
      println(s"Adding: $subscription")
      replicator ! Update(DataKey, ORSet.empty[Subscription],
        WriteLocal)(_ + subscription)
    case RemoveSubscription(subscription) =>
      println(s"Removing $subscription")
      replicator ! Update(DataKey, ORSet.empty[Subscription],
        WriteLocal)(_ - subscription)
    case GetSubscriptions(consistency) =>
      replicator ! Get(DataKey, consistency, request =
        Some(sender()))
```

```
      case g @ GetSuccess(DataKey, Some(replyTo: ActorRef)) =>
        val value = g.get(DataKey).elements
        replyTo ! GetSubscriptionsSuccess(value)
      case GetFailure(DataKey, Some(replyTo: ActorRef)) =>
        replyTo ! GetSubscriptionsFailure
      case _: UpdateResponse[_] => // ignore
      case c @ Changed(DataKey) =>
        val data = c.get(DataKey)
        println(s"Current elements: ${data.elements}")
    }
  }
```

4. 다음 내용으로 DistributedDataApplication.scala 파일을 만든다.

```
package com.packt.chapter7
import akka.actor.ActorSystem
import akka.cluster.Cluster
import akka.cluster.ddata.Replicator.{ReadFrom, ReadMajority}
import akka.pattern.ask
import akka.util.Timeout
import com.packt.chapter7.SubscriptionManager._
import scala.concurrent.Await
import scala.concurrent.duration._
import scala.util.Random

object DistributedDataApplication extends App {
  val actorSystem = ActorSystem("ClusterSystem")
  Cluster(actorSystem).registerOnMemberUp {
    val subscriptionManager =
      actorSystem.actorOf(SubscriptionManager.props)
    val subscription = Subscription(Random.nextInt(3),
  Cluster(actorSystem).selfUniqueAddress.toString,
    System.currentTimeMillis())
  subscriptionManager ! AddSubscription(subscription)
  //Let's simulate some time has passed.
  Never use Thread.sleep in production!
  Thread.sleep(10000)
  implicit val timeout = Timeout(5 seconds)
  val readMajority = ReadMajority(timeout = 5.seconds)
```

```
val readFrom = ReadFrom(n = 2, timeout = 5.second)
Await.result(subscriptionManager ?
  GetSubscriptions(readMajority),
  5 seconds) match {
    case GetSubscriptionsSuccess(subscriptions) =>
    println(s"The current set of subscriptions is
      $subscriptions")
    case GetSubscriptionsFailure =>
    println(s"Subscription manager was not able to get
    subscriptions successfully.")
}
subscriptionManager ! RemoveSubscription(subscription)
Await.result(subscriptionManager ?
  GetSubscriptions(readFrom),
  5 seconds) match {
    case GetSubscriptionsSuccess(subscriptions) =>
      println(s"The current set of subscriptions is
        $subscriptions")
    case GetSubscriptionsFailure =>
      println(s"Subscription manager was not able to get
      subscriptions successfully.")
  }
 }
}
```

5. 코드 전체가 준비되면 앱을 실행한다. 먼저, DistributedDataApplication 앱을
   application-cluster-1.conf 설정으로 실행한다. 인텔리제이나 커맨드라인에
   서 –Dconfig.resource=application-cluster-1.conf 플래그를 넘긴다.

```
hveiga$ sbt -Dconfig.resource=application-cluster-1.conf "runMain
com.packt.chapter7.DistributedDataApplication"
[info] Running com.packt.chapter7.DistributedDataApplication
[INFO] [akka.remote.Remoting] Starting remoting
[INFO] [akka.remote.Remoting] Remoting started; listening on
addresses :
[akka.tcp://ClusterSystem@127.0.0.1:2552]
[INFO] [akka.cluster.Cluster(akka://ClusterSystem)] Cluster Node
[akka.tcp://ClusterSystem@127.0.0.1:2552] - Starting up...
```

```
[INFO] [akka.cluster.Cluster(akka://ClusterSystem)] Cluster Node
[akka.tcp://ClusterSystem@127.0.0.1:2552] - Registered cluster
JMX MBean [akka:type=Cluster]
[INFO] [akka.cluster.Cluster(akka://ClusterSystem)] Cluster Node
[akka.tcp://ClusterSystem@127.0.0.1:2552] - Started up
successfully
[INFO] [akka.cluster.Cluster(akka://ClusterSystem)] Cluster Node
[akka.tcp://ClusterSystem@127.0.0.1:2552] - Node [
akka.tcp://ClusterSystem@127.0.0.1:2552] is JOINING, roles []
[INFO] [akka.cluster.Cluster(akka://ClusterSystem)] Cluster Node
[akka.tcp://ClusterSystem@127.0.0.1:2552] - Leader is moving node
[akka.tcp://ClusterSystem@127.0.0.1:2552] to [Up]
Adding: Subscription(0,UniqueAddress(
akka.tcp://ClusterSystem@127.0.0.1:2552,365975562),1485560015753)
Current elements: Set(Subscription(0,UniqueAddress(
akka.tcp://ClusterSystem@127.0.0.1:2552,365975562)
,1485560015753))
```

6. 10초 내로 같은 앱을 application-cluster-2.conf 설정을 사용해서 실행한다. 인
   텔리제이나 커맨드라인에서 –Dconfig.resource=application-cluster-2.conf
   플래그를 넘긴다.

```
hveiga$ sbt -Dconfig.resource=application-cluster-2.conf "runMain
com.packt.chapter7.DistributedDataApplication"
[info] Running com.packt.chapter7.DistributedDataApplication
[INFO] [akka.remote.Remoting] Starting remoting
[INFO] [akka.remote.Remoting] Remoting started; listening on
addresses :
[akka.tcp://ClusterSystem@127.0.0.1:2553]
[INFO] [akka.cluster.Cluster(akka://ClusterSystem)] Cluster Node
[akka.tcp://ClusterSystem@127.0.0.1:2553] - Starting up...
[INFO] [akka.cluster.Cluster(akka://ClusterSystem)] Cluster Node
[akka.tcp://ClusterSystem@127.0.0.1:2553] - Registered cluster
JMX MBean [akka:type=Cluster]
[INFO] [akka.cluster.Cluster(akka://ClusterSystem)] Cluster Node
[akka.tcp://ClusterSystem@127.0.0.1:2553] - Started up
successfully
[INFO] [akka.cluster.Cluster(akka://ClusterSystem)] Cluster Node
```

```
[akka.tcp://ClusterSystem@127.0.0.1:2553] - Welcome from
[akka.tcp://ClusterSystem@127.0.0.1:2552]
Adding: Subscription(0,UniqueAddress(
akka.tcp://ClusterSystem@127.0.0.1:2553,789082718),1485560021259)
Current elements: Set(Subscription(0,UniqueAddress(
akka.tcp://ClusterSystem@127.0.0.1:2553,789082718)
,1485560021259))
```

7. 몇 초 후(이런 목적으로 Thread.sleep()을 준비했다), 양쪽 커맨드라인 셸에서 다음과 같은 메시지를 보게 된다.

```
Current elements: Set(Subscription(0,UniqueAddress(
akka.tcp://ClusterSystem@127.0.0.1:2553,789082718)
,1485560021259), Subscription(0,UniqueAddress(
akka.tcp://ClusterSystem@127.0.0.1:2552,365975562),
1485560015753))
```

8. 마지막으로, 삭제 구독 메시지를 보게 되며, 모든 구독이 삭제되면 비어있는 셋을 보게 된다.

```
Current elements: Set()
```

예제 분석

이번 절에서는 두 개의 노드로 클러스터를 준비하고 각각에 SubscriptionManager 액터를 만들었다. 이 액터는 복제 데이터 구조의 관리자로써 행동한다. 이 경우, 분산 데이터 확장으로부터 나온 복제자replicator 덕분에 분산된 구독 ORSet을 가지게 됐다.

각각의 노드로부터 하나씩 두 개의 구독을 추가한 후, 어떤 노드에서든 양쪽 구독 모두에 접근할 수 있다. 복제된 데이터셋에 접근할 때 일정 수준의 일관성을 주는 것이 필요하다. 예제의 경우 ReadMajority과 ReadFrom을 사용했다. 그러나 다음 중 아무것이나 사용할 수 있다.

• ReadLocal: 값을 로컬 복제본으로부터 얻어낸다는 것을 뜻한다.

- ReadFrom(n): 값을 로컬 복제본을 포함해 n개의 복제본으로부터 읽고 합친다는 것을 뜻한다.
- ReadMajority: 값을 적어도 $N/2 + 1$개 복제본으로부터 읽고 합친다는 것을 뜻한다. N은 클러스터 내 노드의 개수다.
- ReadAll: 값을 클러스터의 모든 노드로부터 읽고 합친다는 것을 뜻한다.

사용 사례에 따라 이를 일관적으로 사용해야 한다.

클러스터에 걸쳐 싱글톤 액터 만들기

몇몇 상황에서는 전체 클러스터 내에 싱글톤 객체가 필요할 수 있다. 아카 클러스터 싱글톤 모듈은 이런 작업을 쉽게 달성하는 수단을 제공해준다.

이 모듈은 싱글톤 액터를 만드는 데 클러스터에서 가장 오래된 노드를 고른다. 이 노드가 클러스터로부터 삭제되면, 모듈은 어디에 싱글톤을 배포할지 결정하는 데 같은 로직을 사용한다. 먼저, 싱글톤 액터를 다시 만드는 데 클러스터에서 가장 오래된 노드를 선택한다. 두 번째로, 모듈은 전체 클러스터 내에서 실행 중인 액터 인스턴스가 오직 하나임을 보장한다.

이런 움직임을 시연하려면 자동 다운Auto Downing을 활용해야 한다. 아카 클러스터의 이 특성은 자동으로 노드가 다운됐다고 표시하며 설정 가능한 시간 후에 클러스터에서 삭제한다. 이 특성은 꺼져 있는 것이 기본 설정이다.

준비하기

이 절을 위해서 같은 머신에서 실행 중인 두 개의 노드로 된 클러스터를 준비한다. 여기서는 두 개의 application.conf 파일에 지정된 서로 다른 두 개의 포트를 사용한다.

1. 필요한 의존성을 가져오며 시작한다.

2. build.sbt 파일을 수정해 다음과 같이 아카 클러스터 도구 의존성을 추가한다.

```
libraryDependencies += "com.typesafe.akka" %
"akka-cluster-tools_2.11" % "2.4.17"
```

그 뒤 중앙 저장소로부터 의존성을 가져오도록 sbt update를 실행한다.

3. src/main/resources 디렉터리에 다음 내용으로 application-cluster-auto
down-1.conf 파일을 새로 만든다.

```
akka {
  actor {
    provider = "akka.cluster.ClusterActorRefProvider"
  }
  remote {
    log-remote-lifecycle-events = off
    enabled-transports = ["akka.remote.netty.tcp"]
    netty.tcp {
      hostname = "127.0.0.1"
      port = 2552
    }
  }
  cluster {
    seed-nodes = [
      "akka.tcp://ClusterSystem@127.0.0.1:2552",
      "akka.tcp://ClusterSystem@127.0.0.1:2553"
    ]
    auto-down-unreachable-after = 5s
  }
}
```

4. src/main/resources 디렉터리에 다음 내용으로 application-cluster-auto down-2.conf 파일을 새로 만든다.

```
akka {
  actor {
    provider = "akka.cluster.ClusterActorRefProvider"
  }
  remote {
    log-remote-lifecycle-events = off
    enabled-transports = ["akka.remote.netty.tcp"]
    netty.tcp {
      hostname = "127.0.0.1"
      port = 2553
    }
  }
  cluster {
    seed-nodes = [
      "akka.tcp://ClusterSystem@127.0.0.1:2552",
      "akka.tcp://ClusterSystem@127.0.0.1:2553"
    ]
    auto-down-unreachable-after = 5s
  }
}
```

5. ClusterAwareSimpleActor를 코딩하기 시작한다. com.packt.chapter7 패키지에 다음과 같은 내용으로 ClusterAwareSimpleActor.scala 파일을 만든다.

```
package com.packt.chapter7
import akka.actor.Actor
import akka.cluster.Cluster

class ClusterAwareSimpleActor extends Actor {
  val cluster = Cluster(context.system)
  def receive = {
    case _ => println(s"I have been created at
      ${cluster.selfUniqueAddress}")
  }
}
```

6. 다음 내용으로 ClusterSingletonApplication.scala 파일을 만든다.

```scala
package com.packt.chapter7
import akka.actor.{ActorSystem, PoisonPill, Props}
import akka.cluster.Cluster
import akka.cluster.singleton._
import scala.concurrent.duration._

object ClusterSingletonApplication extends App {
  val actorSystem = ActorSystem("ClusterSystem")
  val cluster = Cluster(actorSystem)
  val clusterSingletonSettings =
    ClusterSingletonManagerSettings(actorSystem)
  val clusterSingletonManager =
    ClusterSingletonManager.props(Props[ClusterAwareSimpleActor],
    PoisonPill, clusterSingletonSettings)
    actorSystem.actorOf(clusterSingletonManager,
    "singletonClusteAwareSimpleActor")
  val singletonSimpleActor =
    actorSystem.actorOf(ClusterSingletonProxy.props(
    singletonManagerPath = "/user
    /singletonClusteAwareSimpleActor",
    settings = ClusterSingletonProxySettings(actorSystem)),
    name = "singletonSimpleActorProxy")
  import actorSystem.dispatcher
  actorSystem.scheduler.schedule(10 seconds, 5 seconds,
    singletonSimpleActor, "TEST")
}
```

7. 코드 전체가 준비되면 앱을 실행한다. 먼저, ClusterSingletonApplication 앱을 application-cluster-autodown-1.conf 설정으로 실행한다. 인텔리제이나 커맨드라인에서 –Dconfig.resource=application-cluster-autodown-1.conf 플래그를 넘긴다.

```
hveiga$ sbt -Dconfig.resource=application-cluster-autodown-1.conf
"runMain
com.packt.chapter7.ClusterSingletonApplication"
[info] Running com.packt.chapter7.ClusterSingletonApplication
```

```
[INFO] [akka.remote.Remoting] Starting remoting
[INFO] [akka.remote.Remoting] Remoting started; listening on
addresses :
[akka.tcp://ClusterSystem@127.0.0.1:2552]
[INFO] [akka.cluster.Cluster(akka://ClusterSystem)] Cluster Node
[akka.tcp://ClusterSystem@127.0.0.1:2552] - Starting up...
[INFO] [akka.cluster.Cluster(akka://ClusterSystem)] Cluster Node
[akka.tcp://ClusterSystem@127.0.0.1:2552] - Registered cluster
JMX MBean [akka:type=Cluster]
[INFO] [akka.cluster.Cluster(akka://ClusterSystem)] Cluster Node
[akka.tcp://ClusterSystem@127.0.0.1:2552] - Started up
successfully
[INFO] [akka.cluster.Cluster(akka://ClusterSystem)] Cluster Node
[akka.tcp://ClusterSystem@127.0.0.1:2552] - Node
[akka.tcp://ClusterSystem@127.0.0.1:2552] is JOINING, roles []
[INFO] [akka.cluster.Cluster(akka://ClusterSystem)] Cluster Node
[akka.tcp://ClusterSystem@127.0.0.1:2552] - Leader is moving node
[akka.tcp://ClusterSystem@127.0.0.1:2552] to [Up]
[INFO] [akka.tcp://ClusterSystem@127.0.0.1:2552/user/
singletonClusteAwareSimpleActor] Singleton manager starting
singleton actor
[akka://ClusterSystem/user/singletonClusteAwareSimpleActor
/singleton]
[INFO] [akka.tcp://ClusterSystem@127.0.0.1:2552/user
/singletonClusteAwareSimpleActor]
ClusterSingletonManager state change [Start -> Oldest]
[INFO] [akka.tcp://ClusterSystem@127.0.0.1:2552/user
/singletonSimpleActorProxy]
Singleton identified at [akka://ClusterSystem/user/
singletonClusteAwareSimpleActor/singleton]
I have been created at
UniqueAddress(akka.tcp://ClusterSystem@127.0.0.1:2552,-979488016)
```

8. 같은 앱을 application-cluster-autodown-2.conf 설정을 사용해서 실행한다.
   인텔리제이나 커맨드라인에서 –Dconfig.resource=application-cluster-au
   todown-2.conf 플래그를 넘긴다.

```
hveiga$ sbt -Dconfig.resource=application-cluster-autodown-2.conf
"runMain
com.packt.chapter7.ClusterSingletonApplication"
[info] Running com.packt.chapter7.ClusterSingletonApplication
[INFO] [akka.remote.Remoting] Starting remoting
[INFO] [akka.remote.Remoting] Remoting started; listening on
addresses :
[akka.tcp://ClusterSystem@127.0.0.1:2553]
[INFO] [akka.cluster.Cluster(akka://ClusterSystem)] Cluster Node
[akka.tcp://ClusterSystem@127.0.0.1:2553] - Starting up...
[INFO] [akka.cluster.Cluster(akka://ClusterSystem)] Cluster Node
[akka.tcp://ClusterSystem@127.0.0.1:2553] - Registered cluster
JMX MBean [akka:type=Cluster]
[INFO] [akka.cluster.Cluster(akka://ClusterSystem)] Cluster Node
[akka.tcp://ClusterSystem@127.0.0.1:2553] - Started up
successfully
[INFO] [akka.cluster.Cluster(akka://ClusterSystem)] Cluster Node
[akka.tcp://ClusterSystem@127.0.0.1:2553] - Welcome from
[akka.tcp://ClusterSystem@127.0.0.1:2552]
[INFO] [akka.tcp://ClusterSystem@127.0.0.1:2553/user/
singletonSimpleActorProxy] Singleton identified at
[akka.tcp://ClusterSystem@127.0.0.1:2552/user
/singletonClusteAwareSimpleActor/singleton]
[INFO] [akka.tcp://ClusterSystem@127.0.0.1:2553/user
/singletonClusteAwareSimpleActor]
ClusterSingletonManager state change [Start -> Younger]
```

9. 싱글톤 액터가 첫 번째 커맨드라인 셀에서 실행 중이기 때문에 그 곳에서만 메시
   지를 보게 될 것이다. 이제 첫 번째 앱을 중지시키고 모듈이 어떻게 클러스터에
   서 싱글톤을 두 번째 노드로 옮기고 인쇄를 시작하는지 보자.

```
[WARN] [akka.tcp://ClusterSystem@127.0.0.1:2553/system
/cluster/core/daemon]
Cluster Node [akka.tcp://ClusterSystem@127.0.0.1:2553] -
Marking node(s) as UNREACHABLE [Member(address =
akka.tcp://ClusterSystem@127.0.0.1:2552, status = Up)]
[INFO] [akka.cluster.Cluster(akka://ClusterSystem)] Cluster Node
[akka.tcp://ClusterSystem@127.0.0.1:2553] - Leader is autodowning
```

```
unreachable node
[akka.tcp://ClusterSystem@127.0.0.1:2552]
[INFO] [akka.cluster.Cluster(akka://ClusterSystem)] Cluster Node
[akka.tcp://ClusterSystem@127.0.0.1:2553] - Marking unreachable
node
[akka.tcp://ClusterSystem@127.0.0.1:2552] as [Down]
[INFO] [akka.cluster.Cluster(akka://ClusterSystem)] Cluster Node
[akka.tcp://ClusterSystem@127.0.0.1:2553] - Leader is removing
unreachable node
[akka.tcp://ClusterSystem@127.0.0.1:2552]
[INFO] [akka.tcp://ClusterSystem@127.0.0.1:2553/user
/singletonClusteAwareSimpleActor]
Previous oldest removed [akka.tcp://ClusterSystem@127.0.0.1:2552]
[INFO] [akka.tcp://ClusterSystem@127.0.0.1:2553/user
/singletonClusteAwareSimpleActor]
Younger observed OldestChanged: [None -> myself]
[INFO] [akka.tcp://ClusterSystem@127.0.0.1:2553/user
/singletonClusteAwareSimpleActor]
Singleton manager starting singleton actor
[akka://ClusterSystem/user/singletonClusteAwareSimpleActor
/singleton]
[INFO] [akka.tcp://ClusterSystem@127.0.0.1:2553/user
/singletonClusteAwareSimpleActor]
ClusterSingletonManager state change [Younger -> Oldest]
[INFO] [akka.tcp://ClusterSystem@127.0.0.1:2553/user
/singletonSimpleActorProxy]
Singleton identified at [akka://ClusterSystem/user/
singletonClusteAwareSimpleActor/singleton]
I have been created at
UniqueAddress(akka.tcp://ClusterSystem@127.0.0.1:2553,-96051361)
```

예제 분석

이번 절에서는 어떻게 클러스터에 걸쳐 싱글톤 액터를 가지는지 배웠다. 이를 위해 Cluster SingletonManager와 ClusterSingletonProxy를 활용했다.

- ClusterSingletonManager: 클러스터의 모든 노드에서 인스턴트화해야 하는 매니저다. 이는 액터의 인스턴스가 오직 하나임을 보장하는 일을 한다. 이 클래스는 싱글톤 액터와 상호작용하는 데 절대 사용하지 말아야 한다.
- ClusterSingletonProxy: 클러스터 내 싱글톤 인스턴스가 살아 있는 곳 어디든지 메시지를 라우팅하는 프록시다.

ClusterSingletonManager를 사용해 ClusterAwareSimpleActor를 설정하면 ClusterSingletonProxy로부터 해당하는 액터의 참조를 얻게 된다. 액터에 올바르게 접근하려면 액터의 경로를 미리 알고 있어야 함을 주지하라. 그런 다음 싱글톤 액터에 5초마다 메시지를 송신하도록 스케줄했다.

두 앱을 실행할 때, 액터가 첫 번째 노드에서만 살고 있음을 로그를 통해 볼 수 있다(첫 번째 노드가 먼저 만들어졌기 때문이다). 따라서, 첫 번째 커맨드라인 셸에서만 출력문을 볼 수 있다. 첫 번째 앱을 중지시키면 노드를 다운으로 표시하고 이를 클러스터에서 지우는 등 클러스터가 어떻게 반응하는지 보게 된다. 그다음, 아카 클러스터 싱글톤은 노드가 없어짐에 따라 실행 중인 액터의 인스턴스가 존재하지 않음을 알게 되고, 두 번째 노드에 새로운 인스턴스를 만든다. 그런 다음 새로운 인스턴스는 두 번째 커맨드라인 셸에서 출력문을 인쇄하기 시작한다. 아카 클러스터 싱글톤은 넘기기hand-over 재시도 간격과 최소 재시도 횟수를 akka.cluster.singleton.hand-over-retry-interval 설정 매개변수와 akka.cluster.singleton.min-number-of-hand-over-retries를 통해 설정할 수 있도록 해준다.

싱글톤 액터가 쓰기 좋아 보일 수도 있지만, 전체 클러스터 내에서 작업을 수행하는 단일 액터를 가지는 것이 병목점이 될 수도 있음을 고려해야 한다. 스테이트풀 액터를 다루는 것도 감안해야 할 또 다른 측면이다. 액터가 알고 있는 노드가 없어지고 이 액터가 다른 노드에서 다시 만들어지면, 상태가 남아있음을 확실히 하도록 아카 지속성을 사용해야 할 수도 있다.

참고 사항

- 가십 프로토콜: https://en.wikipedia.org/wiki/Gossip_protocol
- 에어론: https://github.com/real-logic/Aeron
- 파이 누적 장애 감지기: http://fubica.lsd.ufcg.edu.br/hp/cursos/cfsc/papers/hayashibara04theaccrual.pdf

8

아카 스트림

이 장에서 다루는 내용은 다음과 같다.

- 간단한 아카 스트림 만들기
- 스트림 변환 및 소비
- 스트림 소스, 플로우, 싱크 만들기
- 사용자 정의 스트림 처리
- 아카 스트림에서의 오류 처리
- 스트림 파이프라이닝 및 병렬화
- 스트리밍 I/O로 작업하기
- 아카 액터로 스트림 통합하기
- 그래프로 작업하기
- 아카 스트림으로 RabbitMQ 메시지 처리하기
- 리액티브 카프카를 사용해 아카 스트림과 카프카 통합하기

오늘날 우리는 인터넷에서 더 많은 사물들이 연결되는 세상에 살고 있다. 이들 사물은 일반적으로 실시간으로 전달되는 유용한 정보를 만들어낸다. 스트리밍은 데이터를 빠르고 반응적인 방식으로 소화, 처리, 분석, 저장하는 데 도움이 된다. 스트리밍은 배치와 다르게 실시간(혹은 거의 실시간)으로 일어나며, 이는 경합 조건$^{race\ condition}$, 네트워크 장애, 버퍼 등 새로운 문제를 가져온다.

아카 스트림은 내부적으로 액터 모델을 사용해서 스트림 소화와 처리를 더 쉽게 만들도록 아카 위에 만들어진 모듈이다. 아카 스트림은 액터의 행위와 메시지를 명시적으로 정의하지 않고 아카의 힘을 활용하는 스트림을 만드는 데 사용하기 쉬운 API를 제공한다. 이는 로직에 집중하고 액터를 관리하는 데 필요한 모든 보일러플레이트 코드를 잊어버리도록 해준다. 아카 스트림은 비동기적인 스트림 처리 표준을 정의하는 Reactive Streams 선언서를 따른다.

아카 스트림은 백프레셔^{backpressure} 체계가 기본으로 활성화돼 있다. 이 특성은 스트림 내에서 구성 요소가 다른 구성 요소에게 새로운 요소를 처리할 준비가 됐음을 알릴 수 있도록 해준다. 일부 처리가 오래 걸린다면(예를 들면, 데이터베이스 입력) 정상이 될 때까지 소비자^{consumer}를 억누를^{throttle} 수 있다.

 http://www.reactive-streams.org/에서 Reactive Streams에 대해 더 알 수 있다.

간단한 아카 스트림 만들기

스트림은 서로 다른 책임을 가지는 구성 요소[1]의 집합이다. 어떤 구성 요소는 데이터를 소비하고, 어떤 것은 데이터를 변환하며, 다른 것은 데이터를 전달한다. 아카 스트림은 실행 가능한 스트림을 만드는데 이들 구성 요소를 모듈 조각과 같이 한데 합쳐 사용한다. 이들 조각은 토폴로지의 전반적인 디자인을 이해하는 것뿐만 아니라, 유지보수성을 지원하는 데 도움이 된다. 게다가, 이들은 재사용이 가능하며, **반복하지 마라**DRY, don't repeat yourself라는 원칙을 따를 수 있게 해준다.

각 스트림 토폴로지는 기본적으로 다음의 것으로 구성되어 있다.

- **소스**Source: 스트림의 진입점. 각 스트림마다 적어도 하나가 있어야 한다.
- **싱크**Sink: 스트림의 출구점. 각 스트림마다 적어도 하나가 있어야 한다.
- **플로우**Flow: 스트림의 요소를 조작하는 책임을 가진 컴포넌트. 하나도 없거나 여러 개 있어도 된다.

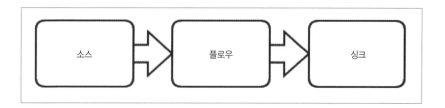

구성 요소는 스테이지stage로도 알려져 있다. 가장 일반적인 작업을 할 수 있도록 복수의 내장 스테이지가 존재한다. 이들 작업은 매핑, 필터링, 그리고 `statefulMapConcat` 같은 더욱 복잡한 함수의 병합 등이 있다. '그래프로 작업하기' 절에서는 이들 중 가장 우수한 스테이지를 볼 것이다. 아카 스트림을 시작하기 위해, 몇몇 파일을 확인하는 간단한 앱을 만든다.

---

1 이 책에서 component는 2장에서와 같이 시스템의 일부를 나타내는 경우 '컴포넌트'로, 이번 장에서와 같이 아카 스트림의 스테이지를 나타내는 경우에는 '구성 요소'로 번역했다. – 옮긴이

이 절을 진행하려면 Hello-Akka 프로젝트를 불러와야 한다. 그 밖의 모든 준비 사항은 이전과 같다. 이번에는 스트림을 위해 필요한 의존성을 가져와야 한다.

예제 구현

이 절을 위해서 다음 단계를 수행하라.

1. 필요한 의존성을 가져온다. 이번에는 아카 버전 2.4.17을 사용한다.

2. build.sbt 파일을 수정해 다음과 같이 아카 스트림 의존성을 추가한다.

```
libraryDependencies += "com.typesafe.akka" %
"akka-stream_2.11" % "2.4.17"
```

3. SimpleStreamsApplication.scala 파일을 새로 만든다. 그런 다음 스트림을 정의하고 실행한다.

```
package com.packt.chapter8

import akka.actor.ActorSystem
import akka.stream.ActorMaterializer
import akka.stream.scaladsl.{Sink, Source}

object SimpleStreamsApplication extends App {
  implicit val actorSystem = ActorSystem("SimpleStream")
  implicit val actorMaterializer = ActorMaterializer()
  val fileList = List("src/main/resources/testfile1.text",
    "src/main/resources/testfile2.txt",
    "src/main/resources/testfile3.txt")

  val stream = Source(fileList)
    .map(new java.io.File(_))
    .filter(_.exists())
    .filter(_.length() != 0)
    .to(Sink.foreach(f => println(s"Absolute path:
```

```
                  ${f.getAbsolutePath}")))
              stream.run()
          }
```

4. src/main/resources에 두 개의 파일을 만든다. 파일 하나의 이름을 testfile2. txt라 하고 비어있는 상태로 둔다. testfile3.txt 파일을 만든 뒤 Hello World Akka Streams!와 같은 문자를 넣는다.

5. 인텔리제이나 커맨드라인에서 SimpleStreamsApplication을 실행한다.

```
hveiga$ sbt "runMain com.packt.chapter8.SimpleStreamsApplication"
[info] Running com.packt.chapter8.SimpleStreamsApplication
Absolute path: /code/chapter8/testfile3.txt
```

예제 분석

이번 절에서는 파일명 리스트를 읽고 각 요소를 스트림을 통해 내보낼 수 있는 작은 스트림을 만들었다. 이는 각 파일명을 파일로 매핑하고, 존재하지 않거나 빈 파일을 필터링하며, 마지막으로 비어있지 않는 파일의 절대 경로를 인쇄한다. 비어있지 않는 파일은 testfile3.txt뿐이므로, Absolute path: /code/chapter8/testfile3.txt와 같이 출력됨을 보게 된다.

스트림을 실행할 수 있으려면 ActorMaterializer가 필요하다. ActorMaterializer는 특정 기능을 스트림에 정의해 해당 액터를 만드는 역할을 한다. ActorMaterializer는 액터를 만들기 때문에 ActorSystem도 필요하다. 따라서 예제 코드에 이를 암묵적으로 정의했다.

또한 코드에서의 stream 타입을 여기서 언급하는 것도 좋겠다. stream은 RunnableGraph [NotUsed] 타입을 가진다. 또한 어떤 스트림이든 그래프로 이해하는 것이 가능하다. 이런 그래프는 노드와 연결connection을 가질 것이다. 아카 스트림에서 이들 노드는 스트림의 스테이지(소스, 플로우, 싱크)로 나타낼 수 있다. 반면에 연결은 어떻게 각 스테이지를 다른 것과 연결하는지에 대한 것이다. 다음 절에서 이에 대해 살펴본다.

스트림 변환 및 소비

앞서 언급했듯이, 소스는 요소를 소비하고 스트림을 통해 내보내는 역할을 맡는다. 플로우는 요소가 전달되는 대로 변환하는 역할을 맡는다. 이번 절에서는 플로우가 제공하는 즉시 사용 가능한 변환 기능을 다시 볼 것이다. 다른 절에서 그래프 GSL을 사용해서 어떻게 더 복잡한 플로우를 만드는지 본다.

준비하기

앞 절과 같은 준비 사항이 필요하다. 이번에는 단어 수를 세기 위해 스트림을 구현한다. GZIP 압축 파일을 소비해 각 단어의 빈도수를 센다.

예제 구현

이 절을 위해 다음 단계를 수행한다.

1. src/main/resources에 다음 내용으로 gzipped-file이란 이름의 파일을 만든다.

   ```
   hello world from akka streams! No seriously,
   HELLO WORLD FROM AKKA STREAMS!!!
   ```

2. 파일을 압축한다. gzip gzipped-file 명령으로 쉽게 할 수 있다. 압축한 파일 명은 gzipped-file.gz이여야 한다.

3. TransformingStreamsApplication.scala 파일을 만든다. 스트림을 다음과 같이 정의한다.

   ```scala
   package com.packt.chapter8

   import java.nio.file.Paths

   import akka.actor.ActorSystem
   import akka.stream.ActorMaterializer
   import akka.stream.scaladsl._
   ```

```scala
object TransformingStreamsApplication extends App {

  implicit val actorSystem = ActorSystem("TransformingStream")
  implicit val actorMaterializer = ActorMaterializer()
  val MaxGroups = 100

  val path = Paths.get("src/main/resources/gzipped-file.gz")

  val stream = FileIO.fromPath(path)
    .via(Compression.gunzip())
    .map(_.utf8String.toUpperCase)
    .mapConcat(_.split(" ").toList)
    .collect { case w if w.nonEmpty =>
      w.replaceAll("""[p{Punct}&&[^.]]""",
      "").replaceAll(System.lineSeparator(), "") }
    .groupBy(MaxGroups, identity)
    .map(_ -> 1)
    .reduce((l, r) => (l._1, l._2 + r._2))
    .mergeSubstreams
    .to(Sink.foreach(println))

  stream.run()
}
```

4. 인텔리제이나 커맨드라인에서 TransformingStreamsApplication 앱을 실행한
   다.

```
hveiga$ sbt "runMain
com.packt.chapter8.TransformingStreamsApplication"
[info] Running com.packt.chapter8.TransformingStreamsApplication
(NO,1)
(STREAMS,2)
(SERIOUSLY,1)
(HELLO,2)
(FROM,2)
(WORLD,2)
(AKKA,2)
```

이 단어 세기 사례는 몇 가지 새로운 개념과 스테이지를 가져다 준다. 시작으로, 스트림을 위한 다른 소스를 사용했다. FileIO는 아카 스트림 라이브러리가 제공하는 소스 스테이지로, 파일을 소비하기 위해 경로를 제공하고 이를 ByteString 형식으로 스트림을 통해 내보낼 수 있다.

그다음, 파일의 압축을 풀어 내용을 읽었다. 여기서는 Compression.gunzip( )이란 헬퍼 플로우를 사용했다. 이 플로우 객체는 Via 메서드를 사용해 중간 처리 스테이지로 제공한다. Via는 플로우를 기대하며 스트림을 모듈화하도록 해준다. 플로우를 어딘가 다른 곳에서 인스턴스화 하고 그 곳에서 참조할 수 있다. 그다음, map 메서드를 사용해 ByteString을 UTF8 대문자 문자열로 매핑했다. 이 메서드는 주어진 타입의 요소 하나를 받아 다른 것으로 반환한다. 이런 새로운 요소가 꼭 같은 타입일 필요는 없다.

그다음, 문자열을 여러 요소로 바꿨다. MapConcat은 요소 하나를 받아 0부터 n개 요소를 내놓는다. 이 경우, 공백으로 줄을 나누고 각 단어를 다른 요소로 반환했다. MapConcat은 문법적으로 스칼라 컬렉션 API의 flatMap과 유사하다. 그런 다음 각 비어있지 않은 요소를 모으고 모든 새 줄 문자와 구두점을 바꿨다. 이를 위해 filter 함수를 사용했다. filter는 요소 하나를 받아 주어진 predicate에 따라 지나가도록 해준다.

이후에, groupBy 메서드를 사용해서 요소를 그룹화했다. groupBy 메서드는 들어오는 스트림을 분리된 출력 스트림으로 역다중화demultiplex한다. identity를 키로 사용했기 때문에 각 단어가 서로 다른 출력 스트림을 만들 것이다. 중요하게 언급해야 할 점은 groupBy가 무제한적인 출력 하위 스트림을 허용하지 않는다는 것이다. 그렇기 때문에 최대 하위 스트림 값을 주어야 한다(예제의 경우, 100으로 설정함). 따라서, 각 단어를 튜플(word, 1)로 매핑하고 reduce로 각 하위스트림의 요소를 더했다.

마지막으로, mergeSubstreams을 사용해 병합 연산을 수행해 하위스트림을 평면화flatten했다. 그런 다음 간단한 Sink.foreach를 사용해 각 값을 표준 출력으로 인쇄했다.

스트림 소스, 플로우, 싱크 만들기

이제 각 스테이지에 대해 더 익숙해졌으므로, 이들을 어떻게 모듈화하고 재사용하는지 보자. 아카 스트림은 다수의 바로 쓸 수 있는 스테이지를 제공하며, 다음 범주로 분류할 수 있다.

- 소스 스테이지
- 싱크 스테이지
- 처리processing 스테이지
- 타이머 주도timer-driven 스테이지
- 백프레셔 인식 스테이지
- 중첩nesting 및 평면화 스테이지
- 시간 인식 스테이지
- 팬인fan-in 스테이지
- 팬아웃fan-out 스테이지

이번 절에서는 모듈화하는 법을 보여주기 위해 앞 절의 코드를 재사용할 것이다. 같은 불변 스테이지를 사용하지만 독립적으로 실행되는 두 개의 서로 다른 스트림을 만든다.

준비하기

앞 절과 같은 준비 사항을 사용한다. 이번에는 단어 세기를 위해 스트림을 구현한다. GZIP으로 압축된 파일을 소비하고 각 단어의 빈도를 센다.

이 절을 위해 다음 단계를 수행한다.

1. src/main/resources에 다음 내용으로 gzipped-file이란 이름의 테스트 파일을 만든다.

   ```
   hello world from akka streams! No seriously,
   HELLO WORLD FROM AKKA STREAMS!!!
   ```

2. 파일을 압축한다. gzip gzipped-file 명령으로 쉽게 할 수 있다.

3. ModularizingStreamsApplication.scala 파일을 만들고 다음과 같이 스트림을 정의한다.

   ```scala
   package com.packt.chapter8

   import java.nio.file.Paths

   import akka.actor.ActorSystem
   import akka.stream.ActorMaterializer
   import akka.stream.scaladsl._
   import akka.util.ByteString

   object ModularizingStreamsApplication extends App {
     implicit val actorSystem =
       ActorSystem("TransformingStream")
     implicit val actorMaterializer = ActorMaterializer()

     val MaxGroups = 1000

     val path = Paths.get("src/main/resources/gzipped-file.gz")
     val source = FileIO.fromPath(path)

     val gunzip = Flow[ByteString].via(Compression.gunzip())
     val utf8UppercaseMapper =
       Flow[ByteString].map(_.utf8String.toUpperCase)
     val utf8LowercaseMapper =
       Flow[ByteString].map(_.utf8String.toLowerCase)
   ```

```
val splitter = Flow[String].mapConcat(_.split(" ").toList)
val punctuationMapper = Flow[String].map(_.replaceAll("""
  [p{Punct}&&[^.]]""", "").replaceAll(
  System.lineSeparator(), ""))
val filterEmptyElements = Flow[String].filter(_.nonEmpty)
val wordCountFlow = Flow[String]
  .groupBy(MaxGroups, identity)
  .map(_ -> 1)
  .reduce((l, r) => (l._1, l._2 + r._2))
  .mergeSubstreams

val printlnSink = Sink.foreach(println)

val streamUppercase = source
  .via(gunzip)
  .via(utf8UppercaseMapper)
  .via(splitter)
  .via(punctuationMapper)
  .via(filterEmptyElements)
  .via(wordCountFlow)
  .to(printlnSink)

val streamLowercase = source
  .via(gunzip)
  .via(utf8LowercaseMapper)
  .via(splitter)
  .via(punctuationMapper)
  .via(filterEmptyElements)
  .via(wordCountFlow)
  .to(printlnSink)

streamUppercase.run()
streamLowercase.run()
}
```

4. 인텔리제이나 커맨드라인에서 TransformingStreamsApplication 앱을 실행한
   다.

hveiga$ sbt "runMain

```
com.packt.chapter8.ModularizingStreamsApplication"
[info] Running com.packt.chapter8.ModularizingStreamsApplication
(no,1)
(NO,1)
(world,2)
(STREAMS,2)
(streams,2)
(SERIOUSLY,1)
(from,2)
(HELLO,2)
(hello,2)
(FROM,2)
(seriously,1)
(WORLD,2)
(akka,2)
(AKKA,2)
```

예제 분석

이번 절에서는 단어를 세는 데 두 개의 스트림을 만들었다. 여기서는 앞 절과 비교해 다른 접근법을 썼다. 먼저, 소스를 인스턴트화했다. 두 번째로, 플로우 스테이지를 인스턴트화했다. 코드에서 보이는 것과 같이, wordCountFlow에서처럼 플로우에 하나 이상의 스테이지를 가지는 것이 가능하다. 이 플로우는 실제 groupBy, map, reduce, mergeSubstream의 조합이지만, 이제는 여러 개가 아닌 하나의 스테이지로 사용할 수 있다. 이런 조합 능력은 난해한 플로우 스테이지들을 하나의 유닛으로 정의할 수 있게 해주므로 관리하기가 쉽다. 마지막으로, 스트림의 각 요소를 인쇄하기 위해 Sink.foreach를 인스턴트화했다.

그다음, 스테이지를 재사용하고 오직 uppercase와 lowercase 스테이지만을 다르게 사용해 두 개의 서로 다른 스트림을 만들었다. 다음과 같이 코드를 더욱 단순화할 수 있음을 염두에 두기 바란다.

```
val sourceGunzip = source.via(gunzip)
val reusableProcessingFlow = Flow[String].via(splitter)
  .via(punctuationMapper)
  .via(filterEmptyElements)
  .via(wordCountFlow)

val streamLowercase = sourceGunzip
  .via(utf8LowercaseMapper)
  .via(reusableProcessingFlow)
  .to(printlnSink)
```

어떤 조합이든 가능하기 때문에, 스테이지로 얼마나 더 세분화 할 수 있는지는 개발자에 달렸다. 또한, 이들 스트림은 서로 의존하지 않으므로 어느 순서로 시작하는지는 중요하지 않다는 점도 언급해 둔다.

사용자 정의 스트림 처리

때때로, 즉시 사용 가능한 모든 아카 스트림 스테이지로 필요한 특정 상황을 다루지는 못한다. 아카 스트림은 자신만의 사용자 정의 스테이지를 만들도록 API 집합을 제공한다. 스트림은 본래 처리processing 그래프이므로, 사용자 정의 스테이지를 만들려면 GraphStage 추상을 확장extend해야 한다. GraphDSL과 GraphStage를 혼돈하지 말자. GraphDSL은 복수의 스테이지를 단일 스테이지로 조합하는 데 사용하는 반면, GraphStage는 작은 조각으로 분해할 수가 없는 단일 스테이지라는 것이 가장 큰 차이점이다.

이제 아카 스트림이 내부적으로 어떻게 동작하는지 약간 알아둘 필요가 있다. 이를 위해, 모양shape이란 개념이 있다고 해보자. 모양은 스테이지의 입력과 출력 포트(주입구inlet와 배출구outlet라 알려진)의 개수를 정의한다. 예를 들어, SourceShape는 오직 하나의 배출구를 가진다. SinkShape는 하나의 주입구를 가진다. FlowShape는 하나의 주입구와 배출구를 가진다. 임의 개수의 주입구와 배출구를 가지는 AmorphousShape가 있는 것도 가능하다. 각 GraphStage는 스테이지 로직도 포함한다. 이 로직은 서로 다른 포트의 행위를 구현하는 핸들러(InHandler나 Outhandler)의 집합을 정의한다. 모든 로직은 GraphStageLogic을 상속해야 하며 사용 사례에 따라 상태가 있거나 상태가 없을 수 있다.

이들 핸들러는 또한 백프레셔 체계의 일부다. 이 절에서 이들을 어떻게 사용하는지 보여줄 것이다.

준비하기

앞 절과 같은 준비 사항을 사용한다. 이번에는 GraphStage를 사용해 사용자 정의 소스와 사용자 정의 싱크를 구현한다.

예제 구현

이 절을 위해 다음 단계를 수행한다.

1. com.packt.chapter8 패키지에 HelloAkkaStreamsSource.scala 파일을 만든다. 이 클래스는 GraphStage를 상속한다. 문자열 요소를 내보내는 SourceShape를 정의한다. 파일 내용은 다음과 같아야 한다.

```
package com.packt.chapter8

import akka.stream.{Attributes, Outlet, SourceShape}
import akka.stream.stage._

class HelloAkkaStreamsSource extends
  GraphStage[SourceShape[String]] {

  val out: Outlet[String] = Outlet("SystemInputSource")
  override val shape: SourceShape[String] = SourceShape(out)

  override def createLogic(inheritedAttributes: Attributes):
  GraphStageLogic =
    new GraphStageLogic(shape) {
```

```
      setHandler(out, new OutHandler {
        override def onPull() = {
          val line = "Hello World Akka Streams!"
          push(out, line)
        }
      })
    }
  }
```

2. com.packt.chapter8 패키지에 WordCounterSink.scala 파일을 만든다. 이 클래
   스는 GraphStage를 상속한다. 문자열 요소를 가져오는 SinkShape를 정의한다.
   내용은 다음과 같아야 한다.

```
package com.packt.chapter8

import akka.stream.{Attributes, Inlet, SinkShape}
import akka.stream.stage._

import scala.concurrent.duration._

class WordCounterSink extends GraphStage[SinkShape[String]] {
  val in: Inlet[String] = Inlet("WordCounterSink")
  override val shape: SinkShape[String] = SinkShape(in)

  override def createLogic(inheritedAttributes: Attributes):
    GraphStageLogic = new TimerGraphStageLogic(shape) {
      var counts = Map.empty[String, Int].withDefaultValue(0)

      override def preStart(): Unit = {
        schedulePeriodically(None, 5 seconds)
        pull(in)
      }

      setHandler(in, new InHandler {
        override def onPush(): Unit = {
          val word = grab(in)
          counts += word -> (counts(word) + 1)
          pull(in)
```

```
        }
      })

      override def onTimer(timerKey: Any) =
        println(s"At ${System.currentTimeMillis()}
          count map is $counts")
  }
}
```

3. 마지막으로, 다음 내용으로 CustomStagesApplication.scala 파일을 만든다.

```scala
package com.packt.chapter8

import akka.actor.ActorSystem
import akka.stream.ActorMaterializer
import akka.stream.scaladsl.{Flow, Sink, Source}

object CustomStagesApplication extends App {

  implicit val actorSystem = ActorSystem("CustomStages")
  implicit val actorMaterializer = ActorMaterializer()

  val source = Source.fromGraph(new HelloAkkaStreamsSource())
  val upperCaseMapper = Flow[String].map(_.toUpperCase())
  val splitter = Flow[String].mapConcat(_.split(" ").toList)
  val punctuationMapper = Flow[String].map(_.replaceAll("""
[p{Punct}&&[^.]]""", "").replaceAll(
    System.lineSeparator(), ""))
  val filterEmptyElements = Flow[String].filter(_.nonEmpty)
  val wordCounterSink = Sink.fromGraph(new WordCounterSink())

  val stream = source
    .via(upperCaseMapper)
    .via(splitter)
    .via(punctuationMapper)
    .via(filterEmptyElements)
    .to(wordCounterSink)

  stream.run()
}
```

4. 인텔리제이나 커맨드라인에서 CustomStagesApplication 앱을 실행한다.

```
hveiga$ sbt "runMain com.packt.chapter8.CustomStagesApplication"
[info] Running com.packt.chapter8.CustomStagesApplication
At 1486357674134 count map is Map(HELLO -> 104733,
WORLD -> 104733, AKKA -> 104733, STREAMS -> 104733)
At 1486357679121 count map is Map(
HELLO -> 420147, WORLD -> 420147, AKKA -> 420147, STREAMS ->
420146)
```

예제 분석

이번 절에서는 두 개의 사용자 정의 스테이지를 구현했다. 먼저, 사용자 정의 소스 스테이지를 만들었다. 소스는 요소를 스트림으로 내보내므로 OutHandler로 GraphStageLogic을 구현했다. 이 핸들러는 새로운 요소가 필요해질 때 다운스트림에 의해 호출되는 onPull 메서드를 제공한다. 예제에서는 문자열을 밀어냈다.

두 번째로, 사용자 정의 싱크 스테이지를 만들었다. 싱크는 스트림으로부터 요소를 받으므로, 이번에는 InHandler로 TimerGraphStageLogic을 구현했다. TimerGraphStageLogic은 스테이지 내 메시지를 스케줄링하는 API를 제공한다. 업스트림으로부터 요소를 더 요청하기 위해 pull과 grab 메서드를 사용했다. 두 메서드는 스트림으로부터 요소를 소비하고 백프레셔를 관리하는 데 도움을 준다. Pull은 스트림으로부터 요소를 요청한다. 요소 하나가 도착하기 전에 이 메서드를 두 번 호출하면 예외를 던질 것이다. grab 메서드는 실제 스트림으로부터 오는 요소를 반환한다. 그러므로 pull을 호출하고, 그 뒤 요소를 받기 위해 grab을 호출하는 것이 필요하다. 추가로, 5초마다 주기적으로 스테이지에 보내지도록 None 타이머 키를 스케줄링했다. 스케줄러가 발동될 때마다 onTimer 메서드가 타이머 키로 호출된다.

마지막으로 Source와 Sink 객체를 인스턴트화하기 위해 Source.fromGraph와 Sink.fromGraph를 사용했다.

아카 스트림에서의 오류 처리

앱을 개발하는 데 흔한 실수는 예상치 못한 문제가 없을 것이라고 가정하는 것이다. 아카는 액터에서 벌어지는 오류를 다루는 감독 전략의 집합을 제공한다. 아카 스트림 또한 이와 다르지 않으며 예상치 못한 예외를 다루는데 유사한 접근법을 제공한다. 예를 들면, 이들 예외는 스트림의 요소가 원하는 타입이 아닐 때 나타날 수 있다. 이번 절에서는 이런 오류를 다루는 방법을 살펴본다.

준비하기

이전과 같은 준비 사항을 사용한다. 특정 타입의 오류를 다루는 감독 전략을 정의할 것이다.

예제 구현

이 절을 위해서 다음 단계를 수행한다.

1. com.packt.chapter8 패키지에 HandlingErrorsApplication.scala 파일을 만든다. 이 오브젝트는 특정 플로우와 전체 스트림을 위한 두 개의 사용자 정의 감독 전략으로 스트림을 만든다. 파일 내용은 다음과 같아야 한다.

```
package com.packt.chapter8

import akka.actor.ActorSystem
import akka.stream.{ActorAttributes, ActorMaterializer,
ActorMaterializerSettings, Supervision}
import akka.stream.scaladsl._

object HandlingErrorsApplication extends App {
  implicit val actorSystem = ActorSystem("HandlingErrors")
  val streamDecider: Supervision.Decider = {
    case e: IndexOutOfBoundsException =>
      println("Dropping element because of
```

```
        IndexOufOfBoundException. Resuming.")
      Supervision.Resume
    case _ => Supervision.Stop
  }

  val flowDecider: Supervision.Decider = {
    case e: IllegalArgumentException =>
      println("Dropping element because of
        IllegalArgumentException. Restarting.")
      Supervision.Restart
    case _ => Supervision.Stop
  }

  val actorMaterializerSettings =
    ActorMaterializerSettings(actorSystem)
      .withSupervisionStrategy(streamDecider)
  implicit val actorMaterializer =
    ActorMaterializer(actorMaterializerSettings)
  val words = List("Handling", "Errors", "In",
    "Akka", "Streams", "")

  val flow = Flow[String].map(word => {
    if(word.length == 0) throw new
      IllegalArgumentException("
        Empty words are not allowed") word
  }).withAttributes(
  ActorAttributes.supervisionStrategy(flowDecider))

  // array(2)로 매핑을 하고 세 번째 문자를 얻음
    Source(words).via(flow).map(array =>
    array(2)).to(Sink.foreach(println)).run()
}
```

2. 인텔리제이나 커맨드라인에서 HandlingErrorsApplication 앱을 실행한다.

```
hveiga$ sbt "runMain
com.packt.chapter8.HandlingErrorsApplication"
[info] Running com.packt.chapter8.HandlingErrorsApplication
n
```

```
r
Dropping element because of IndexOufOfBoundException. Resuming.
k
r
Dropping element because of IllegalArgumentException. Restarting.
```

예제 분석

이번 절에서는 어떻게 감독 전략을 사용해서 오류를 다룰 수 있는지 보였다. 스트림이나 스테이지 두 가지 수준으로 감독 전략을 설정하는 것이 가능하다. 먼저, 어떤 IndexOutOfBoundsException이든 재개시키고 다른 모든 경우에는 중단시키는 streamDecider 감독 전략이 있다. 두 번째로, 어떤 IllegalArgumentException이든 재개시키고 다른 모든 경우 중단시키는 flowDecider 감독 전략이 있다. 오류를 다룰 때는 세 가지 가능성이 있다.

- 중단(Stop): 스트림이 장애로 끝난다.
- 재개(Resume): 요소는 버려지고 스트림은 계속 실행되며 이후의 요소를 처리한다.
- 재시작(Restart): 요소는 버려지고 스트림은 계속 실행된다. 그러나 사전에 스테이지를 재시작한다. 재시작은 스테이지의 새로운 인스턴스를 만들게 되므로 스테이트풀 스테이지에서는 상태를 잃어버린다.

스트림의 모든 스테이지에 감독 전략을 설정하려면 withSupervisionStrategy를 호출해 결정자decider 인스턴스를 ActorMaterializerSettings의 일부로 전달해야 한다. 반대로, 전략을 특정 스테이지에만 적용하려면 withAttributes를 사용해 ActorAttributes.supervisionStrategy를 특정 스테이지로 전달해야 한다. Attributes는 스테이지를 통제하고 조정하는 방법을 제공한다. 감독 전략은 Attributes를 통해 제어할 수 있는 측면 중 하나일 뿐이다.

스트림 파이프라이닝 및 병렬화

앞 절에서 봤듯이, 아카 스트림은 액터를 하부 기술과 같이 사용해 스트림을 처리하는 고수준 API 집합을 제공한다. ActorMaterializer는 이를 가능케 하는 책임을 진다. ActorMaterializer는 자원을 할당하고 정의한 스트림을 RunnableGraph로 변환하도록 필요한 클래스를 인스턴트화한다. 기본적으로, 모든 처리 스테이지는 순차적으로 결합되고 실행된다. 따라서, 스테이지는 주어진 시간에 상관없이 기껏해야 한 번 실행되도록 제한된다.

몇몇 시나리오에서는 순차적 실행이 필요할 수 있다. 그러나 다른 사용 사례에서는 처리 작업을 병렬화함으로써 이득을 얻을 수 있다. 아카 스트림은 스테이지가 비동기적으로 실행돼야 하며 그 자신의 내부 액터를 가진다는 것을 가리키도록 async 메서드를 제공한다. 기본적으로, async라 표시되지 않은 모든 스테이지는 단일 액터에서 실행된다. 비동기 스테이지는 메시지 전달을 더욱 효율적으로 만드는 내부 버퍼를 가진다. 이는 내용의 교체로 인한 부하를 줄이기 위한 것이다.

이번 절에서는 파이프라이닝과 병렬화를 위한 서로 다른 접근법을 보인다. 이를 위해 세탁기/건조기 예제를 사용하고 병렬화 스테이지를 만드는 데 GraphDSL을 사용한다. 다른 절에서 GraphDSL을 더 자세히 설명한다.

준비하기

이번 절에서는 동기적 파이프라이닝, 비동기적 파이프라이닝, 병렬화를 보이기 위한 세 개의 작은 앱을 만든다.

이 절을 위해 다음 단계를 수행한다.

1. com.packt.chapter8 패키지에 PipeliningParallelizing.scala 파일을 만든다. 이 트레이트는 서로 다른 앱을 구성하는 데 필요한 모든 스테이지를 가진다. 내용은 다음과 같아야 한다.

```scala
package com.packt.chapter8

import akka.NotUsed
import akka.actor.ActorSystem
import akka.stream.{ActorMaterializer, FlowShape}
import akka.stream.scaladsl.{Balance, Flow,
GraphDSL, Merge, Sink, Source}
import scala.util.Random

trait PipeliningParallelizing extends App {
  implicit val actorSystem =
    ActorSystem("PipeliningParallelizing")
  implicit val actorMaterializer = ActorMaterializer()

  case class Wash(id: Int)
  case class Dry(id: Int)
  case class Done(id: Int)

  val tasks = (1 to 5).map(Wash)

  def washStage = Flow[Wash].map(wash => {
    val sleepTime = Random.nextInt(3) * 1000
    println(s"Washing ${wash.id}. It will take
      $sleepTime milliseconds.")
    Thread.sleep(sleepTime)
  Dry(wash.id)
})

  def dryStage = Flow[Dry].map(dry => {
```

```scala
    val sleepTime = Random.nextInt(3) * 1000
    println(s"Drying ${dry.id}. It will take
      $sleepTime milliseconds.")
    Thread.sleep(sleepTime)
    Done(dry.id)
  })

  val parallelStage = Flow.fromGraph(
    GraphDSL.create() { implicit builder =>
    import GraphDSL.Implicits._
    val dispatchLaundry = builder.add(Balance[Wash](3))
    val mergeLaundry = builder.add(Merge[Done](3))

    dispatchLaundry.out(0) ~> washStage.async ~>
      dryStage.async ~> mergeLaundry.in(0)
    dispatchLaundry.out(1) ~> washStage.async ~>
     dryStage.async ~> mergeLaundry.in(1)
    dispatchLaundry.out(2) ~> washStage.async ~>
      dryStage.async ~> mergeLaundry.in(2)

    FlowShape(dispatchLaundry.in, mergeLaundry.out)
  })

  def runGraph(testingFlow: Flow[Wash,
    Done, NotUsed]) = Source(tasks).via(testingFlow).to(
    Sink.foreach(println)).run()
}
```

2. com.packt.chapter8 패키지에 PipeliningParallelizingApplications.scala 파일을 만든다. 이 파일은 각 스테이지를 약간 다르게 준비하는 세 개의 앱 오브젝트를 가진다. 내용은 다음과 같아야 한다.

```scala
package com.packt.chapter8

import akka.stream.scaladsl._

object SynchronousPipeliningApplication extends
  PipeliningParallelizing {
```

```
    runGraph(Flow[Wash].via(washStage).via(dryStage))
}

object AsynchronousPipeliningApplication extends
  PipeliningParallelizing {
    runGraph(Flow[Wash].via(
      washStage.async).via(dryStage.async))
}

object ParallelizingApplication extends
  PipeliningParallelizing {
    runGraph(Flow[Wash].via(parallelStage))
}
```

3. 먼저, 인텔리제이나 커맨드라인에서 SynchronousPipeliningApplication 앱을
   실행한다.

```
hveiga$ sbt "runMain
com.packt.chapter8.SynchronousPipeliningApplication"
[info] Running
com.packt.chapter8.SynchronousPipeliningApplication
Washing 1. It will take 1000 milliseconds.
Drying 1. It will take 2000 milliseconds.
Done(1)
Washing 2. It will take 2000 milliseconds.
Drying 2. It will take 2000 milliseconds.
Done(2)
Washing 3. It will take 2000 milliseconds.
Drying 3. It will take 1000 milliseconds.
Done(3)
Washing 4. It will take 1000 milliseconds.
Drying 4. It will take 1000 milliseconds.
Done(4)
Washing 5. It will take 0 milliseconds.
Drying 5. It will take 2000 milliseconds.
Done(5)
```

4. 두 번째로, 인텔리제이나 커맨드라인에서 AsynchronousPipeliningApplication
   앱을 실행한다.

```
hveiga$ sbt "runMain
com.packt.chapter8.AsynchronousPipeliningApplication"
[info] Running
com.packt.chapter8.AsynchronousPipeliningApplication
Washing 1. It will take 2000 milliseconds.
Washing 2. It will take 0 milliseconds.
Drying 1. It will take 0 milliseconds.
Washing 3. It will take 1000 milliseconds.
Drying 2. It will take 0 milliseconds.
Done(1)
Done(2)
Washing 4. It will take 0 milliseconds.
Drying 3. It will take 2000 milliseconds.
Washing 5. It will take 0 milliseconds.
Drying 4. It will take 2000 milliseconds.
Done(3)
Drying 5. It will take 0 milliseconds.
Done(4)
Done(5)
```

5. 마지막으로, 인텔리제이나 커맨드라인에서 ParallelizingApplication 앱을 실행한다.

```
hveiga$ sbt "runMain com.packt.chapter8.ParallelizingApplication"
[info] Running com.packt.chapter8.ParallelizingApplication
Washing 1. It will take 0 milliseconds.
Washing 2. It will take 2000 milliseconds.
Drying 1. It will take 1000 milliseconds.
Done(1)
Washing 3. It will take 2000 milliseconds.
Drying 2. It will take 0 milliseconds.
Done(2)
Washing 4. It will take 1000 milliseconds.
Drying 3. It will take 1000 milliseconds.
Washing 5. It will take 0 milliseconds.
Drying 4. It will take 0 milliseconds.
Done(3)
Done(4)
Drying 5. It will take 1000 milliseconds.
Done(5)
```

이번 절에서는 스트림이 서로 다른 실행 경계 내에서 행동하는 방법을 살펴봤다. 여기서 는 세탁과 말리기 작업으로 된 간단한 빨래 예제를 사용했다. 먼저, 실행을 단일 액터 내 에 캡슐화하는 기본 행위를 사용했다. 예제를 실행할 때, 실행이 어떻게 순차적으로 일 어나는지 보게 된다. **싱크**는 요소를 가져온다. 요소는 washStage에 의해 실행되고, 그 뒤 dryStage에 의해, 마지막으로 **싱크**에 도달한다. 싱크에 의해 **요소**가 성공적으로 처리됐을 때만, 소스로부터 다른 요소를 가져온다.

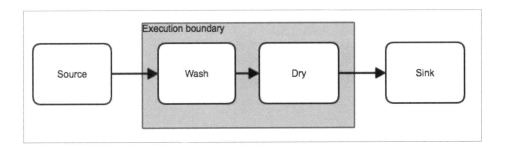

두 번째로, 비동기적 경계로 변경하고 washStage와 dryStage 모두에 async 변경자를 주 었다. 이는 요소가 washStage와 dryStage에 의해 비동기적으로 실행되도록 해준다. 앱의 커맨드라인 출력에서 볼 수 있듯이, 요소는 더 이상 다음 스테이지에 의해 처리되도록 두 스테이지를 기다릴 필요가 없다.

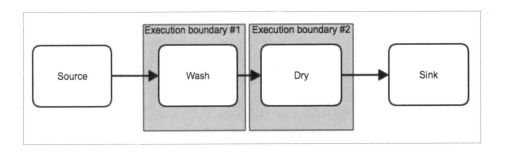

마지막으로, 처리를 세 개의 다른 브랜치로 병렬화하는 데 GraphDSL를 사용했다. Balance 는 하나의 입력 포트와 n개의 출력 포트로 된 스테이지로 요청이 있으면 즉시 출력 포트의 요소를 분산시킨다. 예제에서는 세 개의 출력 포트가 있었다. Merge는 n개의 입력 포트와 하나의 출력 포트로 된 스테이지다. 이 스테이지는 서로 다른 브랜치를 고유한 채널로 병합하는 책임을 맡는다. 그래프를 정의한 후 FlowShape 스테이지가 하나의 입력 포트와 하나의 출력 포트로 된 플로우로써 움직이도록 지시하기 위해 이를 반환한다. 또한 이 경우, 커맨드라인 출력을 분석하면 메시지 처리가 비동기적이고 병렬로 일어남을 볼 수 있다.

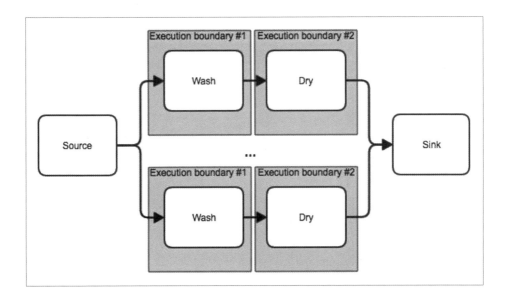

스트리밍 I/O로 작업하기

스트리밍에 있어서 가장 일반적인 시나리오 중 하나는 입출력 앱이다. 요즘에는 대부분의 현대적인 앱이 외부 개체나 서비스와 통신하기 위해 I/O를 사용한다. 이는 일반적으로 포트를 통해 수신하거나 원격 시스템에 데이터를 내보내는 방식으로 해낸다. 예를 들면, 사물인터넷에서 머신이 서로간의 접속을 위해 I/O를 사용할 때 이런 개념에 의존한다.

아카 스트림은 스트림에서 파일, 입력스트림, 출력스트림을 사용하는 데 소스와 싱크 집합을 제공한다. 이번 절에서는 단어를 수신하고 들어올 때 마다 개수를 세는 스트림을 만들 것이다.

준비하기

이번 절에서는 1234 포트에서 TCP 접속을 수신하는 스트림을 만든다. 스트림으로부터 들어오는 메시지를 수신하면, 단어의 개수를 세고 ByteString으로 이를 반환한다.

예제 구현

이 절을 위해 다음 단계를 수행한다.

1. com.packt.chapter8 패키지에 WorkingIOStreamsApplication.scala 파일을 만든다. 이 오브젝트는 127.0.0.1 주소와 1234 포트로 수신하는 스트림을 인스턴트화한다. 파일 내용은 다음과 같다.

```scala
package com.packt.chapter8

import akka.actor.ActorSystem
import akka.stream.ActorMaterializer
import akka.stream.scaladsl.Tcp.{IncomingConnection,
ServerBinding}
import akka.stream.scaladsl._
import akka.util.ByteString
import scala.concurrent.Future

object WorkingIOStreamsApplication extends App {
  implicit val actorSystem = ActorSystem("WorkingIOStreams")
  implicit val actorMaterializer = ActorMaterializer()
  val MaxGroups = 1000

  val connections = Tcp().bind("127.0.0.1", 1234)
  connections.runForeach(connection =>
```

```
    connection.handleWith(wordCount))

  val wordCount =
    Flow[ByteString].map(_.utf8String.toUpperCase)
    .mapConcat(_.split(" ").toList)
    .collect { case w if w.nonEmpty =>
      w.replaceAll("""[p{Punct}&&[^.]]""",
      "").replaceAll(System.lineSeparator(), "") }
    .groupBy(MaxGroups, identity)
    .map(_ -> 1)
    .reduce((l, r) => (l._1, l._2 + r._2))
    .mergeSubstreams
    .map(x => ByteString(s"[${x._1} => ${x._2}]n"))
}
```

2. 그런 다음 인텔리제이나 커맨드라인에서 WorkingIOStreamsApplication 앱을
   실행한다.

   hveiga$ sbt "runMain
   com.packt.chapter8.WorkingIOStreamsApplication"
   [info] Running com.packt.chapter8.WorkingIOStreamsApplication

3. TCP 서버로 스트림을 내보내는 도구를 사용한다. 예제의 경우 netcat(Mac OS에
   서는 nc)을 사용한다

   ```
   echo -n "A very very repetitive message to
   count words" | netcat 127.0.0.1 1234
   ```

4. 스트림으로부터 다음과 같은 메시지를 되돌려 받음을 보게 된다.

   hveiga$ echo -n "A very very repetitive message to count words" |
   netcat 127.0.0.1 1234
   [A => 1]
   [MESSAGE => 1]
   [REPETITIVE => 1]
   [WORDS => 1]
   [COUNT => 1]
   [TO => 1]
   [VERY => 2]

이번 절에서는 TCP 접속을 수신하는 스트리밍 앱을 만드는 방법을 살펴봤다. `Tcp.bind()`는 주어진 호스트이름과 포트에 수신자를 만드는 책임을 맡는다. 이 경우, 스트림은 명시적으로 정의된 싱크를 가지고 있지 않다. 그렇기 때문에 `sink.foreach`의 헬퍼 메서드인 `runForeach`를 사용한다.

각 `connection`은 실제 들어오는 연결을 나타내는 플로우이며, 단 한 번만 구체화할 수 있다. 그렇기 때문에 이 플로우는 다른 플로우에서 재사용할 수 없다. 단어 개수를 셀 수 있도록 `handleWith` 메서드를 사용했다. `wordCount` 플로우는 TCP 연결로부터 들어오는 메시지를 소화해 마지막 변환에 의해 내보내지는 요소를 반환한다. 예제의 경우 `ByteString` 타입이여야 한다.

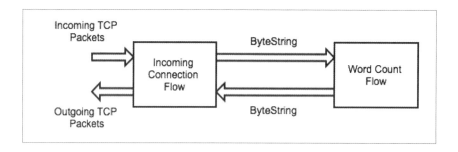

아카 액터에 스트림 통합하기

스트림의 스테이지는 궁극적으로 일련의 코드의 결합이며 액터에서 실행된다. 그렇기 때문에 아카 스트림과 아카 액터는 자연스럽게 완벽히 통합된다. 책 저술 시에는 액터와의 상호작용하는 데는 여러 가지 방법이 있었다. `ActorPublisher`와 `ActorSubscriber`란 트레이트를 사용하는 것이 한 가지 방법이다. 이들 트레이트는 액터 소스나 싱크를 만든다. 그러나 이들에게는 백프레셔 체계가 주어지지 않았으며 아카 2.5 이상에서는 폐기 decommission될 예정이다. 따라서 이를 사용하지 않는 것을 권한다.

ActorPublisher와 ActorSubscriber 대신에 소스 액터를 위한 Source.queue, 싱크 액터를 위한 Sink.actorRefWithAck, 그리고 플로우를 위한 mapAsync 및 ask를 살펴본다.

준비하기

이번 절에서는 스트림으로 요소를 내보내는 소스를 만드는 방법, 터에게 요청하는 플로우를 만드는 방법, 스트림으로부터 요소를 가져오는 싱크를 만드는 방법을 살펴본다.

예제 구현

이 절을 위해 다음 단계를 수행한다.

1. com.packt.chapter8 패키지에 StringCleanerActor.scala 파일을 만든다. 이 클래스는 문자열로부터 구두문자를 제거하는 책임을 맡는다. 코드 내용은 다음과 같아야 한다.

```scala
package com.packt.chapter8

import akka.actor.Actor

class StringCleanerActor extends Actor {
  def receive = {
    case s : String =>
      println(s"Cleaning [$s] in StringCleaner")
      sender ! s.replaceAll("""[p{Punct}&&[^.]]""",
        "").replaceAll(System.lineSeparator(), "")
  }
}
```

2. com.packt.chapter8 패키지에 SinkActor.scala 파일을 만든다. 이 클래스는 스트림으로부터 요소를 소비하는 싱크 액터가 된다.

```
package com.packt.chapter8

import akka.actor.Actor
import com.packt.chapter8.SinkActor.{AckSinkActor,
  InitSinkActor}

object SinkActor {
  case object CompletedSinkActor
  case object AckSinkActor
  case object InitSinkActor
}

class SinkActor extends Actor {
  def receive = {
    case InitSinkActor =>
      println("SinkActor initialized")
      sender ! AckSinkActor
    case something =>
      println(s"Received [$something] in SinkActor")
      sender ! AckSinkActor
  }
}
```

3. com.packt.chapter8 패키지에 SourceActor.scala 파일을 만든다. 이 클래스는
   스트림에 요소를 내보내는 소스 액터가 된다. 이를 위해, 클래스 매개변수로 넘
   기는 큐의 참조가 필요하다.

```
package com.packt.chapter8

import akka.actor.{Actor, Props}
import akka.stream.scaladsl.SourceQueueWithComplete

import scala.concurrent.duration._

object SourceActor {
  case object Tick
  def props(sourceQueue: SourceQueueWithComplete[String]) =
    Props(new SourceActor(sourceQueue))
```

```
    }

    class SourceActor(sourceQueue:
      SourceQueueWithComplete[String]) extends Actor {
        import SourceActor._
        import context.dispatcher

      override def preStart() = {
        context.system.scheduler.schedule(0 seconds,
          5 seconds, self, Tick)
      }

      def receive = {
        case Tick =>
          println(s"Offering element from SourceActor")
          sourceQueue.offer("Integrating!!###
            Akka$$$ Actors? with}{ Akka** Streams")
      }
    }
```

4. 액터 클래스를 만들었으면, 스트림을 만든다. com.packt.chapter8 패키지에 다음과 같은 내용으로 IntegratingWithActorsApplication.scala 파일을 만든다.

```
package com.packt.chapter8

import akka.actor.{ActorSystem, Props}
import akka.stream.{ActorMaterializer, OverflowStrategy}
import akka.stream.scaladsl._
import akka.pattern.ask
import akka.util.Timeout
import com.packt.chapter8.SinkActor.{AckSinkActor,
CompletedSinkActor, InitSinkActor}

import scala.concurrent.duration._

object IntegratingWithActorsApplication extends App {

  implicit val actorSystem =
    ActorSystem("IntegratingWithActors")
```

```
implicit val actorMaterializer = ActorMaterializer()

implicit val askTimeout = Timeout(5 seconds)
val stringCleaner =
  actorSystem.actorOf(Props[StringCleanerActor])
val sinkActor = actorSystem.actorOf(Props[SinkActor])

val source = Source.queue[String](100,
  OverflowStrategy.backpressure)
val sink = Sink.actorRefWithAck[String](sinkActor,
  InitSinkActor, AckSinkActor, CompletedSinkActor)
val queue = source
  .mapAsync(parallelism = 2)(elem => (stringCleaner ?
    elem).mapTo[String])
  .to(sink)
  .run()

actorSystem.actorOf(SourceActor.props(queue))
}
```

5. 인텔리제이나 커맨드라인에서 WorkingIOStreamsApplication 앱을 실행한다.

```
hveiga$ sbt "runMain
com.packt.chapter8.IntegratingWithActorsApplication"
[info] Running
com.packt.chapter8.IntegratingWithActorsApplication
Offering element from SourceActor
SinkActor initialized
Cleaning [Integrating!!### Akka$$$ Actors? with}{ Akka**
Streams] in StringCleaner
Received [Integrating Akka Actors with Akka Streams] in
SinkActor
```

예제 분석

이번 절에서는 어떻게 아카 액터가 스트림과 상호작용하도록 만드는지 보였다. 시작으로, 데이터를 스트림으로 보내는 책임을 지는 SourceActor를 만들었다. 아카 스트림은 스트림이 다른 요소를 처리하는 동안 요소를 버퍼링하는 데 큐를 사용하는 Source.queue 접근법을 제공한다. 큐를 인스턴트화할 때, 버퍼 크기와 OverflowStrategy를 준다. 이 초과 전략은 버퍼가 가득 찼을 때 새로운 요소를 넣으려 시도하면 큐가 어떻게 행동하는지를 정의한다. 여기서는 데이터 생산자의 속도를 줄이고 요소가 버려지는 것을 막도록 backpressure를 사용했다. 그러나 버퍼가 요소를 버리거나 심지어는 버퍼 전체를 버리게 하는 전략도 있다. 큐로 요소를 보내는 데는 queue.offer를 사용한다. 아카 스트림은 또한 백프레셔 체계가 없는 Source.actorRef도 제공한다는 것을 주지하라.

두 번째로, 액터에 요소를 송신하고 메시지를 되돌려 송신할 때까지 기다리는 비동기적 스테이지를 가지도록 mapAsync 및 ask의 조합을 사용했다. 예제에서는 StringCleanerActor가 이런 액터다. ask를 사용할 때 스트림이 요소가 되돌아 오기를 끝 없이 기다리지 않도록 Timeout을 설정하는 것이 중요하다.

마지막으로, 싱크 액터가 있다. 아카 스트림은 액터의 참조, 스트림이 초기화됐다는 것을 신호하는 메시지, ack를 신호하는 메시지, 그리고 스트림의 완료를 신호하는 메시지를 주어야 하는 Sink.actorRefWithAck 메서드를 제공한다. 액터가 InitSinkActor를 수신할 때, 요소를 소비할 준비가 됐다는 신호를 주기 위해 AckSinkActor 메시지를 송신해야 한다. 다른 어떤 요소든 액터에 들어올 때 같은 일이 벌어진다. 이를 통해 백프레셔를 구현할 수 있게 되며, 따라서 액터가 새로운 메시지를 계속 처리할 준비가 되지 않는다면 액터에 새로운 메시지가 더 이상 보내지지 않는다. 이는 소스와도 같다. 아카 스트림은 백프레셔 체계가 없으며 액터의 메일박스에 메시지가 쌓이는 Sink.actorRef란 변형도 제공한다. 이는 액터가 스트림이 메시지를 보내는 속도와 같게 메시지를 처리하지 못할 경우 메모리 유출을 야기할 수 있다.

그래프로 작업하기

스트림은 궁극적으로는 그래프다. 스테이지는 특정 개수의 입력과 출력 포트를 가진 그래프 노드로 볼 수 있으며, 스트림은 이들 노드의 연결 방법을 정의한다. 아카 스트림은 스트림을 더욱 직관적인 방법으로 디자인하기 위해 GraphDSL을 가져온다. 이 GraphDSL은 여러 용도로 사용할 수 있다.

- 고유한 스테이지로 행동할 수 있는 복잡한 스테이지를 디자인하고 조합한다. 이 스테이지는 또한 재사용이 가능하다.
- 실행 가능한 그래프를 디자인한다.

실행 가능한 그래프는 적어도 하나의 소스와 하나의 싱크가 있으며 스테이지의 모든 포트가 연결되어 있는 스트림 타입이다. 서로 다른 스트림을 조합하는 것이 가능한 내장 스트림이 존재한다. 가장 일반적인 연결 스트림은 다음과 같다.

- 병합(Merge): n개의 입력 포트와 하나의 출력 포트로 된 스테이지다. 입력으로부터 들어오는 모든 요소를 출력으로 병합한다.
- 균형(Balance): 하나의 입력 포트와 n개의 출력 포트로 된 스테이지다. 들어오는 요소를 요구에 따라 출력 포트로 분산시킨다.
- 송출(Broadcast): 하나의 입력 포트와 n개의 출력 포트로 된 스테이지다. 들어오는 요소를 모든 출력 포트로 내보낸다.

다른 내장 스테이지도 존재한다. 그러나 내장 스테이지가 다루지 않는 무언가가 필요하다면, 앞 절 '사용자 정의 스트림 처리'에서 설명한 것처럼 언제나 사용자 정의 스테이지를 만들 수 있음을 기억하기를 바란다. 다른 프레임워크와 달리 아카 스트림은 순환 그래프를 허용한다. 그러나 반복과 스레드 데드록을 피하려면 각별히 주의해야 한다.

이번 절에서는 다음과 같이 GraphDSL을 사용해서 그래프를 만든다.

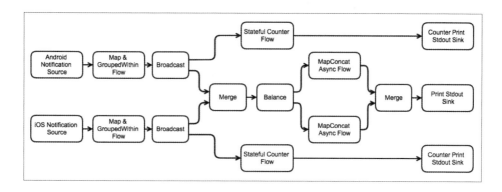

안드로이드와 iOS 단말기로부터 알림을 받는 환경을 시뮬레이션한다. 각 알림을 Generic Msg 클래스로 매핑하고 이들을 사용해 스테이트풀 카운터 플로우로 계산한다. 또한 이들을 병합하고, 매핑하며 표준 출력으로 인쇄한다.

예제 구현

이 절을 위해 다음 단계를 수행한다.

1. com.packt.chapter8 패키지에 StatefulCounterFlow.scala 파일을 만든다. 이 클래스는 카운터로 된 FlowShape의 GraphStage가 된다. 파일 내용은 다음과 같다.

```
package com.packt.chapter8

import akka.stream.{Attributes, FlowShape, Inlet, Outlet}
import akka.stream.stage.{GraphStage, GraphStageLogic,
    InHandler, OutHandler}
import com.packt.chapter8.
    WorkingWithGraphsApplication.GenericMsg
```

```scala
class StatefulCounterFlow extends
  GraphStage[FlowShape[Seq[GenericMsg], Int]] {

  val in: Inlet[Seq[GenericMsg]] =
    Inlet("IncomingGenericMsg")
  val out: Outlet[Int] = Outlet("OutgoingCount")
  override val shape: FlowShape[Seq[GenericMsg], Int] =
    FlowShape(in, out)

  override def createLogic(inheritedAttributes: Attributes):
    GraphStageLogic =
      new GraphStageLogic(shape) {
        var count = 0

      setHandler(in, new InHandler {
        override def onPush() = {
          val elem = grab(in)
          count += elem.size
          push(out, count)
        }
      })

      setHandler(out, new OutHandler {
        override def onPull() = {
          pull(in)
        }
      })
    }
}
```

2. com.packt.chapter8 패키지에 WorkingWithGraphs.scala 파일을 만든다. 이 클래스는 GraphDSL을 사용해 전체 스트림을 정의한다.

```scala
package com.packt.chapter8

import akka.actor.ActorSystem
import akka.stream._
import akka.stream.scaladsl.{Balance, Broadcast,
  Flow, GraphDSL, Merge, RunnableGraph, Sink, Source}
```

```scala
import scala.concurrent.duration._
import scala.util.Random

object WorkingWithGraphsApplication extends App {

  implicit val actorSystem = ActorSystem("WorkingWithGraphs")
  implicit val actorMaterializer = ActorMaterializer()

  trait MobileMsg {
    def id = Random.nextInt(1000)
    def toGenMsg(origin: String) = GenericMsg(id, origin)
  }
  class AndroidMsg extends MobileMsg
  class IosMsg extends MobileMsg
  case class GenericMsg(id: Int, origin: String)

  val graph = RunnableGraph.fromGraph(
    GraphDSL.create() { implicit builder =>
      import GraphDSL.Implicits._

      // 소스
      val androidNotification = Source.tick(
        2 seconds, 500 millis, new AndroidMsg)
      val iOSNotification = Source.tick(700 millis,
        600 millis, new IosMsg)

      // 플로우
      val groupAndroid = Flow[AndroidMsg].map(
      _.toGenMsg("ANDROID")).groupedWithin(5, 5
        seconds).async
      val groupIos = Flow[IosMsg].map(
      _.toGenMsg("IOS")).groupedWithin(5, 5 seconds).async
      def counter = Flow[Seq[GenericMsg]].via(new
        StatefulCounterFlow())
      val mapper = Flow[Seq[GenericMsg]].mapConcat(_.toList)

      // 정션(junction)
      val aBroadcast =
        builder.add(Broadcast[Seq[GenericMsg]](2))
```

```
val iBroadcast =
  builder.add(Broadcast[Seq[GenericMsg]](2))
val balancer = builder.add(Balance[Seq[GenericMsg]](2))
val notitificationMerge =
  builder.add(Merge[Seq[GenericMsg]](2))
val genericNotitificationMerge =
  builder.add(Merge[GenericMsg](2))

// 싱크
def counterSink(s: String) = Sink.foreach[Int](x =>
  println(s"$s: [$x]"))

// 그래프
androidNotification ~> groupAndroid ~> aBroadcast ~>
counter ~> counterSink("Android") aBroadcast ~>
notitificationMerge
iBroadcast ~> notitificationMerge
iOSNotification ~> groupIos ~> iBroadcast ~> counter ~>
counterSink("Ios")
notitificationMerge ~> balancer ~> mapper.async ~>
genericNotitificationMerge
balancer ~> mapper.async ~> genericNotitificationMerge

genericNotitificationMerge ~> Sink.foreach(println)
ClosedShape
})
graph.run()
}
```

3. 인텔리제이나 커맨드라인에서 WorkingWithGraphsApplication 앱을 실행한다.

```
hveiga$ sbt "runMain
com.packt.chapter8.WorkingWithGraphsApplication"
[info] Running com.packt.chapter8.WorkingWithGraphsApplication
Ios: [5]
GenericMsg(904,IOS)
GenericMsg(410,IOS)
GenericMsg(584,IOS)
GenericMsg(350,IOS)
```

```
GenericMsg(143,IOS)
Android: [5]
GenericMsg(270,ANDROID)
GenericMsg(301,ANDROID)
GenericMsg(413,ANDROID)
GenericMsg(50,ANDROID)
GenericMsg(585,ANDROID)
```

예제 분석

이번 절에서는 GraphDSL을 사용하는 방법을 살펴봤다. 먼저 소스를 정의하면서 시작했다. 안드로이드와 iOS로부터 들어오는 알림을 시뮬레이션하기 위해 AndroidMsg와 IosMsg 두 클래스를 만들었다. Source.tick을 사용해서 주기적으로 요소를 내보낼 수 있다. 두 번째로, 요소를 매핑하고, 그룹화하고, 개수를 세기 위해 플로우를 정의했다.

그런 다음 Merge, Broadcast, Balance 정선^{junction}을 인스턴트화했다. 그래프에서 정선을 적절하게 사용하려면, builder를 통해서 추가해야 한다는 점이 언급할 만 하다. builder 는 다른 그래프를 제공하는 헬퍼다. 이는 접속해야 하는 포트로 적절한 모양^{shape}를 반환한다. 정선을 만들 때는, 포트의 개수를 주어야 한다. 예를 들면, Merge(2)는 이 스테이지가 두 개의 입력 포트와 하나의 출력 포트를 가진다는 것을 의미한다. 마지막으로, StatefulCounterFlow 이후 요소의 개수를 인쇄하는 특별한 싱크를 정의했다.

모든 스테이지가 준비되면, 이를 연결하기만 하면 된다. ~> 메서드를 사용해 각 스테이지를 연결한다. 이 메서드는 GraphDSL로부터 암묵 메서드를 불러오면 쓸 수 있다. 이전에 언급했듯이, RunnableGraph를 최종적으로 얻기 위해서 모든 포트를 연결해야 한다. 예를 들면, 모든 플로우는 하나의 ~>가 이전에, 하나의 ~>가 그다음에 필요하다. 그러나 Broadcast(2)는 모든 포트가 연결돼 있으려면 하나의 ~>가 이전에, 그리고 두 개의 ~>가 다음에 있어야 한다. 최종적으로 ClosedShape를 반환한다. 이는 GraphDSL에 실행 가능한 닫힌 그래프가 필요하다는 것을 알려준다. 그래프를 인스턴트화할 때 모든 포트가 접속되어 있지 않으면 예외를 발생시킨다.

아카 스트림으로 RabbitMQ 메시지 처리하기

메시지 브로커는 많은 분산 및 실시간 시스템의 핵심 부분이 되었다. RabbitMQ는 오늘날 가장 일반적으로 쓰이는 브로커 중 하나다. RabbitMQ는 게시자/구독자^{publisher-subscriber} 패턴을 사용해 앱을 분리시키기 위해 클러스터링된 고가용성 솔루션을 제공하는 오픈소스 고급 메시지 큐 프로토콜^{AMQP, Advanced Message Queuing Protocol}이자 메시지 큐 원격 전송^{MQTT,} ^{Message Queue Telemetry Transport} 브로커다.

이번 절에서는 RabbitMQ 큐로부터 스트림으로 어떻게 AMQP 메시지를 소비하는지 살펴본다. 일단 소비하면 메시지를 변환하고 RabbitMQ에 게시한다. 이를 위해, 알파카^{Alpakka}로부터 AMQP 모듈을 사용한다. 알파카는 커뮤니티가 주도하는 저장소로 대부분의 일반적인 프로토콜과 형식에 유용한 아카 스트림 스테이지를 제공한다. 예를 들면, 아마존 S3, 아마존 SQS, JMS, 카산드라, 그리고 다른 많은 연결자^{connector}가 있다.

 쓸 수 있는 모든 Alpakka 모듈을 확인하고 싶다면 https://github.com/akka/alpakka에서 깃허브 저장소를 방문하라.

준비하기

이 절을 테스트하려면 RabbitMQ가 설치돼 실행 중이어야 한다. http://www.rabbitmq.com/download.html 링크에서 RabbitMQ를 다운받고 로컬에 이를 설치한다. 이 시점에, username/password guest/guest로 5672 포트에 로컬 브로커가 실행 중이라고 가정한다. 이 자격증명은 RabbitMQ를 로컬에서 접근할 때만 유효하다는 것을 기억하기를 바란다. 제공한 자격증명이 guest/guest일 경우 원격 접속은 거부된다.

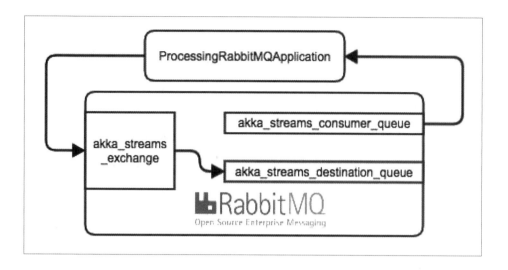

예제 구현

이 절을 위해 다음 단계를 수행한다.

1. 필요한 의존성을 가져온다. 이를 위해 built.sbt에 다음 줄을 추가한다.

   ```
   libraryDependencies += "com.lightbend.akka" %
   "akka-stream-alpakka-amqp_2.11" % "0.5"
   ```

2. sbt update를 실행해 중앙 저장소에서 의존성을 가져오도록 한다.

3. com.packt.chapter8 패키지에 ProcessingRabbitMQApplication.scala 파일을 만든다. 여기서 문자열 값에 대문자를 적용하도록 AMQP 소스와 싱크, 그리고 매핑 스테이지를 정의한다. 파일 내용은 다음과 같아야 한다.

   ```
   package com.packt.chapter8

   import akka.actor.ActorSystem
   import akka.stream.ActorMaterializer
   import akka.stream.alpakka.amqp._
   import akka.stream.alpakka.amqp.scaladsl.{AmqpSink,
   AmqpSource}
   ```

```scala
import akka.util.ByteString

object ProcessingRabbitMQApplication extends App {

  implicit val actorSystem = ActorSystem("SimpleStream")
  implicit val actorMaterializer = ActorMaterializer()

  val consumerQueueName = "akka_streams_consumer_queue"
  val consumerQueueDeclaration =
  QueueDeclaration(consumerQueueName)
  val sourceDeclarations = Seq(consumerQueueDeclaration)

  val exchangeName = "akka_streams_exchange"
  val exchangeDeclaration = ExchangeDeclaration(
  exchangeName, "direct")
  val destinationQueueName = "akka_streams_destination_queue"
  val destinationQueueDeclaration =
  QueueDeclaration(destinationQueueName)
  val bindingDeclaration = BindingDeclaration(
  destinationQueueName, exchangeName)
  val sinkDeclarations = Seq(exchangeDeclaration,
  destinationQueueDeclaration, bindingDeclaration)

  val credentials = AmqpCredentials("guest", "guest")
  val connectionSetting = AmqpConnectionDetails(
  "127.0.0.1", 5672, Some(credentials))
  val amqpSourceConfig = NamedQueueSourceSettings(
  connectionSetting, consumerQueueName, sourceDeclarations)
  val rabbitMQSource = AmqpSource(amqpSourceConfig, 1000)
  val amqpSinkConfig = AmqpSinkSettings(connectionSetting,
  Some(exchangeName), None, sinkDeclarations)
  val rabbitMQSink = AmqpSink(amqpSinkConfig)

  val stream = rabbitMQSource
  .map(incomingMessage => {
    val upperCased =
      incomingMessage.bytes.utf8String.toUpperCase
      OutgoingMessage(bytes = ByteString(upperCased),
      immediate = false,
```

```
        mandatory = false,
        props = None)
    })
    .to(rabbitMQSink)

    stream.run()
}
```

4. 인텔리제이나 커맨드라인에서 ProcessingRabbitMQApplication 앱을 실행한다.

hveiga$ sbt "runMain
com.packt.chapter8.ProcessingRabbitMQApplication"
[info] Running com.packt.chapter8.ProcessingRabbitMQApplication

5. http://localhost:15672/로 접속해 RabbitMQ 서버가 제공하는 웹 인터페이스
   를 연다. 자격증명을 요구하면 username에 guest와 password에 guest를 준다.
   이제 **Queue** 탭을 보면 두 개의 큐가 만들어졌음을 보게 된다.

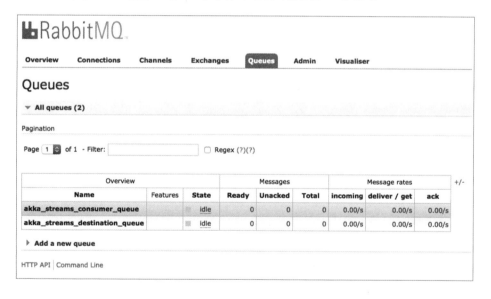

6. akka_streams_consumer_queue를 클릭하고 Publish message를 사용해 메시지를 게시한다.

7. 마지막으로, Queues 탭으로 돌아와서 akka_streams_destination_queue를 클릭한다. 큐에 새로운 메시지가 있음을 보게 된다.

8. 그런 다음 Get messages를 사용해 메시지를 가져오고 초기에 게시했던 메시지의 대문자 버전을 확인한다.

예제 분석

이번 절에서는 알파카 프로젝트가 제공하는 AMQP 연결자를 사용하는 방법을 살펴봤다. 이 시나리오에서는 akka_streams_consumer_queue라고 하는 AMQP 큐로부터 메시지를 소비했다. amqpSource는 이들 메시지를 받아 IncomingMessage 타입을 사용해 스트림으로 내보내는 역할을 맡는다. 그런 다음 이를 OutgoingMessage로 매핑해 amqpSink 싱크 객체가 이를 이해하고 AMQP 교환exchange으로 내보낼 수 있도록 했다.

소스와 싱크를 설정하는 동안 queue, exchange, binding 선언을 정의했다. 이런 작업이 필요한 이유는 이들 요소가 사용 전에 RabbitMQ 서버에 존재해야 하기 때문이다. 이들을 선언하기 전에 사용하면 예외가 발생한다.

리액티브 카프카를 사용해 아카 스트림과 카프카 통합하기

아파치 카프카는 업계에서 점차 인기가 많아지고 있는 분산 메시지 시스템이다. 메시지 시스템은 일반적으로 앱 구성 요소를 분리하고 시스템 아키텍처를 확장하는 데 도움이 되도록 하기 위해 쓰인다. 아파치 카프카는 메모리 대신에 디스크에 직접 메시지를 기록하는 점이 특이하다. 처음에는 이런 점이 장해물로 보일 수도 있다. 그러나 이런 기술은 아파치 카프카가 순차적 기록과 분할 시스템 덕분에 높은 메시지 속도를 달성하도록 해준다. 카프카는 초당 수 백만 메시지를 소비하고 전달하는 능력을 보였다.

이번 절에서는 카프카 0.10.1을 사용하고 두 개의 스트림을 만든다. 첫 번째 것은 카프카 토픽을 게시한다. 두 번째는 이로부터 소비한다. 두 스트림 모두 akka_streams_topic이란 같은 토픽을 사용한다.

이 절을 위해, 아파치 카프카 브로커가 9092 포트에서 로컬로 실행 중이라고 가정한다. 카프카를 설치하려면 https://kafka.apache.org/의 공식 문서를 따른다. 아파치 카프카 0.10.1을 사용할 것임을 주지하라. 이 절은 다른 카프카 버전에서는 맞지 않을 수 있다.

예제 구현

1. 이 절을 위해 다음 단계를 수행한다. 필요한 의존성을 가져오기 위해 다음 줄을 build.sbt 파일에 추가한다.

   ```
   libraryDependencies += "com.typesafe.akka" %
   "akka-stream-kafka_2.11" % "0.13"
   ```

2. 중앙 저장소에서 의존성을 가져오도록 sbt update를 실행한다.

3. com.packt.chapter8 패키지에 ProcessingKafkaApplication.scala 파일을 만든다. 여기서, 카프카 토픽에 메시지를 만들고 소비할 그래프를 정의한다. 파일 내용은 다음과 같아야 한다.

   ```
   package com.packt.chapter8

   import akka.actor.ActorSystem
   import akka.kafka.scaladsl.{Consumer, Producer}
   import akka.kafka.{ConsumerSettings,
   ProducerSettings, Subscriptions}
   import akka.stream.{ActorMaterializer, ClosedShape}
   import akka.stream.scaladsl.{Flow, GraphDSL,
   RunnableGraph, Sink, Source}
   import org.apache.kafka.clients.consumer.{ConsumerConfig,
   ConsumerRecord}
   import org.apache.kafka.clients.producer.ProducerRecord
   import org.apache.kafka.common.TopicPartition
   import org.apache.kafka.common.serialization.{
   ByteArrayDeserializer, ByteArraySerializer,
   ```

```scala
StringDeserializer, StringSerializer}

import scala.concurrent.duration._

object ProcessingKafkaApplication extends App {
  implicit val actorSystem = ActorSystem("SimpleStream")
  implicit val actorMaterializer = ActorMaterializer()

  val bootstrapServers = "localhost:9092"
  val kafkaTopic = "akka_streams_topic"
  val partition = 0
  val subscription = Subscriptions.assignment(new
    TopicPartition(kafkaTopic, partition))

  val consumerSettings = ConsumerSettings(actorSystem,
    new ByteArrayDeserializer, new StringDeserializer)
    .withBootstrapServers(bootstrapServers)
    .withGroupId("akka_streams_group")
    .withProperty(ConsumerConfig.AUTO_OFFSET_RESET_CONFIG,
    "earliest")

  val producerSettings = ProducerSettings(actorSystem,
    new ByteArraySerializer, new StringSerializer)
    .withBootstrapServers(bootstrapServers)

  val runnableGraph = RunnableGraph.fromGraph(
    GraphDSL.create() { implicit builder =>
    import GraphDSL.Implicits._

    val tickSource = Source.tick(0 seconds, 5 seconds,
   "Hello from akka streams through ")
    val kafkaSource = Consumer.plainSource(
      consumerSettings, subscription)
    val kafkaSink = Producer.plainSink(producerSettings)
    val printlnSink = Sink.foreach(println)

    val mapToProducerRecord = Flow[String].map(elem =>
      new ProducerRecord[Array[Byte], String](
      kafkaTopic, elem))
```

```
      val mapFromConsumerRecord =
        Flow[ConsumerRecord[Array[Byte], String]].map(
        record => record.value())

        tickSource ~> mapToProducerRecord ~> kafkaSink
        kafkaSource ~> mapFromConsumerRecord ~> printlnSink

      ClosedShape
    })

    runnableGraph.run()
  }
```

4. 인텔리제이나 커맨드라인에서 ProcessingKafkaApplication 앱을 실행한다.

```
hveiga$ sbt "runMain
com.packt.chapter8.ProcessingKafkaApplication"
[info] Running com.packt.chapter8.ProcessingKafkaApplication
Hello from Akka Streams using Kafka!
Hello from Akka Streams using Kafka!
```

예제 분석

이번 절에서는 아파치 카프카 토픽으로부터 레코드를 만들고 소비하는 방법을 살펴봤다. 아파치 카프카는 데이터를 다루는 데 키/값 접근법을 사용한다. 이런 키/값 쌍은 카프카 클러스터 내 사용 가능한 모든 분할 사이에서 레코드를 분산시키는 데 도움이 된다. 키와 값은 직렬화 및 역직렬화해야 한다. 이런 목적으로 아파치 카프카는 사전 정의된 직렬자와 역직렬자 집합을 제공한다. 예제의 경우 키를 위해 Array[Byte]를, 값을 위해 String 을 사용했다.

먼저, 토픽에 데이터를 만들었다. 이를 위해, 주기적으로 문자열 요소를 내보내는 Source. tick을 사용했다. 이들 문자열 요소는 ProducerRecord 객체로 매핑했다. ProducerRecord 는 아파치 카프카 클러스터로 데이터를 내보낼 프로듀서가 이해하는 타입이다. 새로 운 ProducerRecord를 인스턴트화할 때, 이 레코드가 어떤 토픽으로 보내지는지는 물론, 키와 값 타입을 설정할 필요가 있음을 주지하라. 마침내, 데이터를 게시하도록 Producer.plainSink를 만들었다. 이 프로듀서는 ProducerSettings를 통해 설정한다. ProducerSettings 클래스는 서버 접속 세부 사항(bootstrapServers)이나 키/값 직렬자와 같은 매개변수를 통해 정의해야 한다.

내보내기producing 부분이 새로운 요소를 카프카 토픽으로 쏘아 보낼 준비가 되면, 레코드를 소비할 두 번째 스트림을 준비해야 한다. 소비를 시작하려면 Consumer.plainSource를 통해 카프카 소스를 인스턴트화해야 한다. 이를 만드려면 ConsumerSettings과 Subscription 인수를 주어야 한다. ConsumerSettings는 ProducerSettings와 유사한 것으로 부트스트랩 서버, 역직렬자, 그룹 식별자, 특별한 속성을 정의한다. 예제에서는 오프셋이 서버에 존재하지 않는 경우 오프셋을 자동으로 설정하도록 AUTO_OFFSET_RESET_CONFIG를 사용했다. Subscription은 아파치 카프카 브로커에 소비자가 어떤 토픽과 분할로부터 읽어야 할지 정의하는 구독하기(subscription)를 만든다. 요소를 가져온 뒤, 이들을 ConsumerRecord에서 String으로 매핑한다. ConsumerRecord는 카프카로부터 이벤트가 들어올 때 내보내는 컨슈머다. ConsumerRecord 또한 키와 값 타입을 정의해야 한다. 그런 다음 문자열 요소를 인쇄하도록 간단히 println을 사용했다. 출력에서 Hello from Akka Streams using Kafka!를 볼 수 있다.

컨슈머가 0 대신에 다른 오프셋을 사용하도록 설정하는 것이 가능하다. 몇몇 상황에서는, 특정 오프셋에서 처리를 재개하길 원할 수도 있다. 이는 외부 저장 위치에 오프셋을 저장하고 컨슈머를 만들 때 Subscription.assignmentWithOffset 클래스를 사용해 해낼 수 있다. 게다가, 예제는 오프셋을 자동으로 커밋commit한다. 이는 메시지를 수신할 때, 브로커로 하여금 메시지를 다시 수신할 필요가 없음을 알게 하는 것을 인정하는 것과 같다. 어떤 사용 사례에서는 메시지 처리를 하도록 요구할 수 있다. 완료되면 카프카 브로커가 오프셋을 증가시킬 필요가 있음을 알게 하라. 예제의 경우, Consumer.committableSource와 Producer.commitableSink 조합을 사용해야 한다.

9

아카 HTTP

이 장에서 다루는 내용은 다음과 같다.

- 아카 HTTP로 최소한의 HTTP 서버 만들기
- 클라이언트 측 API로 아카 HTTP 서비스 소비하기
- HTTP 서버를 위한 라우팅 DSL 작성하기
- 아카 HTTP 설정 이해
- 데이터 마샬링, 언마샬링
- 데이터 인코딩, 디코딩
- 디렉티브 이해
- 예외 처리
- 아카 HTTP로 파일 업로드
- 아카 HTTP로 JSON 지원 구축
- 아카 HTTP로 XML 지원

아카 HTTP는 아카 스트림과 아카 액터를 활용하는 데 초점을 둔 스트리밍 우선streaming-first 라이브러리다. 아카 HTTP는 라이트밴드의 관리 아래 있는 또 다른 모듈로, HTTP 서버와 클라이언트를 만드는 데 폭넓은 API를 제공한다.

아카 HTTP는 이를 위해 서로 다른 계층을 정의하여 사용 사례에 따라 저수준 구현 프로토콜과 비교해 얼마나 추상화할지 개발자가 결정하도록 한다. 저수준 관점에서 아카 HTTP는 들어오는 HTTP 메시지를 메시지로 다루는 액터를 가질 수 있도록 해준다. 고수준 관점에서는 헤더나 내용에 따라 들어오는 요청으로 무엇을 할지 정의하는 데 도움을 주는 지시 기반directive-based 라우팅 DSL을 제공한다. 이 라이브러리는 또한 마샬링, 인코딩, 사용자 정의화, 그리고 가능한 모든 시나리오를 다루는 확장성을 고려한 폭넓은 유연성을 제공한다.

아카 HTTP는 초기에 스프레이spray란 이름의 프로젝트로 개발됐다. 현재, 이는 아카 팀이 유지하고 있지만, 커뮤니티에서도 크게 주도하고 있다. 아카 HTTP는 또한 HTTP2의 비동기 구현을 목표로 진행되고 있다. HTTP2는 인터넷에서의 시스템 통신 속도를 높이도록 만들어진 새로운 버전의 HTTP 프로토콜이다.

아카 HTTP로 최소한의 HTTP 서버 만들기

이번 절에서는 라우팅 DSL로 최소한의 HTTP 서버를 만드는 방법을 살펴본다. 또한 미리 만들어진 실행 준비된 서버를 제공하는 HttpApp 트레이트를 활용한다.

준비하기

이 절을 진행하려면 Hello-Akka 프로젝트를 불러와야 한다. 그 밖의 준비 사항은 이전과 같다. 이번에는 http를 위해 필요한 의존성을 가져와야 한다.

이 절을 위해 다음 단계를 수행한다.

1. 필요한 의존성을 가져온다.

2. build.sbt를 수정해 다음과 같이 아카 HTTP 의존성을 추가한다.

```
libraryDependencies += "com.typesafe.akka" %
"akka-http_2.11" % "10.0.5"
```

3. MinimalHttpServer.scala 파일을 만든다. 서버와 실행을 위한 작은 오브젝트 를 정의한다.

```scala
package com.packt.chapter9

import akka.http.scaladsl.model.{ContentTypes, HttpEntity}
import akka.http.scaladsl.server.HttpApp
import akka.http.scaladsl.server.Directives._
import akka.http.scaladsl.settings.ServerSettings
import com.typesafe.config.ConfigFactory

object MinimalHttpServer extends HttpApp {
  def route =
    pathPrefix("v1") {
      path("id" / Segment) { id =>
        get {
          complete(HttpEntity(ContentTypes.`text/html(UTF-8)`,
          s"<h1>Hello $id from Akka Http!</h1>"))
        } ~
        post {
          entity(as[String]) { entity =>
          complete(HttpEntity(ContentTypes.`text/html(
          UTF-8)`, s"<b>Thanks $id for posting
          your message <i>$entity</i></b>"))
        }
      }
    }
  }
```

```
  }

  object MinimalHttpServerApplication extends App {
    MinimalHttpServer.startServer("0.0.0.0", 8088,
    ServerSettings(ConfigFactory.load))
  }
```

4. 인텔리제이나 커맨드라인 셸에서 MinimalHttpServerApplication 앱을 실행한다.

```
hveiga$ sbt "runMain
com.packt.chapter9.MinimalHttpServerApplication"
[info] Running com.packt.chapter9.MinimalHttpServerApplication
Press RETURN to stop...
[INFO] [akka.actor.ActorSystemImpl(MinimalHttpServer)] Server
online at http://0:0:0:0:0:0:0:0:8088/
```

5. 실행 중인 서버로부터 GET 응답을 수신하도록 curl 명령을 실행한다. curl
   http://localhost:8088/v1/id/ALICE 명령을 실행하면 서버 응답이 인쇄되는
   것을 보게 된다.

```
hveiga$ curl http://localhost:8088/v1/id/ALICE
<h1>Hello ALICE from Akka Http!</h1>
```

6. 같은 커맨드라인 셸에서 curl -X POST --data 'Akka Http is Cool' http://local
   host:8088/v1/id/ALICE와 같이 받은 응답을 내보내는 curl 명령을 실행한다.

```
hveiga$ curl -X POST --data 'Akka Http is Cool'
http://localhost:8088/v1/id/ALICE
<b>Thanks ALICE for posting your message
<i>Akka Http is Cool</i></b>
```

예제 분석

이번 절에서는 HttpApp으로 작은 HTTP 서버를 만들었다. 이 트레이트는 최소한의 HTTP
서버를 실행하는 데 필요한 모든 코드를 제공한다. 오브젝트에서 트레이트를 상속할 때,
들어오는 HTTP 요청을 어떻게 다루고 응답하는지 정의하는 루트route를 구현해야 한다.

루트 안에는 디렉티브^{directive}를 사용해서 다른 HTTP 엔드포인트를 추가할 수 있다. 디렉티브는 작은 코드 블록이며 루트를 구성하는 데 조합할 수 있다. 예제에서는 pathPrefix, path, get, post, entity 디렉티브를 사용했다. 보는 바와 같이, DSL 라우팅은 강력하며 직관적이다. 정의된 루트를 보기만해도 요청을 어떻게 다룰지 이해된다. 'HTTP 서버를 위한 DSL 라우팅 작성하기' 절에서 DSL 라우팅을 더 자세히 살펴본다.

루트를 정의하면 서버를 실행해야 한다. 이를 위해, HttpApp은 startServer 메서드를 제공한다. startServer 메서드는 ServerSettings과 함께 서버가 수신할 곳의 호스트이름과 포트를 받는다. ServerSettings 오브젝트는 요청이나 시간 초과를 넣는 것 등 서버에 고급 설정을 제공하는 데 사용한다. 앱을 실행할 때, 서버가 요청을 수신할 준비가 됐다는 것을 알리는 로그를 볼 수 있다. 이 경우, GET 요청과 POST 요청을 테스트하기 위해 curl을 사용했다. 그러나 브라우저 등 다른 HTTP 클라이언트를 사용하는 것도 가능하다.

서버를 다 사용하면 RETURN을 눌러 앱을 종료시킬 수 있다. 이 기능도 HttpApp 트레이트가 제공한다.

클라이언트 측 API로 아카 HTTP 서비스 소비하기

아카 HTTP는 원격 HTTP 서비스를 소비하는 기능을 제공한다. 아파치 HttpComponents 같은 프레임워크도 같은 기능을 제공하지만, 아카 HTTP는 비동기적이며 기본적으로 스트리밍 우선이다. 아카 HTTP 클라이언트 API는 HTTP 서버 API와 같은 추상화를 사용하지만, 연결 풀링^{connection pooling} 개념을 추가했다. 이런 개념은 연결을 재사용하고 성능을 개선하도록 해준다.

아카 HTTP는 스트리밍 우선이며 AKKA 스트림 위에서 만들어졌으므로, 내장 백프레셔가 존재한다는 점이 중요하다. 이는 HTTP 개체를 소비할 때 스트림에 새로운 것을 수신할 준비가 됐다고 신호를 보내야 한다는 것을 뜻한다. 이는 개체를 버릴 때조차도 필요하다. 이를 하지 않으면 명백한 이유 없이 앱에 부정적인 영향을 줄 수도 있다. HTTP 클라이언트 API는 세 개 수준의 추상화로 나눠져 있다.

- **연결 수준**^{Connection Level}: 가장 낮은 수준을 나타낸다. HTTP 연결을 완전히 통제할 수 있도록 해준다. 대부분의 사용자 사례에는 너무 저수준일 것이다.
- **호스트 수준**^{Host Level}: 이는 연결 수준과 유사하지만 HTTP 연결을 스스로 관리할 필요가 없다.
- **요청 수준**^{Request Level}: 가장 높은 수준을 나타낸다. 개발자는 오직 HTTP 요청만을 다루며, 나머지는 아카 HTTP가 내부적으로 처리한다. 대부분의 사용 사례에 추천한다.

이번 절에서는 아카 HTTP 클라이언트 API를 어떻게 사용하는지 보인다. 이를 위해 서로 다른 API 수준을 사용해서 아카 HTTP 깃허브 저장소에 GET 요청을 만들고 열려 있는 이슈가 몇 개인지 확인해본다.

준비하기

이 절을 진행하려면 Hello-Akka 프로젝트와 앞 절에서 추가했던 아카 HTTP 의존성을 불러와야 한다.

이 절을 위해 다음 단계를 수행한다.

1. 먼저 연결 수준 API를 사용하자. com.packt.chapter9 패키지에 ConnectionLev elClientAPIApplication.scala 파일을 만든다. 파일 내용은 다음과 같아야 한다.

```scala
package com.packt.chapter9

import akka.actor.ActorSystem
import akka.http.scaladsl.Http
import akka.http.scaladsl.model.HttpRequest
import akka.stream.ActorMaterializer
import akka.stream.scaladsl.{Sink, Source}

import scala.util.{Failure, Success}
import scala.concurrent.duration._

object ConnectionLevelClientAPIApplication extends App {

  implicit val system = ActorSystem()
  implicit val materializer = ActorMaterializer()
  implicit val executionContext = system.dispatcher

  val connectionFlow =
    Http().outgoingConnectionHttps("api.github.com")
  val akkaToolkitRequest = HttpRequest(uri = "/repos
    /akka/akka-http")

  val responseFuture =
    Source.single(akkaToolkitRequest).via(
    connectionFlow).runWith(Sink.head)

  responseFuture.andThen {
    case Success(response) =>
      response.entity.toStrict(5 seconds).map(
```

```scala
          _.data.decodeString("UTF-8")).andThen {
            case Success(json) =>
              val pattern = """.*"open_issues":(.*?),.*""".r
              pattern.findAllIn(json).matchData foreach { m =>
                println(s"There are ${m.group(1)} open issues
                in Akka Http.")
                materializer.shutdown()
                system.terminate()
              }
            case _ =>
          }
          case _ => println("request failed")
      }
  }
```

2. com.packt.chapter9 패키지에 HostLevelClientAPIApplication.scala 파일을
   만든다. 이번에는 호스트 수준 API를 사용한다. 파일 내용은 다음과 같아야 한다.

```scala
package com.packt.chapter9

import akka.actor.ActorSystem
import akka.http.scaladsl.Http
import akka.http.scaladsl.model.HttpRequest
import akka.stream.ActorMaterializer
import akka.stream.scaladsl.{Sink, Source}

import scala.concurrent.duration._
import scala.util.{Failure, Success}

object HostLevelClientAPIApplication extends App {

  implicit val system = ActorSystem()
  implicit val materializer = ActorMaterializer()
  implicit val executionContext = system.dispatcher

  val poolClientFlow =
    Http().cachedHostConnectionPoolHttps[String]
      ("api.github.com")
  val akkaToolkitRequest = HttpRequest(uri = "/repos
```

```
          /akka/akka-http") -> """.*"open_issues":(.*?),.*"""
      val responseFuture = Source.single(akkaToolkitRequest)
        .via(poolClientFlow).runWith(Sink.head)

  responseFuture.andThen {
    case Success(result) =>
      val (tryResponse, regex) = result
      tryResponse match {
        case Success(response) =>
          response.entity.toStrict(5
            seconds).map(_.data.decodeString(
              "UTF-8")).andThen {
              case Success(json) =>
              val pattern = regex.r
              pattern.findAllIn(json).matchData foreach {
                m => println(s"There are ${m.group(1)}
                open issues in Akka Http.")
                materializer.shutdown()
                system.terminate()
              }
              case _ =>
              }
        case _ => println("request failed")
      }
      case _ => println("request failed")
  }
}
```

3. 마지막으로, com.packt.chapter9 패키지에 다음 내용으로 RequestLevelClient

APIApplication.scala 파일을 만든다.

```
package com.packt.chapter9

import akka.actor.ActorSystem
import akka.http.scaladsl.Http
import akka.http.scaladsl.model.HttpRequest
import akka.stream.ActorMaterializer

import scala.concurrent.duration._
```

```scala
import scala.util.{Failure, Success}

object RequestLevelClientAPIApplication extends App {

  implicit val system = ActorSystem()
  implicit val materializer = ActorMaterializer()
  implicit val executionContext = system.dispatcher

  val akkaToolkitRequest = HttpRequest(uri =
    "https://api.github.com/repos/akka/akka-http")
  val responseFuture =
    Http().singleRequest(akkaToolkitRequest)

  responseFuture.andThen {
    case Success(response) =>
      response.entity.toStrict(5 seconds).map(
      _.data.decodeString("UTF-8")).andThen {
    case Success(json) =>
      val pattern = """.*"open_issues":(.*?),.*""".r
    pattern.findAllIn(json).matchData foreach { m =>
      println(s"There are ${m.group(1)} open issues
        in Akka Http.")
      materializer.shutdown()
      system.terminate()
    }
    case _ =>
  }
  case _ => println(s"request failed")
}
}
```

4. 코드가 준비되면 앱을 실행한다. 먼저, 인텔리제이나 커맨드라인에서 Connectio nLevelClientAPIApplication을 실행한다.

```
hveiga$ sbt "runMain
com.packt.chapter9.ConnectionLevelClientAPIApplication"
[info] Running
com.packt.chapter9.ConnectionLevelClientAPIApplication
There are 352 open issues in Akka Http.
```

5. HostLevelClientAPIApplication 앱을 실행한다.

```
hveiga$ sbt "runMain
com.packt.chapter9.HostLevelClientAPIApplication
[info] Running com.packt.chapter9.HostLevelClientAPIApplication
There are 352 open issues in Akka Http.
```

6. 마지막으로, RequestLevelClientAPIApplication을 실행한다.

```
hveiga$ sbt "runMain
com.packt.chapter9.RequestLevelClientAPIApplication"
[info] Running
com.packt.chapter9.RequestLevelClientAPIApplication
There are 352 open issues in Akka Http.
```

예제 분석

이번 절에서는 GET 요청을 수행하는 데 아카 HTTP 클라이언트 레벨을 사용하는 방법을
다시 살펴봤다. 연결 수준 클라이언트 API를 사용하며 시작했다. 이 API는 아카 스트림
에 크게 의존한다. 아카 HTTP는 연결을 아카 스트림 플로우처럼 다룬다. 이는 연결이 요
청을 입력으로 수신하고 응답을 출력으로 송신한다는 것을 뜻한다. 최종적으로 응답의 값
을 가지는 Future[HttpResponse]를 수신하는 데 Sink.head를 사용했다. 응답의 실제 내
용을 가져오기 위해 entity를 얻어 UTF8로 디코딩해야 한다. 이 모든 것 이후, 정규식을
통해 원하는 값을 추출하고, 열려 있는 이슈의 개수를 인쇄한다.

두 번째로, 호스트 수준 클라이언트 API를 사용했다. 이는 이전 것과 유사하지만, 가
장 큰 차이점은 Http().cachedHostConnectionPoolHttps를 호출해 연결 플로우를 얻
는다는 것이다. 이 플로우는 특정 호스트 이름과 포트의 연결 풀을 가지며 타입의(Http
Request와 T)의 튜플을 소비한다. 예제의 경우, 타입 T는 문자열이었다. 이 수준은 요
청을 식별하기 위한 타입 T의 동반companion 객체를 가지는 서로 다른 요청을 사용해서
동일한 HTTP 서버에 복수로 접속할 때 사용할 의도로 만들어졌다. 어떤 요청은 실
패할 수도 있으므로, 출력 타입은 Try[HttpResponse]와 T로 된 튜플이다. Http().

cachedHostConnectionPoolHttps는 순서를 유지하지 않으므로, 플로우는 요소가 준비되는 대로 스트림에 내보낼 것이다. 그러므로 요청을 송신하는 순서와 다르게 응답을 받는 것이 일반적이다.

마지막으로, 요청 수준 클라이언트 API를 사용했다. 이는 대부분의 사용 사례에 추천하는 수준이며 가장 직관적인 수준이기도 하다. 아카 HTTP는 Http().singleRequest를 호출하기만 하면, 실행 컨텍스트에 요청을 발동시키며 결과가 사용 가능할 때 소비하도록 Futute[HttpResponse]를 되돌려 준다.

이 예제에서는 HTTPs를 원격 HTTP 서버로 사용했지만, 이 절은 HTTP를 사용한다면 완전히 동일하게 동작한다.

HTTP 서버를 위한 라우팅 DSL 작성하기

아카 HTTP는 REST API의 레이아웃을 정의하기 위한 우아한 DSL을 제공한다. 이 DSL은 유입되는 요청을 라우팅하고 처리하는 서로 다른 디렉티브^{directive}를 조합할 수 있도록 해준다. 디렉티브는 HTTP 요청을 유형에 따라 통과시키거나 아니면 거절하는 함수다. HTTP 요청이나 응답에 대한 서로 다른 면의 HTTP 프로토콜이나 매개변수를 다루는 150개가 넘는 특유의 디렉티브가 있다. 예를 들면, 메서드 디렉티브(post, get, put, delete 같은)나 요청의 URI에 있는 특정 루트에 맞는 루트 디렉티브가 존재한다.

 사전 정의된 디렉티브는 다음 주소에서 알파벳 순으로 확인할 수 있다.
http://doc.akka.io/docs/akka-http/current/scala/http/routing-dsl/directives/alphabetically.html

이번 절에서는 저장소 솔루션으로 메모리를 사용해 CRUD^{Create, Read, Update, Delete} REST API를 쉽게 작성하는 방법을 살펴본다. 이를 위해 어떤 타입의 데이터든 사용할 수 있는 구속 없는 접근법을 사용한다. 또한, 어떻게 이들 루트가 모듈화되고 더욱 복잡한 루트로 조합시킬 수 있는지 본다. 이 예제에서는, 위치의 현재 온도를 저장하는 데 REST API를 사용한다.

준비하기

이 절을 진행하기 위해서는 Hello-Akka 프로젝트와 앞 절에서 추가했던 아카 HTTP 의존성을 불러온다.

예제 구현

이 절을 위해 다음 단계를 수행한다.

1. 주어진 루트의 모든 요청을 처리하는 트레이트를 작성하고 get, post, put, delete 요청을 처리하는 메서드는 구현되지 않은 채로 남겨둔다. com.packt. chapter9 패키지에 InMemoryStorageRestApi.scala 파일을 만들고 내용은 다음과 같이 한다.

```scala
package com.packt.chapter9

import akka.http.scaladsl.server.Directives._
import akka.http.scaladsl.server._

import scala.collection.mutable

trait InMemoryStorageRestApi[K, V] {
  implicit val fixedPath: String

  def composedRoute(cache: mutable.Map[K, V]) =
    versionOneRoute {
      temperaturePathRoute {
        handleAllMethods(cache)
      }
    }
```

```
private def versionOneRoute(route: Route) =
  pathPrefix("v1") {
    route
  }

private def temperaturePathRoute(route: Route) =
  pathPrefix(fixedPath) {
    route
  }

private def handleAllMethods(cache: mutable.Map[K, V]) = {
  get { handleGet(cache) } ~
  post { handlePost(cache) } ~
  put { handlePut(cache) } ~
  delete { handleDelete(cache) }
}

def handleGet(cache: mutable.Map[K, V]): Route
def handlePut(cache: mutable.Map[K, V]): Route
def handlePost(cache: mutable.Map[K, V]): Route
def handleDelete(cache: mutable.Map[K, V]): Route
}
```

2. 캐시에 저장할 오브젝트를 만든다. com.packt.chapter9에 TemperatureMeasure
ment.scala 파일을 만들고, 그 안에 케이스 클래스를 정의한다.

```
package com.packt.chapter9

case class TemperatureMeasurement(location: String,
  measurement: Double)
```

3. REST API를 실제로 처리하는 핸들러를 정의한다. com.packt.chapter9에 CRUD
Handlers.scala 파일을 만들고, 그 안에 네 개의 트레이트를 정의한다. 각각은
서로 다른 HTTP 메서드인 GET, PUT, POST, DELETE를 처리한다.

```
package com.packt.chapter9

import akka.http.scaladsl.model.StatusCodes
import akka.http.scaladsl.server.Directives._
```

```scala
import akka.http.scaladsl.server.PathMatchers.Segment

trait GetRequestsHandler {
  def handleGet(cache: scala.collection.mutable.Map[String,
  TemperatureMeasurement]) =
    pathEndOrSingleSlash {
      complete {
        cache.map(keyValue => s"${keyValue._2.location},
          ${keyValue._2.measurement}")
          .mkString("n")
      }
    } ~
    path(Segment) { id =>
      complete {
        cache.get(id) match {
          case Some(TemperatureMeasurement(location,
            measurement)) => s"Temperature for
            $location is $measurement"
          case None => StatusCodes.NotFound -> s"Not
            temperature measurement for $id"
        }
      }
    }
}

trait PostRequestsHandler {
  def handlePost(cache: scala.collection.mutable.Map[String,
    TemperatureMeasurement]) =
      entity(as[String]) { content =>
      complete {
        content.split(",") match {
          case Array(location, _)
          if cache.contains(location) =>
            StatusCodes.Conflict -> s"$location has a
            value already. To update it please
            use PUT method."
          case Array(location, measurement) =>
            cache.put(location, TemperatureMeasurement(
            location, measurement.toDouble))
```

```scala
              s"Measurement inserted for $location"
          }
        }
      }
    }

  trait PutRequestsHandler {
    def handlePut(cache: scala.collection.mutable.Map[String,
      TemperatureMeasurement]) =
        path(Segment) { id =>
          entity(as[String]) { updatedMeasurement =>
            complete {
              cache.get(id) match {
              case Some(TemperatureMeasurement(location,
                measurement)) =>
              cache.put(id, TemperatureMeasurement(location,
                updatedMeasurement.toDouble))
              s"New temperature for $location is
                $updatedMeasurement"
              case None =>
                StatusCodes.NotFound -> s"Not temperature
                measurement for $id"
            }
          }
        }
      }
    }

  trait DeleteRequestsHandler {
    def handleDelete(cache: scala.collection.mutable.Map[
      String, TemperatureMeasurement]) =
        path(Segment) { id =>
        complete {
          cache.get(id) match {
            case Some(TemperatureMeasurement(location,
              measurement)) =>
              cache.remove(id)
              s"Removed temperature for $location"
```

```
        case None =>
          StatusCodes.NotFound -> s"Not temperature
            measurement for $id"
      }
    }
  }
}
```

4. 모든 트레이트를 합치는 클래스를 만들고 이를 실행 가능한 앱으로 만들기 위해 HttpApp을 상속한다. com.packt.chapter9 패키지에 다음과 같은 내용으로 WritingRoutingDSL.scala 파일을 만든다.

```
package com.packt.chapter9

import akka.http.scaladsl.server.HttpApp
import akka.http.scaladsl.settings.ServerSettings
import com.typesafe.config.ConfigFactory

import scala.collection.mutable

class TemperatureInMemoryStorageRestApi(
cache: mutable.Map[String,
  TemperatureMeasurement]) extends HttpApp
  with InMemoryStorageRestApi[String, TemperatureMeasurement]
  with GetRequestsHandler
  with PostRequestsHandler
  with PutRequestsHandler
  with DeleteRequestsHandler {

  implicit val fixedPath = "temperature"
  val route = composedRoute(cache)
}

object TemperatureInMemoryStorageRestApiApplication
  extends App {
  val cache = mutable.Map.empty[String,
    TemperatureMeasurement]
  new TemperatureInMemoryStorageRestApi(
```

```
      cache).startServer("0.0.0.0", 8088,
        ServerSettings(ConfigFactory.load))
   }
```

5. 코드가 준비되면 세 개의 앱을 실행한다. 먼저, 인텔리제이나 커맨드라인에서 Co nnectionLevelClientAPIApplication를 실행한다.

```
hveiga$ sbt "runMain
com.packt.chapter9.TemperatureInMemoryStorageRestApiApplication"
[info] Running
com.packt.chapter9.TemperatureInMemoryStorageRestApiApplication
Press RETURN to stop...
[INFO] [TemperatureInMemoryStorageRestApi-akka.actor.default-
dispatcher-4]
[akka.actor.ActorSystemImpl(TemperatureInMemoryStorageRestApi)]
Server online at http://0:0:0:0:0:0:0:0:8088/
```

6. 테스트를 위해 다른 커맨드라인 셸을 열고 몇 가지 요청을 실행하는 CURL(혹은 비슷한 다른 도구)을 사용한다.

```
hveiga$ curl -X POST --data "Chicago,20.0"
http://localhost:8088/v1/temperature/
Measurement inserted for Chicago
hveiga$ curl -X POST --data "Madrid,15.0"
http://localhost:8088/v1/temperature/
Measurement inserted for Madrid
hveiga$ curl -X GET http://localhost:8088/v1/temperature/
Madrid,15.0
Chicago,20.0
```

예제 분석

이번 절에서는 아카 HTTP 라우팅 DSL을 어떻게 쓰는지 배웠다. 각 위치의 온도 값을 저장하기 위해 REST API를 만들었다. 이를 위해, 일반화된 트레이트인 InMemoryStorageRestApi를 만들었다. 이 트레이트는 두 개의 pathPrefix 디렉티브로 들어오는 모든 요청을 매칭시켜 라우트를 조합한다. 첫 번째 것은 버전 접두어인 v1이이며, API에 무언가 버전화된 체계를 제공하는 데 이를 우선적으로 사용했다(현재는 API에 버전화를 제공하는 데 보편적으로 받아들여지는 방법이 없다. 이는 일반적인 접근법 중 하나일 뿐이다). 두 번째는 단지 문자열을 사용해서 URI 루트에서 자원을 인식한다. 그런 다음 서로 다른 HTTP 요청을 다루기 위해 네 개의 구현되지 않은 메서드를 가지게 된다. 이들은 HTTP 메서드 디렉티브인 get, post, put, delete 덕분에 매칭이 된다. 이는 CRUDHandlers.scala 파일에 있으며, 여기에 이들 디렉티브를 다루기 위한 네 개의 서로 다른 핸들러를 만들었다. 이를 보면 API의 서로 다른 부분을 얼마나 쉽게 모듈화할 수 있는지 알 수 있으며, 특히 테스트와 유지보수에 유용할 수 있다.

이들 핸들러는 다른 유용한 디렉티브를 사용할 수 있다. pathEndOrSingleSlash 메서드는 URI의 나머지 부분이 단지 하나의 슬래시이거나 아니면 없을 때 매칭된다. path(Segment)는 URI의 나머지 부분에 매칭되고 추출시키며, entity(as[String])은 문자열 형식으로 된 HTTP 요청의 내용을 추출하며, complete는 주어진 요청을 위한 HTTP 응답을 준비할 수 있도록 해준다. complete는 여러 값을 받을 수 있지만, 예제의 경우 (StatusCode과 ToResponseMarshallable) 튜플을 반환했다. StatusCode는 응답의 HTTP 상태 코드를 설정한다. ToResponseMarshallable은 객체가 문자열과 같은 HTTP 응답으로 마샬링될 수 있음을 나타낸다.

마지막으로, TemperatureInMemoryStorageRestApi 클래스를 정의해 완전한 API를 구성했다. 이 클래스는 InMemoryStorageRestApi 트레이트 및 서로 다른 HTTP 메서드 핸들러는 정의하는 네 개의 트레이트를 상속한다. 추가로, 실행 가능한 서버를 만드는 데 HttpApp을 추가했다. 그다음, 앱을 실행하고 HTTP 클라이언트를 사용해 테스트했다.

 메모리 저장소에 값이 변하는 간단한 맵을 사용하는 것을 권하지 않는다. 단지 시연 목적으로 절에 이를 사용했을 뿐이다.

아카 HTTP 설정 이해

아카 HTTP는 앱을 미세 조정하는 소수의 설정 매개변수를 동반한다. 아카 관련 프로젝트에서는 주로 타입세이프 설정 파일인 application.conf에 설정을 한다. 이번 절에서는 가장 일반적인 설정 매개변수를 정하고 오버라이드하는 법을 배운다. 특히, 아카 HTTP 서버를 위한 설정 매개변수, 아카 HTTP 클라이언트를 위한 다른 설정 매개변수를 오버라이드하고 마지막으로 HTTP 요청을 파싱할 때 어떻게 기본값을 수정하는지 본다. 이는 특정적인 특성으로 된 요청을 거부해야 할 때 유용하다.

준비하기

서로 다른 설정 매개변수 집합을 구별하면서 시작한다. 아카 HTTP 프로젝트는 복수의 모듈을 가진다.

- Akka-http-core: 클라이언트와 서버 API의 저수준 구현을 위한 설정 매개변수를 가진다.
- Akka-http: 고수준 구현의 설정 매개변수를 가진다. 현재는 이것이 라우팅 DSL 설정이다.

여기서 다음 매개변수를 수정한다.

매개변수	모듈	기본값	오버라이드해야 하는 이유
server.request-timeout	akka-http-core	20초	백엔드가 응답을 만들어내는 데 오랜 시간이 걸릴 수 있을 때. 따라서, 20초가 충분치 않을 수 있다.
client.connecting-timeout	akka-http-core	10초	원격 서버가 느릴 수 있을 때. 따라서, 10초가 충분치 않을 수 있다.
max-content-length	akka-http-core	8분	REST API가 임베디드 장치에서 실행될 때. 커다란 요청이 허용되지 않을 수도 있다.

절을 위해 다음 단계를 수행한다.

1. src/main/resources에 application.conf 파일을 만든다.
2. 파일 안에 다음 설정 매개변수를 설정한다.

```
akka.http {
  server.request-timeout = 60s
  client.connecting-timeout = 60s
  parsing.max-content-length = 1m
}
```

예제 분석

이번 절에서는 요구에 부합하도록 아카 HTTP 설정을 수정하는 방법을 살펴봤다. 예제에서는 단지 세 개의 설정 매개변수를 사용했다. akka.http.parsing을 오버라이드하면 서버와 클라이언트 모두 설정을 바꾸게 된다는 것을 주지하는 것이 좋다. 그러나 서버와 클라이언트 각각에 다른 매개변수를 설정하는 것도 가능하다. 이를 위해, akka.http.server.parsing나 akka.http.client.parsing을 설정해야 한다.

 아카 HTTP는 클라이언트와 서버 API의 모든 요소를 조정하고 변경하는 많은 설정 매개변수를 가진다. 모든 설정 매개변수는 http://doc.akka.io/docs/akka–http/current/scala/http/configuration.html에서 찾을 수 있다.

데이터 마샬링, 언마샬링

HTTP 프로토콜은 원격 시스템 사이에 정보를 전송하는 데 주로 사용된다. 데이터를 한 지점에서 다른 지점으로 전송할 수 있으려면 바이트로 직렬화해야 한다. 그러나 앱에서 바이트를 조작하는 것은 아마도 어려우며 오류를 유발시킬 것이다. 이런 문제는 일반적으로 송신하거나 수신하는 데이터를 나타내는 클래스를 코드에 만드는 식으로 접근한다. 게다가, 클래스를 바이트 스트림으로 마샬링하는 것은 물론, 들어오는 바이트 스트림을 클래스로 언마샬링하는 로직을 가지는 편의 코드를 개발할 수 있다.

아카 HTTP는 로직을 제공한다면 API가 자동으로 마샬링과 언마샬링한다. 사용 사례에 따라 HTTP 요청이나 응답의 일부만을 마샬링하길 원할 수도 있다. 이 때문에 아카 HTTP는 마샬러를 각기 다른 수준으로 제공한다. HTTP 개체(기본적으로 콘텐트와 콘텐트 타입) 직렬화를 맞춤화하기만을 원한다면 ToEntityMarshaller[T]나 FromEntityUnmarshaller[T]를 상속할 수 있다. 특수한 헤더 같이 더 세부적인 것을 제공하고 싶다면 ToResponseMarshaller[T], FromResponseUnmarshaller[T], ToRequestMarshaller[T], FromRequestUnmarshaller[T] 중 하나를 상속해야 한다. 또한 XML이나 JSON 마샬러도 있으며, 다른 절에서 볼 것이다.

이번 절에서는 탭으로 분리된 값을 사용해서 케이스 클래스를 직렬화하는 데 자신만의 마샬러와 언마샬러를 만드는 방법을 살펴본다. 그런 다음 이들을 라우팅 DSL에 통합시키는 법을 본다.

준비하기

이 절을 진행하려면 Hello-Akka 프로젝트와 앞 절에서 추가했던 아카 HTTP 의존성을 불러와야 한다.

이 절을 위해 다음 단계를 수행한다.

1. com.packt.chapter9 패키지에 SpeedMeasurement.scala 파일을 만든다. 이 파일은 세 개의 클래스를 정의한다.

   - SpeedMeasurement를 정의하는 케이스 클래스
   - 공백으로 구분된 문자열을 SpeedMeasurement로 바꾸는 오브젝트
   - 마샬러와 언마샬러로 된 헬퍼 트레이트

2. SpeedMeasurement.scala 파일에 SpeedMeasurement 케이스 클래스를 정의한다.

   ```
   package com.packt.chapter9

   case class SpeedMeasurement(timestamp: Long, latitude:
     Double, longitude: Double, value: Double) {
     val marshall = s"$timestamp $latitude $longitude
     $value" }
   ```

3. 같은 파일에 다음과 같은 내용으로 오브젝트를 정의한다.

   ```
   package com.packt.chapter9

   object SpeedMeasurement {
     def unmarshall(str: String) = {
       str.split("s") match {
         case Array(timestamp, latitude, longitude, value) =>
           SpeedMeasurement(timestamp.toLong, latitude.toDouble,
             longitude.toDouble, value.toDouble)
       }
     }
   }
   ```

4. 같은 파일에 SpeedMeasurementMarshallingHelper 트레이트를 정의한다.

```
package com.packt.chapter9

import akka.http.scaladsl.marshalling.{Marshaller, _}
import akka.http.scaladsl.model._
import akka.http.scaladsl.unmarshalling.{Unmarshaller, _}

trait SpeedMeasurementMarshallingHelper {
  val contentType = ContentType(MediaTypes.`text/tab-
    separated-values`, HttpCharsets.`UTF-8`)
    implicit val utf8TextSpaceMarshaller:
      ToEntityMarshaller[SpeedMeasurement] =
        Marshaller.withFixedContentType(contentType) {
          speedMeasurement ⇒ HttpEntity(contentType,
          speedMeasurement.marshall) }
    implicit val utf8TextSpaceUnmarshaller:
      FromEntityUnmarshaller[SpeedMeasurement] =
        Unmarshaller.stringUnmarshaller.map(
          SpeedMeasurement.unmarshall)
}
```

5. 루트를 정의할 파일과 실행할 오브젝트를 만든다. com.packt.chapter9 패키지
에 다음 내용으로 MarshallingApplication.scala 파일을 만든다.

```
package com.packt.chapter9

import akka.http.scaladsl.model._
import akka.http.scaladsl.server.Directives._
import akka.http.scaladsl.server.HttpApp
import akka.http.scaladsl.settings.ServerSettings
import com.typesafe.config.ConfigFactory

object MarshallingServer extends HttpApp with
  SpeedMeasurementMarshallingHelper {
  var measurement: Option[SpeedMeasurement] = None
  val route =
  get {
    complete {
      measurement match {
```

```
        case None => StatusCodes.NotFound ->
          "Speed Measurement is empty"
        case Some(value) => StatusCodes.OK -> value
      }
    }
  } ~
  post {
    entity(as[SpeedMeasurement]) { speedMeasurement =>
      complete {
        measurement = Some(speedMeasurement)
        StatusCodes.OK -> s"Speed Measurement now is
        $speedMeasurement"
      }
    }
  }
}


object MarshallingApplication extends App {
  MarshallingServer.startServer("0.0.0.0", 8088,
    ServerSettings(ConfigFactory.load))
}
```

6. 인텔리제이나 커맨드라인에서 앱을 실행한다.

```
hveiga$ sbt "runMain com.packt.chapter9.MarshallingApplication"
[info] Running com.packt.chapter9.MarshallingApplication
Press RETURN to stop...
[INFO] [02/21/2017 19:53:41.973] [MarshallingServerakka.
actor.default-dispatcher-4]
[akka.actor.ActorSystemImpl(MarshallingServer)] Server
online at http://0:0:0:0:0:0:0:0:8088/
```

7. curl이나 비슷한 HTTP 클라이언트에서 다음 명령을 실행해 테스트한다.

```
hveiga$ curl -X POST --data "140000000 40.42015 -3.70578 56.0"
http://localhost:8088/
Speed Measurement now is
SpeedMeasurement(140000000,40.42015,-3.70578,56.0)
hveiga$ curl -X GET http://localhost:8088/
140000000 40.42015 -3.70578 56.0
```

이 절에서는 코드 클래스를 사용해서 자동으로 요청과 응답을 수신하고 송신할 때 아카 HTTP의 마샬링과 언마샬링 능력을 사용하는 방법을 배웠다. 이를 위해, `SpeedMeasurem entMarshallingHelper`를 만들었다. 이 트레이트는 `SpeedMeasurement` 타입을 위한 마샬러와 언마샬러를 가진다.

`utf8TextSpaceMarshaller` 클래스는 `SpeedMeasurement`를 `HttpEntity`로 바꾸는데 `Marshaller.withFixedContentType` 헬퍼 메서드를 사용한다. `utf8TextSpaceUnmarshaller`는 같은 방법으로 인터넷에서 바이트를 읽고 최종적으로 `SpeedMeasurement` 인스턴스로 바꾸는 데 `Unmarshaller.stringUnmarshaller`의 도움을 받는다.

마샬러와 언마샬러 둘 다 `implicit`로 정의돼 있음을 주지하라. 이는 아카 HTTP가 `SpeedMeasurement` 타입을 송신하고 수신하고자 하는 경우 어떤 마샬러를 사용할 지 이해하는 데 필요하다. 이는 `SpeedMeasurement` 타입으로 요청을 완료하거나(루트의 get 부분에서 했던 것처럼) 아니면 `entity(as[SpeedMeasurement])`를 사용해서 개체를 `SpeedMeasurement` 타입으로 언마샬링하고자 할 때(루트의 post 부분을 하는 것처럼) 일어난다.

아카 HTTP는 `Array[Byte]`, 문자열, 아니면 CSV와 같은 일반적인 경우를 다루는 내장 마샬러와 언마샬러 집합을 가지고 있다.

 공식 문서에서 마샬러를 위한 모든 훌륭한 지원 타입 리스트를 찾을 수 있다.
http://doc.akka.io/docs/akka-http/current/scala/http/common/marshalling.html#predefined-marshallers
언마샬러는 다음을 참고하라.
http://doc.akka.io/docs/akka-http/current/scala/http/common/unmarshalling.html#predefined-unmarshallers.

데이터 인코딩, 디코딩

HTTP에서의 인코딩/디코딩은 마샬링/언마샬링과 다르게 HTTP 개체를 다른 형식으로 변환하는 과정을 뜻한다. 이 형식화formatting는 원격 엔드포인트에서 HTTP 개체를 이해하도록 원상태로 돌릴 수 있으며, 주로 형식화 코덱을 사용해서 일어난다. HTTP는 HTTP 개체를 압축/해제하는 데 우선적으로 압축 코덱을 사용해 전송 내 대역폭을 아끼게 된다. 이런 추가적인 과정에 따른 비용은 낮은 대역폭 및 전반적으로 더 빠른 응답 시간과 비교했을 때 일반적으로 중요치 않다. 인기 있는 코덱은 gzip, compress, deflate가 있다.

아카 HTTP는 코덱을 다루기 위한 서버와 클라이언트 API 모두에 대한 기능을 제공한다. 이번 절에서는 압축된 HTTP 개체를 수신하고 디코딩한 뒤 HTTP 개체 응답을 준비하고, 인코딩하여, 클라이언트에 다시 전달하는 서버를 만든다. 또한 이를 테스트하기 위해 압축된 요청을 송신하고 압축된 응답을 읽는 클라이언트 코드를 만든다.

준비하기

이 절을 진행하려면 Hello-Akka 프로젝트와 앞 절에서 추가했던 아카 HTTP 의존성을 불러와야 한다.

예제 구현

이 절을 위해, 다음 단계를 수행한다.

1. com.packt.chapter9 패키지에 EncodingDecodingServerApplication.scala 파일을 만든다. 이 파일은 gzip 요청을 디코딩하며 결과를 인코딩하는 라우트를 가진다. 파일 내용은 다음과 같아야 한다.

   ```
   package com.packt.chapter9

   import akka.http.scaladsl.coding._
   ```

```
import akka.http.scaladsl.model.StatusCodes
import akka.http.scaladsl.server.Directives._
import akka.http.scaladsl.server.HttpApp
import akka.http.scaladsl.settings.ServerSettings
import com.typesafe.config.ConfigFactory

object EncodingDecodingServer extends HttpApp {
  val route =
    post {
      decodeRequestWith(Gzip, NoCoding) {
        entity(as[String]) { stringEntity =>
          encodeResponse {
            complete {
              println(s"Received $stringEntity")
              StatusCodes.OK -> s"Thank you for
                your encoded request [$stringEntity]."
            }
          }
        }
      }
    }
}

object EncodingDecodingServerApplication extends App {
  EncodingDecodingServer.startServer("0.0.0.0", 8088,
    ServerSettings(ConfigFactory.load))
}
```

2. 클라이언트 코드를 만든다. com.packt.chapter9에 EncodingDecodingClientAp
plication.scala 파일을 만든다. gzip으로 압축된 것, 그리고 압축 해제된 두 요
청을 수행하도록 아카 HTTP로부터 요청 수준 클라이언트 API를 사용하자. 파일
내용은 다음과 같아야 한다.

```
package com.packt.chapter9
import akka.actor.ActorSystem
import akka.http.scaladsl.Http
import akka.http.scaladsl.coding.{Encoder, Gzip, NoCoding}
import akka.http.scaladsl.model._
```

```scala
import akka.http.scaladsl.model.headers._
import akka.http.scaladsl.model.headers.HttpEncodings._
import akka.http.scaladsl.model.HttpMethods._
import headers.HttpEncodings
import akka.stream.ActorMaterializer
import akka.util.ByteString
import scala.concurrent.duration._
import scala.concurrent.Future
import scala.util.{Failure, Success}

object EncodingDecodingClientApplication extends App {
  implicit val system = ActorSystem()
  implicit val materializer = ActorMaterializer()

  import system.dispatcher

  val http = Http()
  val uriServer = "http://localhost:8088/"

  val requests = Seq (
    HttpRequest(POST, uriServer, List(`Accept-
      Encoding`(gzip)), HttpEntity("Hello!")),
    HttpRequest(POST, uriServer, List(`Content-
      Encoding`(gzip), `Accept-Encoding`(gzip)),
    HttpEntity(compress("Hello compressed!", Gzip))
    )
  )

  Future.traverse(requests)
    (http.singleRequest(_).map(decodeResponse)) andThen {
    case Success(responses) => responses.foreach(response =>
      response.entity.toStrict(5 seconds).map(
        _.data.decodeString("UTF-8")).andThen {
          case Success(content) => println(s"Response:
            $content")
          case _ =>
      })
    case Failure(e) => println(s"request failed $e")
  }
```

```
private def decodeResponse(response: HttpResponse) = {
  val decoder = response.encoding match {
    case HttpEncodings.gzip => Gzip
    case HttpEncodings.identity => NoCoding
  }

  decoder.decode(response)
}

private def compress(input: String,
  encoder: Encoder): ByteString =
    encoder.encode(ByteString(input))
}
```

3. 코드가 준비되면 인텔리제이나 커맨드라인에서 서버 코드를 실행한다.

```
hveiga$ sbt "runMain
com.packt.chapter9.EncodingDecodingServerApplication"
[info] Running
com.packt.chapter9.EncodingDecodingServerApplication
Press RETURN to stop...
[INFO] [EncodingDecodingServer-akka.actor.default-dispatcher-3]
[akka.actor.ActorSystemImpl(EncodingDecodingServer)] Server
online at http://0:0:0:0:0:0:0:0:8088/
```

4. 인텔리제이나 커맨드라인에서 클라이언트 코드를 실행한다. 콘솔에서 다음과 같은 응답이 나타나야 한다.

```
hveiga$ sbt "runMain
com.packt.chapter9.EncodingDecodingClientApplication"
[info] Running
com.packt.chapter9.EncodingDecodingClientApplication
Response: Thank you for your encoded request [Hello!].
Response: Thank you for your encoded request [Hello compressed!].
```

5. 서버 출력을 확인한다. 다음과 같이 수신돼야 한다.

```
Received Hello!
Received Hello compressed!
```

이번 절에서는 아카 HTTP로부터 서버와 클라이언트 API 모두로 인코딩과 디코딩을 사용하는 방법을 배웠다. 서버 측에서는 decodeRequestWith와 encodeRequest를 디렉티브를 사용했다. decodeRequestWith는 요청의 HTTP 개체를 HTTP 헤더인 Content-Encoding에 근거해 주어진 디코더로 디코딩을 시도한다. 예제의 경우 Gzip이나 NoCoding이 디코더다. encodeRequest는 HTTP 헤더인 Accept-Encoding에 근거해 응답 HTTP 개체의 인코딩을 시도한다. 헤더가 주어지지 않으면 응답을 인코딩하지 않는다.

클라이언트 측에서는 코딩되지 않은 것과 gzip으로 압축된 것 두 요청을 준비했다. gzip 콘텐트를 위해서는, 서버에 콘텐트가 인코딩돼야 한다는 것을 알려주도록 Content-Encoding 헤더를 주어야 했다. 요청 수준 클라이언트 API를 사용해서 요청을 내보냈으며 원하는 값을 수신하도록 응답을 매핑했다. 마지막으로, 이들 값을 인쇄했으며 콘솔에서 다음과 같이 나타난다.

```
Response: Thank you for your encoded request [Hello!].
Response: Thank you for your encoded request [Hello compressed!].
```

디렉티브 이해하기

라우팅 DSL은 이전에 언급했듯이 기본적으로 라우팅을 위해 조합하고 들어오는 HTTP 요청을 처리할 수 있는 디렉티브의 집합이다. 디렉티브는 변환, 필터링, 추출하기나 들어오는 요청을 완료하는 것을 할 수 있는 작은 코드 블록이다.

이번 절에서는 라우트의 특정 루트가 몇 번 호출됐는지, 그리고 처리하는 데 얼마나 오래 걸리는지 측정하는 맞춤 디렉티브를 만든다. 기본 디렉티브를 활용해서 더욱 복잡한 것을 조합한다. 이 작업을 위해, Dropwizard 지표를 사용한다. Dropwizard 지표는 인기 있으며 안정적이고, 간단한 지표 라이브러리로 앱에 대한 정보를 모으고 보고하는 쉬운 API를 가지고 있다.

이 절을 진행하려면 Hello-Akka 프로젝트와 앞 절에서 추가했던 아카 HTTP 의존성을 불러와야 한다. 또한, 절을 완성하도록 Dropwizard 지표 의존성을 추가한다.

예제 구현

이 절을 위해, 다음 단계를 수행한다.

1. 필요한 의존성을 가져온다.
2. build.sbt 파일을 수정해 다음과 같이 Dropwizard 의존성을 추가한다.

```
libraryDependencies += "io.dropwizard" %
"dropwizard-core" % "1.0.6"
```

3. com.packt.chapter9 패키지에 MetricDirectives.scala 파일을 만든다. 이 파일은 루트에 새로운 디렉티브를 가져다 주는 트레이트를 가진다. 여기서 meter와 timer 두 개의 디렉티브를 구현한다. 파일 내용은 다음과 같아야 한다.

```
package com.packt.chapter9

import akka.http.scaladsl.server.Directive0
import akka.http.scaladsl.server.Directives._
import com.codahale.metrics.MetricRegistry

trait MetricDirectives {
  def meter(metricRegistry: MetricRegistry) : Directive0 = {
    extractMethod.flatMap[Unit] { httpMethod =>
      extractUri.flatMap { uri =>
        metricRegistry.meter(s"meter-
          Method[${httpMethod.value}]-
            Uri[${uri.path.toString}]").mark
              pass
      }
    }
  }
```

```
    def timer(metricRegistry: MetricRegistry) : Directive0 = {
      extractMethod.flatMap[Unit] { httpMethod =>
        extractUri.flatMap { uri =>
      val timer = metricRegistry.timer(s"timer-
        Method[${httpMethod.value}]-
          Uri[${uri.path.toString}]")
      val timerContext = timer.time()
        mapRouteResult { x =>
          timerContext.stop()
          x
            }
          }
        }
      }
    }
```

4. com.packt.chapter9 패키지에 CustomDirectivesApplication.scala 파일을 만
   든다. 이 파일은 루트 및 서버를 실행시킬 앱을 가진다. 파일 내용은 다음과 같
   아야 한다.

```
package com.packt.chapter9

import java.util.concurrent.TimeUnit
import akka.http.scaladsl.server.Directives._
import akka.http.scaladsl.server.HttpApp
import akka.http.scaladsl.settings.ServerSettings
import com.codahale.metrics.{ConsoleReporter, MetricRegistry}
import com.typesafe.config.ConfigFactory

object CustomDirectivesServer extends HttpApp with
  MetricDirectives {
  private val metricRegistry = new MetricRegistry()
  ConsoleReporter.forRegistry(
    metricRegistry).build().start(10, TimeUnit.SECONDS)

  val route =
    timer(metricRegistry) {
```

```
        get {
          complete { Thread.sleep(200); "Hello from GET!" }
        } ~
        post {
          complete { Thread.sleep(500); "Hello from POST!" }
        } ~
        put {
          meter(metricRegistry) {
            complete { "Hello from PUT!" }
          }
        }
      }
  }
}

object CustomDirectivesApplication extends App {
  CustomDirectivesServer.startServer("0.0.0.0", 8088,
    ServerSettings(ConfigFactory.load))
}
```

5. 코드가 준비되면 인텔리제이나 커맨드라인에서 실행한다. ConsoleReporter가 지표를 매 10초마다 보고하는 것을 볼 수 있어야 한다. 초기에는 보고할 지표가 없으므로 빈 줄을 보게 된다.

```
hveiga$ sbt "runMain
com.packt.chapter9.CustomDirectivesApplication"
[info] Running com.packt.chapter9.CustomDirectivesApplication
Press RETURN to stop...
[INFO] [02/23/2017 17:02:24.814] [CustomDirectivesServerakka.
actor.default-dispatcher-2]
[akka.actor.ActorSystemImpl(CustomDirectivesServer)] Server
online at http://0:0:0:0:0:0:0:0:8088/
============================================================
```

6. CURL이나 선호하는 HTTP 클라이언트에서 요청을 몇 개 송신한다.

```
hveiga$ curl -X POST http://localhost:8088
Hello from POST!
hveiga$ curl -X POST http://localhost:8088
Hello from POST!
```

```
hveiga$ curl -X POST http://localhost:8088
Hello from POST!
hveiga$ curl -X GET http://localhost:8088
Hello from GET!
hveiga$ curl -X GET http://localhost:8088
Hello from GET!
hveiga$ curl -X PUT http://localhost:8088
Hello from PUT!
```

예제 분석

이번 절에서는 라우팅 DSL이 우아하고 유용할 뿐만 아니라 확장성이 있는지 배웠다. 루트에 매끄럽게 통합시킬 수 있는 새로운 디렉티브를 만드는 방법을 살펴봤다. 이와 같은 특정 사례에서는, meter와 timer 두 개의 새로운 디렉티브를 정의했다. meter는 이벤트의 빈도를 측정하는 책임을 가진다. timer는 연산이 얼마나 오래 걸리는지 측정하는 책임을 진다. 코드에서 보듯이 extractMethod, extractUri, mapRouteResult와 같이 아카 HTTP가 제공하는 다른 기본 디렉티브를 재사용했다. 기본 디렉티브가 대부분의 일반적인 사용 사례를 다룰 수 있다는 것이 조언할만 하다. 그러나 Directive[L](implicit val ev: Tuple[L]) 추상 클래스를 상속해 처음부터 디렉티브를 만드는 것도 가능하다.

두 가지 새로운 디렉티브 모두 Directive0를 반환한다. Directive0은 Directive[Unit]의 별칭이며 이 디렉티브는 어떤 값도 내놓지 않는다는 것을 뜻한다. 디렉티브가 하나나 그 이상의 값을 내놓아야 하는 경우, 값 하나에 Directive1[T]을 아니면 여러 값에 Directive[TupleN[T]](N은 추출된 값의 전체 개수)을 반환해야 한다. 추출된 값은 유연성이 높은 튜플로 표현된다.

그런 다음 CustomDirectivesServer 오브젝트가 MetricDirectives 트레이트와 어떻게 조합되는지 살펴봤다. 새로운 멋진 디렉티브를 사용하기 시작하는 데 필요한 단계는 이것뿐이다. 테스트 목적으로, GET과 POST 루트에 Thread.sleep이 있다. 이는 단지 timer 디렉티브가 어떻게 동작하는지 보여주기 위한 것이며, 운영 코드에서는 사용해서는 안 된다.

마지막으로, 두 디렉티브가 동작하도록 MetricRegistry 함수를 주어야 한다. 이는 만들어내는 모든 지표의 레지스트리를 가지는 Dropwizard 클래스다. 더불어, 만들어낸 지표의 값을 보고하도록 콘솔 리포터를 만들었다. Dropwizard는 JSM, HTTP, Graphite 같은 많은 리포터를 제공한다.

앱을 실행하면 세 개의 POST 요청, 두 개의 GET 요청, 1개의 PUT 요청을 실행한다. 따라서, 세 개의 timer가 만들어지며(POST를 위한 1개, GET을 위한 1개, PUT을 위한 1개) PUT을 위해 1개의 meter가 만들어졌음을 출력에서 볼 수 있다.

```
-- Meters --------------------------
meter-Method[PUT]-Uri[/]
count = 1
mean rate = 0.01 events/second
1-minute rate = 0.04 events/second
5-minute rate = 0.14 events/second
15-minute rate = 0.18 events/second
-- Timers --------------------------
timer-Method[GET]-Uri[/]
count = 2
mean rate = 0.02 calls/second
1-minute rate = 0.06 calls/second
...
99.9% <= 204.99 milliseconds
timer-Method[POST]-Uri[/]
count = 3
mean rate = 0.02 calls/second
1-minute rate = 0.08 calls/second
...
99.9% <= 532.52 milliseconds
timer-Method[PUT]-Uri[/]
count = 1
mean rate = 0.01 calls/second
1-minute rate = 0.04 calls/second
...
99.9% <= 1.45 milliseconds
```

Thread.sleep 덕분에 timer가 어떻게 동작하는지 볼 수 있다. GET은 ~200ms, POST는 ~500ms, PUT은 ~1ms의 시간이 걸렸다.

예외 처리

아카 HTTP는 다른 모든 아카 모듈처럼 훌륭한 예외 처리 체계를 가지고 있다. 기본적으로, 루트의 어떤 것이든 예외를 던지면, 서버는 내부 서버 오류가 있음을 뜻하는 500 응답을 반환한다. 이는 기본적인 행위로써 유용하다. 그러나 뭔가 더욱 구체적이면서 던져진 예외에 따라 다른 방식으로 응답해야 할 수도 있다.

이번 절에서는 루트에 어떻게 예외 처리를 추가하는지 다시 본다. 이는 예외가 던져졌을 때 루트의 행위를 맞춤화하게 해준다.

준비하기

이 절을 진행하려면 Hello-Akka 프로젝트와 앞 절에서 추가했던 아카 HTTP 의존성을 불러와야 한다.

예제 구현

이 절을 위해 다음 단계를 수행한다.

1. 예외 핸들러를 정의할 트레이트를 만든다. com.packt.chapter9 패키지에 Route
   ExceptionHandler.scala 파일을 만든다. 파일 내용은 다음과 같아야 한다.

   ```
   package com.packt.chapter9

   import akka.http.scaladsl.model.StatusCodes
   import akka.http.scaladsl.server.Directives._
   import akka.http.scaladsl.server.ExceptionHandler
   import akka.pattern.AskTimeoutException
   ```

```
trait RouteExceptionHandler {

  val routeExceptionHandler = ExceptionHandler {
    case _: ArithmeticException =>
      complete {
        StatusCodes.BadRequest -> "You values are incorrect.
        Probably b needs to be different from 0"
      }
    case _: AskTimeoutException =>
      complete {
        StatusCodes.ServiceUnavailable -> "Internal
        actor is not responding within 500 millis"
      }
  }
}
```

2. 서로 다른 오류를 묘사하도록 퓨처를 타임아웃시키자. 이를 위해, 모든 메시지를 무시하는 액터를 만들자. com.packt.chapter9 패키지에 UnresponsiveActor.scala 파일을 만든다. 액터는 다음과 같아야 한다.

```
package com.packt.chapter9

import akka.actor.Actor

class UnresponsiveActor extends Actor {
  def receive = Actor.ignoringBehavior
}
```

3. com.packt.chapter9 패키지에 HandlingExceptionsApplication.scala 파일을 만든다. 이 파일은 루트와 실행할 앱 둘 다 가진다.

```
package com.packt.chapter9

import akka.actor.{ActorRef, ActorSystem, Props}
import akka.http.scaladsl.server.HttpApp
import akka.http.scaladsl.server.Directives._
import akka.http.scaladsl.settings.ServerSettings
import com.typesafe.config.ConfigFactory
```

```scala
import akka.pattern.ask
import akka.util.Timeout
import scala.concurrent.duration._

class HandlingExceptionsServer(someActor: ActorRef)
 extends HttpApp with RouteExceptionHandler {
  implicit val timeout = Timeout(500 millis)

  val route =
    handleExceptions(routeExceptionHandler) {
      path("divide") {
        parameters('a.as[Int], 'b.as[Int]) { (a, b) =>
          complete {
            val result = a / b
            s"Result is: $result"
          }
        }
      } ~
        path("futureTimingOut") {
          onSuccess(someActor ? "Something") {
            case _ => complete("Actor finished processing.")
          }
        }
    }
}

object HandlingExceptionsApplication extends App {
  val unresponsiveActor =
    ActorSystem().actorOf(Props[UnresponsiveActor])
  new HandlingExceptionsServer(
    unresponsiveActor).startServer(
      "0.0.0.0", 8088, ServerSettings(ConfigFactory.load))
}
```

4. 코드가 준비되면 인텔리제이나 커맨드라인에서 앱을 실행한다.

```
hveiga$ sbt "runMain
com.packt.chapter9.HandlingExceptionsApplication"
[info] Running com.packt.chapter9.HandlingExceptionsApplication
```

```
Press RETURN to stop...
[INFO] [HandlingExceptionsServer-akka.actor.default-dispatcher-3]
[akka.actor.ActorSystemImpl(HandlingExceptionsServer)] Server
online at http://0:0:0:0:0:0:0:0:8088/
```

5. 선호하는 HTTP 클라이언트로 요청을 송신하여 테스트한다.

```
hveiga$ curl -X GET http://localhost:8088/divide?a=20&b=10
Result is: 2
hveiga$ curl -X GET http://localhost:8088/divide?a=20&b=0
You values are incorrect. Probably b needs to be different from 0
hveiga$ curl -X GET http://localhost:8088/futureTimingOut
Internal actor is not responding within 500 millis
```

예제 분석

이번 절에서는 앱의 행위를 더 잘 맞춤화하도록 루트에서의 예외 처리를 배웠다. 이는 ExceptionHandler 덕분에 가능했다. ExceptionHandler는 PartialFunction[Throwable, Route]를 기대하며, 여기에 각 Throwable에 무엇을 할지 정의한다. 예제에서는 ArithmeticException의 경우 400 응답을 반환하고, AskTimeoutException의 경우 503 응답을 반환했다. ArithmeticException은 /divide URI를 호출할 때 매개변수 b를 0으로 설정하면 발생한다. AskTimeoutException은 /futureTimingOut을 호출할 때 발생한다. 이 엔드포인트는 액터로부터 메시지를 되돌려 받기를 기대하지만, 액터가 모든 메시지를 무시하므로 응답하지 않는다. 이는 오직 시연 목적을 위해서다. onSuccess 대신에 Failure와 맞출 수 있는 onComplete를 항상 사용하는 것이 더 낫다.

라우트에 이 예외 핸들러를 사용하려면 두 가지 접근법이 있다. 예제에서 한 바와 같이 handleExceptions( )을 사용하는 명시적인 접근법과, 암묵적인 접근법이 있다. 루트를 인스턴스화하는 곳에 암묵 ExceptionHandle을 정의할 수 있으며, 자동으로 사용될 것이다. 명시적 접근법의 장점은 필요하다면 루트의 서로 다른 부분에 복수의 예외 핸들러를 가질 수 있다는 것이다.

예외 핸들러에 모든 디렉티브를 사용할 수 있다는 점도 알아두면 좋다. 이는 URI나 HTTP 메서드와 같은 가치 있는 정보를 추출하고 값에 따라 다르게 움직이게 할 때 유용하다.

아카 HTTP로 파일 업로드

REST API는 일반적으로 파일을 전송할 때도 사용한다. 이는 얼핏 보기에는 쉬운 작업이지만, 파일이 커지면 복잡해진다. 파일이 크다면 파일 전체를 HTTP 요청 안에 넣는 것은 대체로 불가능하다. HTTP 프로토콜은 이런 목적으로 multipart/form-data란 특별한 Content-Type을 제공한다. Content-Type을 사용할 때, 파일이 나눠져 보내진다(바디 부분이라 알려진). 아카 HTTP는 이들 부분을 수신하고 서버 측에서 파일을 합치는 기능을 제공한다. 게다가, 필요할 때 처리 속도를 높이도록 파일 부분이 서버에 도달할 때 일정한 기능을 실행할 수 있게 해준다. 이는 스트리밍 접근법으로 알려져 있다.

이번 절에서는 일반적인, 그리고 스트리밍 접근법 두 가지 모두로 텍스트 파일을 수신할 수 있는 REST API를 만든다. 또한, 아카 HTTP 클라이언트 API를 사용해 서버에 파일을 업로드하는 클라이언트를 만든다.

준비하기

이 절을 진행하려면 Hello-Akka 프로젝트와 앞 절에서 추가했던 아카 HTTP 의존성을 불러와야 한다.

예제 구현

이 절을 위해 다음 단계를 수행한다.

1. 절의 서버 부분을 만든다. com.packt.chapter9 패키지에 UploadingFileServer Application.scala 파일을 만든다. 파일 내용은 다음과 같아야 한다.

```scala
package com.packt.chapter9

import akka.http.scaladsl.model.Multipart
import akka.http.scaladsl.server.Directives._
import akka.http.scaladsl.server.HttpApp
import akka.http.scaladsl.settings.ServerSettings
import akka.stream.scaladsl.Framing
import akka.util.ByteString
import com.typesafe.config.ConfigFactory
import scala.concurrent.duration._

object UploadingFileServer extends HttpApp {
  val route =
    extractRequestContext { ctx =>
      implicit val materializer = ctx.materializer
      implicit val ec = ctx.executionContext

      path("regularupload") {
        entity(as[Multipart.FormData]) { formData =>
          val partsFuture = formData.parts.mapAsync(1) {
            b => b.toStrict(2.seconds).map(
              _.entity.data.utf8String)
            }.runFold(List.empty[String])(_ :+ _)

          onSuccess(partsFuture) { allParts =>
            complete {
              val wholeFile = allParts.mkString
              s"Regular upload: submitted file has
              ${wholeFile.split("n").size} lines"
            }
          }
        }
      } ~
        path("streamupload") {
          entity(as[Multipart.FormData]) { formData =>
            val linesFuture = formData.parts.mapAsync(1)
            { b =>
              b.entity.dataBytes
                .via(Framing.delimiter(ByteString("n"),
```

```
                1024, allowTruncation = true))
                  .map(_ => 1)
                  .runReduce(_ + _)
              }.runReduce(_ + _)

              onSuccess(linesFuture) { lines =>
                complete {
                  s"Stream upload: submitted file
                    has $lines lines"
                }
              }
            }
          }
        }
      }
    }

object UploadingFileServerApplication extends App {
  UploadingFileServer.startServer("0.0.0.0", 8088,
    ServerSettings(ConfigFactory.load))
}
```

2. 클라이언트 부분을 만든다. com.packt.chapter9 패키지에 UploadingFileClient. scala 파일을 만든다. 이 클래스는 서버의 서로 다른 두 엔드포인트에 두 개의 요청을 발동시킨다.

```
package com.packt.chapter9

import java.nio.file.Paths
import akka.actor.ActorSystem
import akka.http.scaladsl.Http
import akka.http.scaladsl.model.HttpMethods._
import akka.http.scaladsl.model._
import akka.stream.ActorMaterializer
import scala.concurrent.Future
import scala.concurrent.duration._
import scala.util.{Failure, Success}

object UploadingFileClient extends App {
```

```scala
implicit val system = ActorSystem()
implicit val materializer = ActorMaterializer()
import system.dispatcher

val http = Http()
val entity = Multipart.FormData.fromPath(
  "file",
  ContentTypes.`text/plain(UTF-8)`,
  Paths.get("./src/main/resources/testfile.txt")
).toEntity()

val uris = Seq(
  "http://localhost:8088/regularupload",
  "http://localhost:8088/streamupload"
)
val requests = uris.map(uri => HttpRequest(
  POST, uri, Nil, entity))

Future.traverse(requests)(http.singleRequest(_))
andThen {
  case Success(responses) => responses.foreach(response =>
    response.entity.toStrict(5 seconds).map(
      _.data.utf8String).andThen {
      case Success(content) => println(s"Response:
        $content")
      case _ =>
    })
  case Failure(e) => println(s"request failed $e")
}
}
```

3. 코드가 준비되면 테스트할 파일을 만든다. src/main/resources에 다음 내용으로 testfile.txt란 일반 텍스트 파일을 만든다.

```
HELLO WORLD AKKA HTTP!
HELLO WORLD AKKA HTTP!
HELLO WORLD AKKA HTTP!
HELLO WORLD AKKA HTTP!
```

4. 인텔리제이나 커맨드라인에서 서버 코드를 실행한다.

```
hveiga$ sbt "runMain
com.packt.chapter9.UploadingFileServerApplication"
[info] Running com.packt.chapter9.UploadingFileServerApplication
Press RETURN to stop...
[INFO] [UploadingFileServer-akka.actor.default-dispatcher-2]
[akka.actor.ActorSystemImpl(UploadingFileServer)] Server online
at http://0:0:0:0:0:0:0:0:8088/
```

5. 인텔리제이나 커맨드라인에서 클라이언트 코드가 동작하도록 실행한다.

```
hveiga$ sbt "runMain com.packt.chapter9.UploadingFileClient"
[info] Running com.packt.chapter9.UploadingFileClient
Response: Regular upload: submitted file has 4 lines
Response: Stream upload: submitted file has 4 lines
```

예제 분석

이번 절에서는 서버 측과 클라이언트 측에서 파일을 전송하는 데 멀티파트 요청을 다루는 방법을 배웠다. 이 예제에서는 서버로 파일을 보내고 줄 수를 반환했다. 클라이언트 측에서는 두 요청을 발동시키는 데 요청 수준 API를 사용했다. 요청 개체는 Multipart.FormData로 만들어졌다. 이 클래스는 multipart/form-data 요청을 정의하고 파일을 각각 부분으로 쪼개는 일을 맡는다.

서버 측에는 두 개의 루트가 있었다. 첫 번째 루트는 regularupload로, 전송되는 파일이 멀티파트임을 이해하도록 entity(as[Multipart.FormData]) 디렉티브를 사용했다. 이는 파일의 서로 다른 부분이 스트리밍되는 formData 인스턴스를 내놓는다. 따라서, formData.parts는 각 부분의 문자열 내용을 나타내는 List[String]으로 변환되는 스트림이다. 모든 것이 완료되면 onSuccess와 complete 디렉티브로 파일에 몇 개의 줄이 있었는지 세고 반환했다.

두 번째 루트인 streamupload도 비슷한 일을 했다. 이는 formData.parts 스트림을 얻는데 같은 디렉티브를 사용했다. 이번에는 스트림에서 Framing.delimiter(ByteString("n"), 1024, 그리고 true를 사용했다. 들어오는 바디 부분이 구분자(이 경우 새줄 문자)를 바탕으로 스트림에 들어오기 때문에, 헬퍼 플로우는 바디를 각각의 요소로 쪼갠다. 그런 다음 줄을 매핑하고 전체 줄 수가 되도록 리듀싱한다.

이 두 접근법 모두 같은 일을 하지만, 절차가 다르다. 첫 번째 것은 추후에 무언가를 하기 위해 파일의 모든 내용을 메모리에 로드해야 하지만, 두 번째는 새로운 바디 부분이 스트림으로 들어올 때마다 줄을 세야 한다. 따라서, 두 번째 접근법이 빠를 뿐만 아니라, 더 적은 메모리를 차지한다.

라우팅 DSL은 파일 업로드에 uploadedFile과 fileUpload 두 개의 디렉티브를 제공한다. 이들은 이 절에서 봤던 것과 유사한 일을 한다.

아카 HTTP로 JSON 지원 구축

앞 절에서 봤듯이, 아카 HTTP는 마샬링 및 언마샬링 통합을 훌륭하게 해준다. 이는 특히 JSON 개체를 직렬화하고 역직렬화해야 할 때 그러하다. 아카 HTTP는 초기에 Spray란 이름의 다른 프로젝트로 개발됐다. Spray는 아카 HTTP가 하는 유사한 모듈을 가지고 있었지만, spray-json이란 JSON 직렬화 라이브러리를 포함했다. 이 모듈은 아카 HTTP에 포팅되지 않았으며 spray-json에 남아있었다. 아카 팀이 아카만의 직렬화 라이브러리를 원하지 않는 대신 어떤 마샬링 라이브러리든 아카 HTTP에 통합시킬 수 있는 수단을 제공하고자 했기 때문이다.

이번 절에서는 클래스를 JSON으로 직렬화하고 역직렬화하기 위해 spray-json을 앱에 통합시키는 간단한 방법을 살펴본다.

이 절을 진행하려면 Hello-Akka 프로젝트와 앞 절에서 추가했던 아카 HTTP 의존성을 불러와야 한다. 또한, spray-json 의존성을 추가해야 한다.

예제 구현

이 절을 위해 다음 단계를 수행한다.

1. 필요한 의존성을 가져온다.
2. build.sbt 파일을 수정해 다음과 같이 akka-http-spray-json 의존성을 추가한다.

   ```
   libraryDependencies += "com.typesafe.akka" %
   "akka-http-spray-json_2.11" % "10.0.5"
   ```

3. com.packt.chapter9 패키지에 OrderModel.scala 파일을 추가한다. 이 파일은 사용할 케이스 클래스를 가진다. 또한, 자동으로 마샬링과 언마샬링을 하는 트레이트를 포함한다. 파일 내용은 다음과 같아야 한다.

   ```
   package com.packt.chapter9

   import akka.http.scaladsl.marshallers
     .sprayjson.SprayJsonSupport
   import spray.json.DefaultJsonProtocol

   case class Item(id: Int, quantity: Int, unitPrice: Double,
    percentageDiscount: Option[Double])
   case class Order(id: String, timestamp: Long, items:
   List[Item], deliveryPrice: Double,
    metadata: Map[String, String])
   case class GrandTotal(id: String, amount: Double)

   trait OrderJsonSupport extends SprayJsonSupport with
   DefaultJsonProtocol {
   ```

```
    implicit val itemFormat = jsonFormat4(Item)
    implicit val orderFormat = jsonFormat5(Order)
    implicit val grandTotalFormat = jsonFormat2(GrandTotal)
}
```

4. 앱을 정의한다. com.packt.chapter9 패키지에 OrderCalculatorJsonApplica
   tion.scala 파일을 만든다. HttpApp 클래스는 OrderJsonSupport 트레이트를 조
   합해야 한다.

```
package com.packt.chapter9

import akka.http.scaladsl.server.Directives._
import akka.http.scaladsl.server.HttpApp
import akka.http.scaladsl.settings.ServerSettings
import com.typesafe.config.ConfigFactory
import scala.util.Random._

object OrderCalculatorJsonServer extends HttpApp
with OrderJsonSupport {
  val route =
    path("calculateGrandTotal" ~ Slash.?) {
      post {
        entity(as[Order]) { order =>
          complete {
            calculateGrandTotal(order)
          }
        }
      }
    } ~
      path("randomOrder") {
        get {
          complete {
            generateRandomOrder()
          }
        }
      }

  private def calculateGrandTotal(o: Order) = {
```

```
      val amount = o.items.map(
        i => i.percentageDiscount.getOrElse(1.0d)
          * i.unitPrice * i.quantity).sum + o.deliveryPrice
            GrandTotal(o.id, amount)
    }

    private def generateRandomOrder(): Order = {
      val items = (0 to nextInt(5)).map(i => {
        Item(i, nextInt(100), 100 * nextDouble(),
          if (nextBoolean()) Some(nextDouble()) else None)
        }).toList
        Order(nextString(4), System.currentTimeMillis(),
          items, 100 * nextDouble(), Map("notes" -> "random"))
      }
    }


object OrderCalculatorJsonServerApplication
extends App {
  OrderCalculatorJsonServer.startServer("0.0.0.0", 8088,
    ServerSettings(ConfigFactory.load))
}
```

5. 코드가 준비되면 서버를 인텔리제이나 커맨드라인에서 실행한다.

```
hveiga$ sbt "runMain
com.packt.chapter9.OrderCalculatorJsonServerApplication"
[info] Running
com.packt.chapter9.OrderCalculatorServerApplication
Press RETURN to stop...
[INFO] [OrderCalculatorServer-akka.actor.default-dispatcher-3]
[akka.actor.ActorSystemImpl(OrderCalculatorServer)] Server online
at http://0:0:0:0:0:0:0:0:8088/
```

6. 무작위 순서를 만들어내도록 randomOrder 엔트포인트를 사용한다.

```
hveiga$ curl -X GET http://localhost:8088/randomOrder
{"deliveryPrice":95.3433758801223,"timestamp":1488135061123,
"items":
[{"id":0,"quantity":42,"unitPrice":65.01159569545462,
"percentageDiscount":0.14585908649640444},
```

```
{"id":1,"quantity":7,"unitPrice":27.047124705161696,
"percentageDiscount":0.06400701658372476},
{"id":2,"quantity":76,"unitPrice":24.028733083343724,
"percentageDiscount":0.9906003213266685},
{"id":3,"quantity":18,"unitPrice":88.77181117560474,
"percentageDiscount":0.8203117015522584},
{"id":4,"quantity":15,"unitPrice":29.73662623732769}],
"id":"randomId","metadata":{"notes":"random"}}
```

7. calculateGrandTotal 엔트포인트를 사용한다.

```
hveiga$ curl -X POST -H "Content-Type: application/json" --data"
{"deliveryPrice":95.3433758801223,"timestamp":1488135061123,
"items":
[{"id":0,"quantity":42,"unitPrice":65.01159569545462,
"percentageDiscount":0.14585908649640444},
{"id":1,"quantity":7,"unitPrice":27.047124705161696,
"percentageDiscount":0.06400701658372476},
{"id":2,"quantity":76,"unitPrice":24.028733083343724,
"percentageDiscount":0.9906003213266685},
{"id":3,"quantity":18,"unitPrice":88.77181117560474,
"percentageDiscount":0.8203117015522584},
{"id":4,"quantity":15,"unitPrice":29.73662623732769}],
"id":"randomId","metadata":{"notes":"random"}}"
http://localhost:8088/calculateGrandTotal
{"id":"randomId","amount":4071.565724845945}
```

예제 분석

이번 절에서는 spray-json과 akka-http-spray-json을 사용해서 케이스 클래스를 JSON 으로 쉽게 마샬링하고 언마샬링하는 방법을 배웠다. 정의한 루트에서 볼 수 있듯이, 루트 는 단지 entity(as[Order])를 호출함으로써 들어오는 JSON 객체를 Order 객체로 형식 화하는 법을 알게 된다. Order나 GrandTotal 객체를 complete 블록에서 반환할 때도 똑 같이 일어난다.

루트는 이런 목적을 달성하는 데 암묵적으로 정의된 마샬러를 찾는다. 이 기능은 SprayJsonSupport 덕분에 OrderJsonSupport 트레이트가 가져다 주게 된다. SprayJson Support는 타입에 암묵적으로 정의된 어떤 JSON 포매터가 존재하는지 확인하고 이를 직렬화에 사용한다. 예제의 경우 itemFormat, orderFormat, grandTotalFormat 세 개의 암묵적으로 정의된 JSON 포매터가 있었다. spray-json은 String, Int, Long, List, Map과 같은 대부분의 일반적인 객체의 포매터를 가지고 있지만, 여러분의 타입을 위해서는 따로 정의해야 한다. 여러분의 타입이 다른 사용자 정의 타입을 사용한다면, 스코프 안에 포메터도 있어야 한다는 점을 기억하길 바란다. 예제에서는 Item과 Order가 그러했다. Order 클래스는 Item의 리스트를 가지며, spray-json이 작업을 할 수 있도록 아이템을 포매팅할 수 있는 방법을 제공해야 한다.

itemFormat, orderFormat, grandTotalFormat은 포매팅을 제공하는 데 jsonFormat 헬퍼 메서드를 사용한다. jsonFormat 다음의 숫자는 이 케이스 클래스가 몇 개의 속성을 가지는지 나타낸다. 어떤 시나리오에서는 타입을 더 복잡한 방식으로 직렬화해야 할 수도 있다. DefaultJsonProtocol를 상속하고 read( )와 write( )를 구현해 Spray-json으로 자신만의 포매터(또한 명시적인 JSON 프로토콜)를 작성함으로써 해낼 수도 있다.

코드를 실행할 때 randomOrder 엔드포인트를 호출해 Order을 무작위로 만들어낼 수 있으며, 그다음 caculateGrandTotal 엔드포인트를 호출해 전체 합계를 계산하는 데 order을 사용한다. 이런 POST 동작을 하려면 헤더에 Content-Type: application/json을 설정해야 한다. 그렇지 않다면 루트가 요청을 거절할 것이다. 이는 마샬러가 들어오는 부하를 역직렬화하는 데 이와 같은 타입을 기대하기 때문이다.

 spray-json은 원하는 만큼 맞춤화할 수 있는 훌륭한 기능을 가지고 있다. 더 많이 알고자 한다면 깃허브 저장소를 참고하길 바란다.
https://github.com/spray/spray-json

아카 HTTP로 XML 지원

아카 HTTP는 앞 절에서 봤듯이 마샬링 및 언마샬링 통합을 훌륭하게 해준다. 앞 절에서는 아카 HTTP가 spray-json 덕분에 JSON 마샬링과 언마샬링을 쉽게 하는 방법을 살펴봤다. 이는 XML에서도 스칼라 XML 덕분에 똑같다. 스칼라 XML은 초기에 스칼라 핵심 라이브러리의 일부였지만 나중에 분리됐다. 스칼라 XML은 스칼라 코드에 XML을 직접 작성하는 관용idiomatic적인 API를 가지고 있다.

이번 절에서는 클래스를 XML로 직렬화하고 역직렬화하기 위해 scala-xml 의존성을 앱에 쉽게 통합시키는 법을 살펴본다.

준비하기

이 절을 진행하려면 Hello-Akka 프로젝트와 앞 절에서 추가했던 아카 HTTP 의존성을 불러와야 한다. 또한, scala-xml 의존성을 추가해야 한다.

예제 구현

이 절을 위해 다음 단계를 수행한다.

1. 필요한 의존성을 가져온다.
2. build.sbt 파일을 수정해 다음과 같이 akka-http-xml 의존성을 추가한다.

   ```
   libraryDependencies += "com.typesafe.akka" %
   "akka-http-xml_2.11" % "10.0.5"
   ```

3. com.packt.chapter9 패키지에 OrderModel.scala 파일을 만든다. 이 파일은 사용할 케이스 클래스를 가진다. 앞 절을 진행했다면 모델 클래스가 같을 것이다. 또한, 이는 자동으로 마샬링과 언마샬링을 하는 트레이트를 포함한다. 파일 내용은 다음과 같아야 한다.

```scala
package com.packt.chapter9

import akka.http.scaladsl.marshallers.xml.ScalaXmlSupport
import scala.xml._

case class Item(id: Int, quantity: Int, unitPrice: Double,
 percentageDiscount: Option[Double])

case class Order(id: String, timestamp: Long, items:
 List[Item], deliveryPrice: Double, metadata: Map[String,
 String])

case class GrandTotal(id: String, amount: Double)

trait OrderXmlSupport extends ScalaXmlSupport {
  implicit def grandTotalToXML(g: GrandTotal): NodeSeq =
    <grandTotal><id>{g.id}</id><amount>{g.amount}</amount>
    </grandTotal>

  implicit def orderToXML(o: Order): NodeSeq =
    <order>
      <id>{o.id}</id>
      <timestamp>{o.timestamp}</timestamp>
      <deliveryPrice>{o.deliveryPrice}</deliveryPrice>
      <items>{o.items.map(itemToXML)}</items>
      <metadata>{o.metadata.map(keyValueToXML)}</metadata>
    </order>

  implicit def orderFromXML(xmlOrder: NodeSeq): Order = {
    val id = (xmlOrder "id").text
    val timestamp = (xmlOrder "timestamp").text.toLong
    val deliveryPrice = (xmlOrder
      "deliveryPrice").text.toDouble
    val items = (xmlOrder "item").map(
      itemFromXML).toList
    val metadata = keyValueFromXML(xmlOrder "metadata")
    Order(id, timestamp, items,
    deliveryPrice, metadata)
  }
```

```scala
private def keyValueFromXML(xml: NodeSeq) = {
  xml.flatMap {
    case e: Elem => e.child
    case _ => NodeSeq.Empty
  }.map(x => x.label -> x.text).toMap
}

private def keyValueToXML(kv: (String, String)) =
  Elem(null, kv._1, Null, TopScope, false, Text(kv._2))

private def itemFromXML(xmlItem: NodeSeq): Item = {
  val id = (xmlItem "id").text.toInt
  val quantity = (xmlItem "quantity").text.toInt
  val unitPrice = (xmlItem "unitPrice").text.toDouble
  val percentageDiscount =
    if ((xmlItem "percentageDiscount").isEmpty) None
    else Some((xmlItem
      "percentageDiscount").text.toDouble)

  Item(id, quantity, unitPrice, percentageDiscount)
}

private def itemToXML(i: Item) =
  <item>
    <id>{i.id}</id>
    <quantity>{i.quantity}</quantity>
    <unitPrice>{i.unitPrice}</unitPrice>
    {if (i.percentageDiscount.isDefined)
      <percentageDiscount>{i.percentageDiscount.get}
      </percentageDiscount>}
  </item>
}
```

4. 루트와 앱을 정의한다. com.packt.chapter9 패키지에 OrderCalculatorXmlApp
   lication.scala 파일을 만든다. HttpApp 클래스에 OrderXmlSupport를 넣어야
   한다.

```scala
package com.packt.chapter9

import akka.http.scaladsl.server.Directives._
import akka.http.scaladsl.server.HttpApp
import akka.http.scaladsl.settings.ServerSettings
import com.typesafe.config.ConfigFactory
import scala.util.Random._
import scala.xml.NodeSeq

object OrderCalculatorXMLServer extends
 HttpApp with OrderXmlSupport {

  val route =
    path("calculateGrandTotal" ~ Slash.?) {
      post {
        entity(as[NodeSeq]) { xmlOrder =>
          complete {
            calculateGrandTotal(xmlOrder)
          }
        }
      }
    } ~
      path("randomOrder") {
        get {
          complete {
            generateRandomOrder()
          }
        }
      }

  private def calculateGrandTotal(
    o: Order) : NodeSeq = {
    val amount = o.items.map(i =>
      i.percentageDiscount.getOrElse(1.0d)
        * i.unitPrice * i.quantity).sum + o.deliveryPrice
        GrandTotal(o.id, amount)
  }

  private def generateRandomOrder(): NodeSeq = {
```

```scala
    val items = (0 to nextInt(5)).map(i => {
      Item(i, nextInt(100), 100 * nextDouble(),
        if (nextBoolean()) Some(nextDouble())
        else None)
    }).toList
    Order(nextString(4), System.currentTimeMillis(),
      items, 100 * nextDouble(), Map("notes" -> "random"))
  }
}

object OrderCalculatorXMLServerApplication extends App {
  OrderCalculatorXMLServer.startServer("0.0.0.0", 8088,
    ServerSettings(ConfigFactory.load))
}
```

5. 코드가 준비되면 인텔리제이나 커맨드라인에서 서버를 실행한다.

```
hveiga$ sbt "runMain
com.packt.chapter9.OrderCalculatorXMLServerApplication"
[info] Running
com.packt.chapter9.OrderCalculatorXMLServerApplication
Press RETURN to stop...
[INFO] [OrderCalculatorXMLServer-akka.actor.default-dispatcher-2]
[akka.actor.ActorSystemImpl(OrderCalculatorXMLServer)] Server
online at http://0:0:0:0:0:0:0:0:8088/
```

6. 무작위 주문을 만들어내도록 randomOrder 엔드포인트를 사용한다.

```
hveiga$ curl -X GET http://localhost:8088/randomOrder
<order><id>randomId</id><timestamp>1488154717323</timestamp>
<deliveryPrice>11.151244656534509</deliveryPrice>
<items><item><id>0</id><quantity>79</quantity>
<unitPrice>31.787820959521483</unitPrice>
<percentageDiscount>0.10558164031712036
</percentageDiscount></item><item>
<id>1</id><quantity>94</quantity>
<unitPrice>0.37387730640470185</unitPrice>
<percentageDiscount>0.09391514717571126
</percentageDiscount></item><item>
<id>2</id><quantity>70</quantity>
```

```
<unitPrice>29.414102463994286</unitPrice>
<percentageDiscount>0.5866072707110512
</percentageDiscount></item><item><id>3</id>
<quantity>84</quantity><unitPrice>67.24909246700179
</unitPrice></item></items><metadata>
<notes>random</notes></metadata></order>
```

7. calculateGrandTotal 엔트포인트를 사용한다.

```
hveiga$ curl -X POST -H "Content-Type: application/xml" --data "
<order>
<id>randomId</id><timestamp>1488154717323</timestamp>
<deliveryPrice>11.151244656534509</deliveryPrice><items><item>
<id>0</id>
<quantity>79</quantity><unitPrice>31.787820959521483</unitPrice>
<percentageDiscount>0.10558164031712036</percentageDiscount>
</item>
<item><id>1</id><quantity>94</quantity>
<unitPrice>0.37387730640470185</unitPrice>
<percentageDiscount>0.09391514717571126
</percentageDiscount>
</item><item><id>2</id><quantity>70</quantity>
<unitPrice>29.414102463994286</unitPrice>
<percentageDiscount>0.5866072707110512
</percentageDiscount>
</item><item><id>3</id><quantity>84</quantity>
<unitPrice>67.24909246700179</unitPrice></item></items><metadata>
<notes>random</notes></metadata></order>" http://localhost:8088
/calculateGrandTotal
<grandTotal><id>randomId</id>
<amount>11.151244656534509</amount></grandTotal>
```

예제 분석

이번 절에서는 스칼라 클래스를 XML로 마샬링하고 언마샬링하는 방법을 배웠다. 이를 위해, 스칼라 XML과 akka-http-xml 모두 사용했다. spray-json으로 했던 접근법과 다르게, 이번에는 마샬러와 언마샬러를 스스로 코딩해야 했다. 이들 마샬러를 만드는 코드를 발생시키는 scalaxb 같은 스칼라 XML 도구를 사용하는 것도 가능하지만, 이는 이 절의 범위를 넘어선다.

ScalaXmlSupport 트레이트는 NodeSeq에서 XML로, 그리고 XML에서 NodeSeq로 객체를 변환하는 기능이 있다. 그렇기 때문에 NodeSeq 인스턴스를 Order GrandTotal 객체로 변환하는 코드를 제공해야 한다. 이를 매끄럽게 하기 위해, 라우트에 추가했던 OrderXmlSupport 트레이트에 grandTotalToXML, orderToXML, orderFromXML 메서드를 통해 암묵 변환을 정의했다. 그런 다음 calculateGrandTotal과 generateRandomOrder의 반환 타입을 NodeSeq로 하여 이들 암묵 변환을 사용하도록 강제했다. 따라서, Order/GrandTotal > NodeSeq > XML 변환이 자동으로 일어난다.

이런 접근법은 spray-json보다 약간 더 지루하지만 같은 기능을 제공한다.

 scalaxb에 대해 더 알고 싶다면 http://scalaxb.org/를 방문하라.

10

다양한 아카 패턴 이해

이 장에서 다루는 내용은 다음과 같다.

- 마스터 슬레이브 작업 풀링 패턴
- 순서 있는 액터 종료
- 아카 셧다운 패턴
- 액터에 주기적인 메시지 스케줄링하기
- 액터에 메시지를 보내는 동안 쓰로틀링하기
- 액터 사이의 작업 부하 균형 이루기
- 집계자 패턴
- 카운트다운랫치 패턴
- 유한 상태 머신
- 정지 가능한 액터 패턴
- 봉투로 액터 감싸기

소개

이 책의 이전 장들로부터 어떻게 액터가 움직이는지, 그리고 이들을 조합하여 분산된, 동시적인, 그리고 장애 허용적인 앱을 쉽게 만들어내는 법을 봤다. 또한 액터는 더욱 복잡한 라이브러리를 만드는 데 사용할 수도 있다. 아카 스트림과 아카 HTTP가 좋은 예다. 그러나 많은 사용 사례에서 액터 자체를 쓰는 것을 필요로 한다.

이 장에서는 유용한 일반적인 시나리오를 보여주도록 서로 다른 액터 패턴 절을 진행한다. 메일박스 메시지가 넘치는 것을 막도록 마스터 슬레이브 작업 패턴을 사용하기, 액터 집합 내 작업부하를 풀링하고 균형 이루기 등 중요한 개념을 배운다. 어떻게 자식 액터를 순서가 있는 방식으로 중단시키는지, 그리고 액터 시스템의 모든 액터가 종료를 위해 중단됐음을 아는 우아한 방법을 다시 살펴본다. 이는 동적인 환경에서 편리할 것이다.

또한 단지 몇 개의 상태와 이벤트 집합을 제공함으로써 쉽게 유한 상태 기계를 만드는 데 편리한 아카가 제공하는 API를 설명한다. 게다가, 집계 액터, 정지 가능한 액터, 감싸기 액터와 같은 각기 다른 대규모 통합 패턴을 배운다.

마스터 슬레이브 작업 풀링 패턴

지금까지 아카 액터가 움직이는 방법을 살펴봤다. 각 액터는 한 번에 하나의 메시지를 처리할 수 있으며 나머지 메시지는 메일박스 대기열에 저장된다. 주어진 액터 내 코드가 실행되는데 시간이 걸리면, 그 액터에 송신된 메시지가 메일박스에 쌓일 것이다. 메일박스가 제한이 없는 타입이라면, 메모리 부족 오류를 야기할 수 있다. 메일박스에 한계가 있다면 최대 크기에 도달했을 때 메시지를 버릴 것이다.

이런 상황을 더 잘 통제하려면 마스터 슬레이브 작업 풀링 패턴Master Slave work pulling pattern을 사용할 수 있다. 이 패턴은 마스터 액터로 하여금 얼마나 많은 슬레이브가 작업 가능한 지 통제하고 이들 사이에 작업을 분산시키도록 해준다. 마스터는 슬레이브가 준비됐을 때만 작업 과제를 내보낸다. 그러므로 모든 슬레이브가 작업 때문에 바쁠 때 시스템이 어떻게 움직일지 관리할 수 있게 해준다. 예를 들면, 메시지 브로커로부터 메시지를 수신하고 있는 경우 데이터 소비를 느리게 할 수 있다. 이런 패턴은 원시적인 백프레셔 체계 종류이다. 더욱 정교한 백프레셔 방법을 위해서는 스트림의 모든 스테이지에 내장 백프레셔를 제공하는 아카 스트림을 직접 사용할 수 있다.

마스터 슬레이브 작업 풀링 패턴은 업계에서 독립적인 일을 동시적으로 처리하는 데 많이 쓰여 왔다. 아카에서는 아카 원격이나 아카 클러스터 덕분에 다른 JVM에서 슬레이브를 편리하게 실행시키는 것이 가능하므로, 이 패턴이 특히 중요하다. 이번 절에서는 어떻게 액터로 이 패턴을 해내는지, 그리고 단일 장애 지점 없이 확장성 있는 시스템을 가지는데 무엇을 추천하는지 설명한다.

준비하기

이 절을 진행하려면 아카 의존성이 있는 기본적인 스칼라 sbt 프로젝트를 포함하는 Hello-Akka 프로젝트를 불러와야 한다.

예제 구현

이 절을 위해 다음 단계를 수행한다.

1. 마스터 액터에서부터 시작한다. 이 액터는 워커 액터의 레지스트리와 대기 중인 작업의 큐를 보관한다. com.packt.chapter10 패키지에 MasterWorkPulling.scala 파일을 만든다. 파일 내용은 다음과 같아야 한다.

```
package com.packt.chapter10

import akka.actor.{Actor, ActorLogging, ActorRef, Terminated}
import com.packt.chapter10.WorkerWorkPulling._
import com.packt.chapter10.MasterWorkPulling._
import scala.collection.mutable
```

```
object MasterWorkPulling {
  case object JoinWorker
  case object DeregisterWorker
}
```

2. 추가로, 같은 MasterWorkPulling.scala 파일에 마스터 액터를 정의한다.

```
class MasterWorkPulling(maxQueueSize: Int) extends Actor with
ActorLogging {
  val workers = mutable.Map.empty[ActorRef, WorkerState]
  val pendingWork = mutable.Queue.empty[Work]

  def receive = {
    case JoinWorker =>
      workers += sender -> Idle
      context.watch(sender)
      log.info(s"New worker registered [$sender]")
    case Terminated(actorRef) => workers -= actorRef
    case DeregisterWorker => workers -= sender
    case PullWork if pendingWork.nonEmpty =>
      log.info(s"Idle worker asking for work. Setting [$sender]
        to [Working] state")
      sender ! pendingWork.dequeue
      workers += sender -> Working
    case PullWork =>
      log.info(s"Idle worker asking for work but no work
        available. Setting [$sender] to [Idle] state")
      workers += sender -> Idle
    case work : Work if pendingWork.size > maxQueueSize =>
      log.info(s"Work received but max pending work tasks
        reached. Rejecting [$work]")
      sender ! RejectWork(work)
    case work : Work =>
      pendingWork.enqueue(work)
      workers.find(_._2 == Idle) match {
        case Some((worker, _)) =>
          val nextWork = pendingWork.dequeue
          worker ! nextWork
          workers += worker -> Working
```

```
        log.info(s"Work received and found idle worker.
          Submitting [$nextWork] to [$worker]")
      case None =>
        log.info(s"Work received and no idle worker found.
          Adding to pending work tasks queue.")
      }
    }
  }
```

3. 워커 액터로 계속 한다. 작업을 시뮬레이션하기 위해, 몇 초간 무작위로 sleep한
   다. com.packt.chapter10 패키지에 다음 코드로 WorkerWorkPulling.scala 파
   일을 만든다.

```scala
package com.packt.chapter10

import akka.actor.{Actor, ActorLogging, ActorRef}
import com.packt.chapter10.MasterWorkPulling.{DeregisterWorker,
JoinWorker}
import scala.util.Random

object WorkerWorkPulling {
  trait WorkerState
  case object Idle extends WorkerState
  case object Working extends WorkerState

  case object PullWork
  case class Work(workId: Int, originalSender: ActorRef)
  case class WorkDone(work: Work)
  case class RejectWork(work: Work)
}

class WorkerWorkPulling(master: ActorRef) extends Actor with
ActorLogging {
  import WorkerWorkPulling._
  override def preStart() = master ! JoinWorker
  override def postStop() = master ! DeregisterWorker

  def receive = {
```

```
    case work : Work =>
      val millis = Random.nextInt(5) * 1000
      log.info(s"Sleeping for [$millis] millis to simulate
        work.")
      Thread.sleep(millis)
      work.originalSender ! WorkDone(work)
      master ! PullWork
  }
}
```

4. 이 패턴을 실행하기 위해, 마스터 액터로 송신될 메시지를 스케줄링할 발생기 액
   터를 만든다. com.packt.chapter10 패키지에 GeneratorWorkPulling.scala 파
   일을 만든다. 액터의 코드는 다음과 같아야 한다.

```
package com.packt.chapter10

import akka.actor.{Actor, ActorLogging, ActorRef}
import com.packt.chapter10.WorkerWorkPulling.{RejectWork, Work,
WorkDone}
import scala.concurrent.duration._
import scala.util.Random

object GeneratorWorkPulling {
  case object GenerateWork
}

class GeneratorWorkPulling(master: ActorRef) extends Actor with
ActorLogging {
  import GeneratorWorkPulling._
  import context._

  override def preStart() = context.system.scheduler.schedule(1
    second, 1 seconds, self, GenerateWork)

  def receive = {
    case GenerateWork => master ! Work(Random.nextInt(1000),
      self)
    case WorkDone(work) => log.info(s"Work done
```

```
      [${work.workId}]")
    case RejectWork(work) => log.info(s"Work rejected
      [${work.workId}]")
  }
}
```

5. 테스트를 위한 앱을 만든다. com.packt.chapter10 패키지에 다음 코드로 Work PullingApp.scala 파일을 만든다.

```
package com.packt.chapter10

import akka.actor.{ActorSystem, Props}

object WorkPullingApp extends App {
  val actorSystem = ActorSystem()
  val master =
    actorSystem.actorOf(Props(classOf[MasterWorkPulling], 2),
    "master")
  val worker1 =
    actorSystem.actorOf(Props(classOf[WorkerWorkPulling],
    master), "worker1")
  val worker2 =
    actorSystem.actorOf(Props(classOf[WorkerWorkPulling],
    master), "worker2")
    actorSystem.actorOf(Props(classOf[GeneratorWorkPulling],
    master), "generator")
}
```

6. 인텔리제이나 커맨드라인에서 코드를 실행하고 로그를 분석한다.

```
hveiga$ sbt "runMain com.packt.chapter10.WorkPullingApp"
[info] Running com.packt.chapter10.WorkPullingApp
[akka://default/user/master] New worker registered
[Actor[worker2]]
[akka://default/user/master] New worker registered
[Actor[worker1]]
[akka://default/user/worker2] Sleeping for [1000] millis to
simulate work.
[akka://default/user/master] Work received and found idle worker.
```

```
Submitting [Work(731,Actor[generator])] to [Actor[worker2]]
[akka://default/user/master] Work received and found idle worker.
Submitting [Work(515,Actor[generator])] to [Actor[worker1]]
[akka://default/user/worker1] Sleeping for [0] millis to simulate
work.
[akka://default/user/master] Idle worker asking for work but no
work available. Setting [Actor[worker1]] to [Idle] state
[akka://default/user/generator] Work done [515]
[akka://default/user/generator] Work done [731]
...
[akka://default/user/master] Work received and no idle worker
found. Adding to pending work tasks queue.
[akka://default/user/master] Work received but max pending work
tasks reached. Rejecting [Work(341,Actor[generator])]
[akka://default/user/generator] Work rejected [341]
...
```

예제 분석

이번 절에서는 마스터 워커(혹은 슬레이브) 작업 풀링 패턴의 사용 방법을 배웠다. 이 패턴은 부하가 더욱 고르게 분산되도록 유입되는 메시지의 흐름을 제어하고 더 많은 작업을 처리하는 것이 불가능할 때 조치하는 데 주로 적용한다.

이번 예제에서는 MasterWorkPulling 액터가 메시지의 흐름을 통제한다. 먼저, 새로운 워커가 합류하면, 이를 어떤 워커가 바쁘거나 유휴 상태인지 추적하는 내부 레지스트리에 등록한다. 또한, 워커가 더 이상 살아있지 않으면 이를 감시하기 시작한다. 마스터 액터는 또한 대기 중인 작업 과제의 큐를 보관한다. 이는 모든 워커가 바쁠 때 작업을 바로 거절하는 대신에 작업 아이템의 버퍼를 유지하기 위한 것이다. 액터에 새로운 작업이 들어올 때마다 대기 중인 처리 작업이 이미 최대인지 먼저 확인한다. 그러한 경우 송신 액터에 RejectWork 메시지로 응답하기만 한다. 다른 상황에서는, 작업 과제를 거절하는 대신에 다른 행동을 취하고 싶을 것이다. 이들 행동은 소비자가 소비하지 못하도록throttling 하거나, 자동 확장 그룹에 더 많은 워커가 필요하다고 알리거나, 업스트림 시스템에 워커가 바쁘다고 신호하기만 하는 것일 수도 있다. 대기 중인 작업을 처리하는 데 여유가 있다면, 유휴 상태인 워커가 있는지 확인한다. 있다면 유입되는 작업을 큐에 넣고, 다음 작업 아이템을 큐에서 가져와서, 워커에 송신하고 워커를 작업 중Working이라 설정한다. 그렇지 않으면, 간단히 작업을 큐의 끝에 넣는다.

워커 액터는 몇 가지 작업에 대한 책임을 진다. 시작 시, 마스터 액터에게 일할 준비가 되었음을 알려야 한다. 이는 JoinWorker 케이스 오브젝트를 마스터에게 송신함으로써 발생한다. 그런 다음 단지 작업이 들어오기를 기다린다. 작업을 수신하면 처리를 하며(예제의 경우, 몇 초간 무작위로 sleep 한다), 그 뒤 원래 송신자에게 workDone 메시지를 송신하고, 마지막으로 마스터에게 처리할 여유가 있음을 알리는 메시지를 송신한다. workDone 메시지를 마스터 액터에게, 그리고 원래 송신자에게도 보낼 수 있었지만, 이는 불필요한 단계처럼 보인다.

최종적으로, 단순히 마스터 액터에게 2초마다 작업 메시지를 송신하는 Generator 액터가 있다. 이는 작업 아이템이 거절되거나 완료됐을 때 로그를 남긴다. 이 액터는 단지 패턴이 어떻게 동작하는지 보여주는 테스트 액터일 뿐이다. 로그를 자세히 보면, 워커가 등록됨을 볼 수 있다. 그런 다음 메시지가 유입됨에 따라 작업 처리를 시작한다. 결국에 대기 작업 큐가 가득 차면 마스터 액터는 몇몇 작업 메시지를 거절한다.

이 패턴은 또한 다른 JVM이나 머신에 원격 액터를 만들 수 있는 아카 원격화나 아카 클러스터와 잘 동작한다. 유입되는 작업 메시지의 속도에 따라 워커의 전체 개수를 늘리거나 줄일 수 있다.

순서 있는 액터 종료

액터는 주로 계층으로 배포된다. 이들 층은 액터 시스템은 물론 관심사의 분리(액터는 비즈니스 로직만을 신경 쓰며 부모는 감독 전략을 통해 오류 처리를 다룸)와 같은 다른 특성을 유연하게 해준다. 이런 층은 또한 액터를 중단시킬 때도 반향을 준다. 주어진 액터가 종료되면 그 액터의 모든 자식 액터도 비결정적인 방법으로 종료된다. 그러나 이런 기본적인 움직임이 항상 원하는 것이 아닐 수도 있다. 외부 서비스에 연결된 액터를 정지시킬 때가 그러한 경우다.

이번 절에서는 몇몇 액터가 다른 것보다 먼저 종료되어야 하는 사례를 다루기 위해 액터를 순서가 있게 종료시키는 법을 본다. 이를 위해, 순서적으로 종료돼야 하는 서로 다른 ServiceHandler 액터의 부모로써 행동하는 ServicesManager 액터를 만든다. 그러나 실제 부모는 OrderedKiller라는 다른 액터다.

준비하기

이 절을 진행하려면 Hello-Akka 프로젝트를 불러와야 한다. 그 밖의 준비 사항은 이전과 같다.

예제 구현

이 절을 위해 다음 단계를 수행한다.

1. 워커 액터로 시작한다. 이들은 순서적으로 종료시킬 자식 액터다. com.packt. chapter10 패키지에 다음 내용으로 ServiceHandler.scala 파일을 만든다.

```scala
package com.packt.chapter10

import akka.actor.{Actor, ActorLogging}

class ServiceHandler extends Actor with ActorLogging {
  def receive = Actor.ignoringBehavior
  override def preStart() = log.info(s"${self.path.name} is
    running")
  override def postStop() = log.info(s"${self.path.name} has
    stopped")
}
```

2. ServicesManager 액터를 만든다. 이 액터는 워커의 부모처럼 행동하지만, 실제 부모 액터로부터 자식들을 수신한다. com.packt.chapter10 패키지에 Services Manager.scala 파일을 만든다. 코드는 다음과 같아야 한다.

```scala
package com.packt.chapter10

import akka.actor.{Actor, ActorLogging, ActorRef}
import scala.concurrent.duration._

class ServicesManager(childrenCreator: ActorRef) extends Actor
with ActorLogging {
  import OrderedKiller._
  import context._

  override def preStart() = {
    log.info("Asking for my children")
    childrenCreator ! GetChildren(self)
  }

    def waiting: Receive = {
    case Children(kids) =>
      log.info("Children received")
      context.become(initialized(kids))
      context.system.scheduler.scheduleOnce(1 second, self,
        "something")
  }

  def initialized(kids: Iterable[ActorRef]) : Receive = {
    case _ => log.info(s"I have been happily initialized with
      my kids: ${kids.map(_.path.name)}")
  }

  def receive = waiting
  override def postStop() = log.info(s"${self.path.name} has
    stopped")
}
```

3. OrderedKiller 추상 클래스를 만든다. 이는 몇몇 액터를 순서가 있도록 없애는 모든 로직을 가진다. com.packt.chapter10 패키지에 OrderedKiller.scala 파일을 만든다. 내용은 다음과 같아야 한다.

```scala
package com.packt.chapter10

import akka.actor.{Actor, ActorLogging, ActorRef, Terminated}
import akka.pattern._
import scala.concurrent.duration._
import scala.concurrent.Future

object OrderedKiller {
  case object AllChildrenStopped
  case class GetChildren(parentActor: ActorRef)
  case class Children(children: Iterable[ActorRef])
}

abstract class OrderedKiller extends Actor with ActorLogging {
  import OrderedKiller._
  import context._

  def killChildrenOrderly(orderedChildren: List[ActorRef]):
    Future[Any] = {
      orderedChildren.foldLeft(Future(AllChildrenStopped))(
      (p, child) => p.flatMap(_ => gracefulStop(child, 2
      seconds).map(_ => AllChildrenStopped))
    )
  }

  def noChildrenRegistered: Receive = {
    case GetChildren(parentActor) =>
      watch(parentActor)
      parentActor ! Children(children)
      become(childrenRegistered(parentActor))
  }

  def childrenRegistered(to: ActorRef): Receive = {
    case GetChildren(parentActor) if sender == to =>
```

```
      parentActor ! Children(children)
    case Terminated(`to`) =>
      killChildrenOrderly(orderChildren(children)) pipeTo self
    case AllChildrenStopped => stop(self)
  }

  def orderChildren(unorderedChildren: Iterable[ActorRef]) :
    List[ActorRef]
  def receive = noChildrenRegistered
}
```

4. OrderedKiller를 상속하는 액터를 만든다. com.packt.chapter10 패키지에 ServiceHandlersCreator.scala 파일을 만든다. 이 액터는 모든 자식 액터를 만드는 책임을 맡는다. 코드는 다음과 같다.

```
package com.packt.chapter10

import akka.actor.{ActorRef, Props}

class ServiceHandlersCreator extends OrderedKiller {
  override def preStart() = {
    context.actorOf(Props[ServiceHandler], "DatabaseHandler1")
    context.actorOf(Props[ServiceHandler], "DatabaseHandler2")
    context.actorOf(Props[ServiceHandler],
    "ExternalSOAPHandler")
    context.actorOf(Props[ServiceHandler],
    "ExternalRESTHandler")
  }

  def orderChildren(unorderedChildren: Iterable[ActorRef]) = {
    val result = unorderedChildren.toList.sortBy(_.path.name)
    log.info(s"Killing order is ${result.map(_.path.name)}")
    result
  }
}
```

5. 패턴의 움직임을 보여주는 작은 앱을 만든다. com.packt.chapter10 패키지에 OrderedTerminationApp.scala 파일을 만든다.

```scala
package com.packt.chapter10

import akka.actor.{ActorSystem, Props}
import scala.concurrent.duration._
import scala.concurrent.Await

object OrderedTerminationApp extends App {
  val actorSystem = ActorSystem()
  val orderedKiller =
    actorSystem.actorOf(Props[ServiceHandlersCreator],
    "serviceHandlersCreator")
  val manager =
    actorSystem.actorOf(Props(classOf[ServicesManager],
    orderedKiller), "servicesManager")
  Thread.sleep(2000)
  actorSystem.stop(manager)
  Await.ready(actorSystem.terminate(), 2.seconds)
}
```

6. 코드가 준비되면 인텔리제이나 커맨드라인에서 앱을 실행한다.

```
hveiga$ sbt "runMain com.packt.chapter10.OrderedTerminationApp"
[info] Running com.packt.chapter10.OrderedTerminationApp
[akka://default/user/servicesManager] Asking for my children
[akka://default/user/serviceHandlersCreator/ExternalSOAPHandler]
ExternalSOAPHandler is running
[akka://default/user/serviceHandlersCreator/DatabaseHandler2]
DatabaseHandler2 is running
[akka://default/user/serviceHandlersCreator/DatabaseHandler1]
DatabaseHandler1 is running
[akka://default/user/serviceHandlersCreator/ExternalRESTHandler]
ExternalRESTHandler is running
[akka://default/user/servicesManager] Children received
[akka://default/user/servicesManager] I have been happily
initialized with my kids: List(DatabaseHandler1,
DatabaseHandler2, ExternalRESTHandler, ExternalSOAPHandler)
...
[akka://default/user/servicesManager] servicesManager has stopped
[akka://default/user/serviceHandlersCreator] Killing order is
```

```
List(DatabaseHandler1, DatabaseHandler2, ExternalRESTHandler,
ExternalSOAPHandler)
[akka://default/user/serviceHandlersCreator/DatabaseHandler1]
DatabaseHandler1 has stopped
[akka://default/user/serviceHandlersCreator/DatabaseHandler2]
DatabaseHandler2 has stopped
[akka://default/user/serviceHandlersCreator/ExternalRESTHandler]
ExternalRESTHandler has stopped
[akka://default/user/serviceHandlersCreator/ExternalSOAPHandler]
ExternalSOAPHandler has stopped
```

예제 분석

이번 절에서는 자식 액터를 정해진 방법으로 중단시키는 방법을 살펴봤다. 이 패턴은 실제 액터 대신에 자식 액터를 만드는 대리 액터를 가지는 방식에 의존한다. 이 예제에서는 ServicesManager가 서로 다른 모든 ServiceHandler 액터를 만드는 액터여야 한다. 그러나 순서가 있는 종료를 위해, 제 3의 중간 액터인 ServiceHandlersCreator를 만들었다. 이 액터는 자식 액터를 인스턴트화한다. ServicesManager가 시작되면 ServiceHandlers Creator에게 자식을 가지도록 말한다. 그런 다음 ServiceHandlersCreator는 액터가 종료되는 경우를 위해 ServicesManager를 기다리며 자식의 리스트를 ServicesManager에 송신한다. 그다음, ServicesManager는 initialized(kids: Iterable[ActorRef])로 행위를 바꾸며, ServicesManager는 예상대로 움직이면서 자식 액터의 참조를 가진다.

ServicesManager가 중단되면 ServiceHandlersCreator는 Terminated 메시지로 알게 된다. 그런 다음 이는 자식 액터를 순서가 있도록 중단한다. 예제에서는 자식 액터를 알파벳순으로 정렬하지만, 정렬 방법을 어떤 경우든 처리하도록 구현할 수 있다. 그런 다음 순서 있는 자식 액터의 리스트를 지나다니도록 foldLeft를, 그리고 이들을 중단시키도록 gracefulStop 패턴을 사용한다. 이 패턴은 아카에 포함되어 있으며 액터를 중단시키기 위해 actorRef와 타임아웃을 넘길 수 있도록 해준다. 이는 중단이 성공했는지를 신호하는 Future[Boolean] 타입을 반환한다. 이 퓨처를 Future[AllChildrenStopped]에 매핑하며, 마지막으로 퓨처의 결과를 같은 액터에 보내기 위해 아카 파이프 패턴을 사용한다. 액터가 AllChildrenStopped 메시지를 수신하면 스스로 중단한다.

이번 절에서는 asgracefulStop과 파이프 같은 다양한 아카 내장 패턴을 사용했다. 이는 컴퓨터과학에서 또 다른 간접^{indirection} 층을 추가함으로써 문제를 해결할 수 있다고 말하는 것의 좋은 예가 된다. 예제의 경우 ServiceHandlersCreator가 새로운 간접 참조 층이다.

아카 셧다운 패턴

액터 시스템이 인스턴트화되면, 기본적으로 명시적으로 폐쇄되기 이전까지 살아있게 된다. 처음에는 액터 시스템을 언제 종료시킬지 이해하는 것이 쉬워 보인다. 예를 들면 모든 메일박스가 비어있고 주어진 시간 동안 메시지를 처리하는 액터가 없을 때 그러하다. 그러나 아카에서는 이보다 더 복잡하다. 처리 중인 퓨처가 있으며 완료하는 데 시간이 걸릴 수 있다. 또한 액터가 원격 액터에 메시지를 송신했으며 원격/클러스터 환경에서 응답을 기다릴 때 벌어질 수 있다.

액터 시스템의 종료 시점을 결정하는 옵션이 있다. 이번 절에서는 리퍼^{reaper}라는 개념을 소개한다. 리퍼는 액터 시스템 내 모든 액터를 감시한다. 리퍼는 모든 액터가 중단됐을 때만 시스템 폐쇄를 진행한다.

준비하기

이 절을 진행하려면 Hello-Akka 프로젝트를 불러와야 한다. 그 밖의 준비 사항은 이전과 같다.

예제 구현

이 절을 위해 다음 단계를 수행한다.

1. 리퍼 액터로 시작한다. 이 액터는 다른 액터의 **actorRefs**를 등록하고 이를 셋으로 보관한다. com.packt.chapter10 패키지에 Reaper.scala 파일을 만든다. 파일 내용은 다음과 같다.

```scala
package com.packt.chapter10

import akka.actor.{Actor, ActorLogging, ActorRef, Terminated}
import scala.collection.mutable

object Reaper {
  case class WatchMe(ref: ActorRef)
}

class Reaper extends Actor with ActorLogging {
  import Reaper._
  val watched = mutable.Set.empty[ActorRef]

  def allActorsTerminated() = {
    log.info("All actors terminated. Proceeding to shutdown
    system.")
    context.system.terminate()
  }

  def receive = {
    case WatchMe(ref) =>
      log.info(s"Registering ${ref.path.name}.")
      context.watch(ref)
      watched += ref
    case Terminated(ref) =>
      log.info(s"Terminated ${ref.path.name}")
      watched -= ref
      if (watched.isEmpty) allActorsTerminated()
  }

  override def preStart() = log.info(s"${elf.path.name} is
  running")
}
```

2. 다른 모든 액터가 리퍼 액터를 자동으로 인식하도록 트레이트를 만든다. 이 트레이트는 새로운 액터가 만들어질 때 리퍼 액터에 메시지를 보내도록 preStart 메서드를 구현한다. 또한 preStart에서 다른 명령이 가능하도록 메서드를 제공한다. com.packt.chapter10 패키지에 다음 내용으로 ReaperAwareActor.scala 파일을 만든다.

```scala
package com.packt.chapter10

import akka.actor.Actor
import com.packt.chapter10.Reaper.WatchMe

trait ReaperAwareActor extends Actor {
  override final def preStart() = {
    registerReaper()
    preStartPostRegistration()
  }

  private def registerReaper() =
    context.actorSelection("/user/Reaper") ! WatchMe(self)
  def preStartPostRegistration() : Unit = ()
}
```

3. 일정한 처리를 수행하는 것을 시뮬레이션할 워커 액터를 만든다. com.packt.chapter10 패키지에 ShutdownPatternWorker.scala 파일을 만든다. 코드는 다음과 같다.

```scala
package com.packt.chapter10

import akka.actor.ActorLogging

class ShutdownPatternWorker extends ReaperAwareActor with
ActorLogging {
  def receive = { case e : Exception => throw e }
  override def preStartPostRegistration() =
    log.info(s"${self.path.name} is running")
  override def postStop() = log.info("${self.path.name} has
    stopped")
}
```

4. 같은 방법으로, 몇몇 자식 액터를 만드는 마스터 액터를 만든다. 이는 셧다운 패턴이 액터 계층에서도 작동함을 보여주기 위한 것이다. com.packt.chapter10 패키지에 다음 코드로 ShutdownPatternMaster.scala 파일을 만든다.

```scala
package com.packt.chapter10

import akka.actor.{Actor, ActorLogging, Props}
import scala.concurrent.duration._

class ShutdownPatternMaster extends ReaperAwareActor with
ActorLogging {
  import context.dispatcher

  val receive = Actor.emptyBehavior
  override def postStop() = log.info(s"${self.path.name} has
  stopped")
  override def preStartPostRegistration() = {
    val worker1 = context.actorOf(Props[ShutdownPatternWorker],
    "worker1")
    context.actorOf(Props[ShutdownPatternWorker], "worker2")
    context.system.scheduler.scheduleOnce(2 second, worker1,
    new Exception("something went wrong"))
    log.info(s"${self.path.name} is running")
  }
}
```

5. 테스트를 위한 앱을 만든다. com.packt.chapter10 패키지에 다음 내용으로 ShutdownPatternApp.scala 파일을 만든다.

```scala
package com.packt.chapter10

import akka.actor.{ActorSystem, PoisonPill, Props}
import scala.concurrent.duration._

object ShutdownPatternApp extends App {
  val actorSystem = ActorSystem()
  import actorSystem.dispatcher
  val reaper = actorSystem.actorOf(Props[Reaper], "Reaper")
```

```
    val worker =
      actorSystem.actorOf(Props[ShutdownPatternWorker], "worker")
    val master =
      actorSystem.actorOf(Props[ShutdownPatternMaster], "master")
      actorSystem.scheduler.scheduleOnce(3 seconds, worker,
      PoisonPill)
      actorSystem.scheduler.scheduleOnce(5 seconds, master,
      PoisonPill)
  }
```

6. 코드가 준비되면, 인텔리제이나 커맨드라인에서 실행한다.

```
hveiga$ sbt "runMain com.packt.chapter10.ShutdownPatternApp"
[info] Running com.packt.chapter10.ShutdownPatternApp
[akka://default/user/Reaper] Registering worker.
[akka://default/user/Reaper] Registering master.
[akka://default/user/Reaper] Registering worker1.
[akka://default/user/Reaper] Registering worker2.
[[akka://default/user/master/worker1] something went wrong
java.lang.Exception: something went wrong
...
[akka://default/user/Reaper] Registering worker1.
[akka://default/user/Reaper] Terminated worker
[akka://default/user/Reaper] Terminated worker1
[akka://default/user/Reaper] Terminated worker2
[akka://default/user/Reaper] Terminated master
[akka://default/user/Reaper] All actors terminated. Proceeding to
shutdown system.
[success] Total time: 9 s
```

예제 분석

이번 절에서는 모든 액터가 종료됐을 때 액터 시스템을 종료시키는 셧다운 패턴을 만드는
방법을 다뤘다. 이를 위해, 다른 모든 액터를 감시하고 이들의 actorRef를 가지고 있는 리
퍼라는 액터를 만들었다. 모든 액터가 종료되면 리퍼는 액터 시스템 종료를 진행한다. 이
를 직관적으로 만들도록 리퍼에 actorRef와 더불어 메시지를 송신하기 위해 preStart를

오버라이드하는 ReaperAwareActor란 헬퍼 트레이트를 만든다. 이는 actorSelection를 사용해서 해내며, 몇 가지 요구 사항이 있다.

- 리퍼 액터의 액터 경로를 알아야 한다. 예제에서는 /user/Reaper로 직접 코딩되어 있다.
- 다른 액터를 만들기 전에 리퍼 액터를 만들어야 한다.

이런 구현은 몇몇 경우에서는 문제가 될 수 있지만, 더 복잡한 해법으로 극복할 수 있다. 예를 들면, 리퍼 액터 이름을 설정에서 가져올 수 있다. 이는 값을 사용하는 어디에서나 일관적이게 해준다. 다른 모든 액터 이전에 리퍼를 만드는 것을 고려해보면, 다른 선택을 할 수 있다. 하나는 리퍼 액터가 존재함을 확실히 하도록 actorSelection을 해결할 수 있다. 다른 해결책은 ReaperAwareActor 트레이트가 두 개의 receive 행위를 구현하도록 하는 것이다. 이중 처음의 것은 주기적으로 리퍼에 액터를 등록하려 시도할 것이다. 이는 ask 패턴을 사용해서 확실히 할 수 있다. 등록이 되면 액터는 context.become을 사용해서 행위를 원하는 것으로 바꿀 수 있다.

마스터 액터 내부에서는 워커 액터에 예외 메시지를 송신하며, 이는 예외를 던진다. 이는 액터가 기본 감독 전략에 의해 재시작될 때조차도 actorRef가 바뀌지 않으며, 따라서 메시지가 리퍼 액터에 또 다시 송신되면 리퍼 액터가 이미 이를 가지고 있음을 보여주기 위한 것이다. 액터를 종료시키는 데 PoisonPill 메시지를 사용한다는 것도 알아두어야 한다. 이는 메일박스에 남은 메시지가 처리되도록 하기 때문에 context.stop( )을 호출하는 것보다 더 나은 방식이다.

모든 액터가 종료되면 리퍼가 액터 시스템을 종료시키고 자바 프로세스가 성공적으로 종료됨을 로그에서 볼 수 있다.

액터에 주기적인 메시지 스케줄링하기

메시지 스케줄링은 아카에서 또 다른 일반적인 작업이다. 아카는 한 번 아니면 주기적으로 액터에 보내질 메시지를 스케줄링하도록 해주는 내장 스케줄러를 제공한다. 이 구성 요소의 이름은 scheduler이지만, 실제 구현은 액터에 메시지가 지연되어 전달되도록 수행한다. 이 때문에 몇몇 사람들은 '연기자deferrer'나 '지연자delayer'라고 불러야 한다고 주장한다. 게다가, 이는 메서드를 호출했을 때만 메시지가 전달되도록 스케줄링할 수 있게 해줄 뿐이다. 내장 스케줄러는 주어진 기간 내에 아니면 매우 자주 무언가 일어나도록 스케줄링을 허용한다. 그러나 예를 들면 액터에 메시지를 매일 자정에 보내는 것처럼 더욱 일반적인 방법으로 무언가를 스케줄링할 수 있도록 하지는 않는다.

이 때문에 아카에 쿼츠Quartz 스케줄러를 통합하는 오픈소스 프로젝트도 살펴봐야 한다. 이와 같이 확장한다면 쿼츠와 같은 진정한 스케줄러 기능을 액터 세계에 가져다준다.

준비하기

이 절을 진행하려면 Hello-Akka 프로젝트를 불러와야 한다. 그 밖의 준비 사항은 이전과 같다. 또한 아카 쿼츠 스케줄러 확장을 가져오도록 필요한 의존성을 정의한다.

예제 구현

이 절을 위해 다음 단계를 수행한다.

1. 필요한 의존성을 가져온다.
2. build.sbt 파일을 수정해 다음과 같이 아카 쿼츠 의존성을 추가한다.

   ```
   libraryDependencies += "com.enragedginger" % "akka-quartz-scheduler_
   2.11" % "1.6.0-akka-2.4.x"
   ```

3. 내장 스케줄러를 사용할 액터를 만든다. com.packt.chapter10 패키지에 Messa
geAkkaScheduler.scala 파일을 만든다. 파일 내용은 다음과 같아야 한다.

```scala
package com.packt.chapter10

import akka.actor.{Actor, ActorLogging, Cancellable}
import scala.concurrent.duration._

object MessageAkkaScheduler {
  case object JustOne
 case object Every2Seconds
}

class MessageAkkaScheduler extends Actor with ActorLogging {
  import MessageAkkaScheduler._
  import context.dispatcher
  var scheduleCancellable : Cancellable = _

  override def preStart() = {
    context.system.scheduler.scheduleOnce(2 seconds, self,
    JustOne)
    scheduleCancellable = context.system.scheduler.schedule(2
    seconds, 1 second, self, Every2Seconds)
  }
  override def postStop() = scheduleCancellable.cancel()
  def receive = { case x => log.info(s"Received $x") }
}
```

4. 퀴츠 스케줄러를 사용할 다른 액터를 만든다. com.packt.chapter10 패키지에 다
음 내용으로 MessageQuartzScheduler.scala 파일을 만든다.

```scala
package com.packt.chapter10

import akka.actor.{Actor, ActorLogging}
import com.typesafe.akka.extension.quartz
.QuartzSchedulerExtension

object MessageQuartzScheduler {
  case object Every2Seconds
```

```
  }

  class MessageQuartzScheduler extends Actor with ActorLogging {
    import MessageQuartzScheduler._
    override def preStart() =
      QuartzSchedulerExtension(context.system)
      .schedule("Every2Seconds", self, Every2Seconds)
    override def postStop() =
      QuartzSchedulerExtension(context.system)
      .cancelJob("Every2Seconds")
    def receive = { case x => log.info(s"Received $x") }
  }
```

5. 코드를 실행할 앱을 만든다. 이번에는 액터 시스템을 인스턴트화할 때 설정을 넘길 것이다. com.packt.chapter10 패키지에 SchedulingMessagesApp.scala 파일을 만든다. 코드 내용은 다음과 같다.

```
package com.packt.chapter10

import akka.actor.{ActorSystem, Props}
import com.typesafe.config.ConfigFactory

object SchedulingMessagesApp extends App {
  val c = """akka.quartz.schedules.Every2Seconds.expression =
    "*/2 * * ? * *""""
  val actorSystem = ActorSystem("scheduling",
    ConfigFactory.parseString(c))
    actorSystem.actorOf(Props[MessageAkkaScheduler],
    "MessageAkkaScheduler")
    actorSystem.actorOf(Props[MessageQuartzScheduler],
    "MessageQuartzScheduler")
  Thread.sleep(10000)
  actorSystem.terminate()
}
```

6. 코드가 준비되면 인텔리제이나 커맨드라인에서 실행한다.

hveiga$ sbt "runMain com.packt.chapter10.SchedulingMessagesApp"
[info] Running com.packt.chapter10.SchedulingMessagesApp

```
[20:14:19.767] [[QuartzScheduler~scheduling]] Setting up
scheduled job 'Every2Second', with
'com.typesafe.akka.extension.quartz.QuartzCronSchedule@4f7da7ba'
[20:14:20.018] [akka://scheduling/user/MessageQuartzScheduler]
Received EverySecond
[20:14:21.732] [akka://scheduling/user/MessageAkkaScheduler]
Received JustOne
[20:14:21.732] [akka://scheduling/user/MessageAkkaScheduler]
Received EverySecond
[20:14:22.004] [akka://scheduling/user/MessageQuartzScheduler]
Received EverySecond
...
[20:14:28.005] [akka://scheduling/user/MessageQuartzScheduler]
Received EverySecond
[20:14:28.730] [akka://scheduling/user/MessageAkkaScheduler]
Received EverySecond
[20:14:29.718] [[QuartzScheduler~scheduling]] Cancelling Quartz
Job 'Every2Second'
[success] Total time: 13 s
```

예제 분석

이번 절에서는 액터 시스템 내에서 메시지를 스케줄링하는 방법을 다뤘다. 액터가 어떻게 내장 스케줄러를 제공하는지 MessageAkkaScheduler 액터를 통해서 볼 수 있다. 이 스케줄러는 scheduleOnce 메서드를 통해 주어진 기간 후에 아니면 schedule 메서드를 사용해서 초기 지연 후 주기적으로 메시지가 송신되도록 스케줄링할 수 있게 해준다. 스케줄러가 어떻게 Cancellable 인스턴스를 반환하는지도 볼 수 있다. 필요한 경우에 메시지 전달이 취소되도록 한다. 스케줄러가 작업을 실행하려면 실행 콘텍스트가 필요하다는 것도 알아둔다. 이런 목적으로 context.dispatcher를 불러왔다. 이는 스케줄러가 액터 시스템과 같은 디스팻처를 사용할 수 있도록 해준다.

MessageQuartzScheduler에서는 퀴츠 스케줄러 확장을 사용하는 방법을 다룬다. MessageQuartzExtension 클래스는 주어진 액터에 메시지가 전달되도록 스케줄링할 수 있게 해준다. 실제 스케줄은 아카 설정에 정의하며, 이름을 통해 참조한다. 예제에서는 SchedulingMessagesApp에 Every2Second란 이름으로 정의했으며 액터 시스템이 만들어질 때 설정을 넘긴다. 쿼츠 스케줄러는 언제 발동될 지 알아야 할 때 Cron 표현을 사용한다. 예를 들면, 2초마다 송신하려면 */2 * * ? * * 표현을 사용한다. QuartzSchedulerExtension가 주어진 이름의 스케줄을 찾지 못한다면 예외를 던진다. 아카 스케줄러처럼 QuartzSchedulerExtension.cancelJob() 호출로 실행 중인 스케줄을 취소하는 것이 가능하다.

 Cron 표현은 http://www.quartz-scheduler.org/documentation/quartz-2.x/tutorials/crontrigger.html에서 더 배울 수 있다.

액터에 메시지를 보내는 동안 쓰로틀링하기

메시지를 송신하는 때 속도를 제한할 필요가 있는 경우가 있다. 예를 들면, 외부 서비스를 사용해야 할 때 그러하다. 이런 서비스는 막히는 한계점이 있거나 아니면 사용하는 만큼 요금을 내는pay-as-you-go 유틸리티일 수 있다. 아카는 이런 움직임을 위해 타이머 기반 쓰로틀러timer based throttler를 akka-contrib 모듈의 일부로써 제공한다.

이번 절에서는 타이머 기반 쓰로틀러를 어떻게 설정하고 사용하는지 다시 보면서 영향은 무엇인지에 대한 설명을 제시한다.

준비하기

이 절을 진행하려면 Hello-Akka 프로젝트를 불러와야 한다. 그 밖의 준비 사항은 이전과 같다. 또한 아카 Contrib 모듈을 가져오도록 필요한 의존성을 정의한다.

이 절을 위해 다음 단계를 수행한다.

1. 필요한 의존성을 가져온다.

2. build.sbt 파일을 수정해 다음과 같이 아카 Contrib 의존성을 가져온다.

```
libraryDependencies += "com.typesafe.akka" % "akka-
contrib_2.11" % "2.4.4"
```

3. 수신자 액터를 만들며 시작한다. 이 액터는 메시지를 수신하면 표현을 로깅하는 것이 유일한 임무다. com.packt.chapter10 패키지에 EasyToOverwhelmReceiver.scala 파일을 만든다. 파일 내용은 다음과 같다.

```
package com.packt.chapter10

import akka.actor.{Actor, ActorLogging}

class EasyToOverwhelmReceiver extends Actor with ActorLogging {
  def receive = { case x => log.info(s"Received $x") }
}
```

4. 쓰로틀링하려는 메시지를 송신하는 액터를 만든다. com.packt.chapter10 패키지에 ReallyFastSender.scala 파일을 만든다. 코드는 다음과 같다.

```
package com.packt.chapter10

import akka.actor.{Actor, ActorLogging, ActorRef}
import scala.concurrent.duration._
import scala.util.Random

object ReallyFastSender {
  case object Tick
  case class ReallyImportantMessage(i: Int)
}

class ReallyFastSender(nextActor: ActorRef) extends Actor with
ActorLogging {
```

```
import ReallyFastSender._
import context.dispatcher
override def preStart() = context.system.scheduler.schedule(2
second, 200 millis, self, Tick)

def receive = {
case Tick =>
  val msg = ReallyImportantMessage(Random.nextInt(100))
  log.info(s"Sending $msg")
  nextActor ! msg
}
}
```

5. 쓰로틀러를 정의하고 실행할 앱을 만든다. com.packt.chapter10 패키지에 Thro
   ttlingApp.scala 파일을 만든다.

```
package com.packt.chapter10

import akka.actor.{ActorSystem, Props}
import akka.contrib.throttle.Throttler._
import akka.contrib.throttle.TimerBasedThrottler
import scala.concurrent.duration._

object ThrottlingApp extends App {
  val actorSystem = ActorSystem()
  val throttler =
    actorSystem.actorOf(Props(classOf[TimerBasedThrottler], 2
    msgsPer 1.second))
  val easyToOverwhelmReceiver =
    actorSystem.actorOf(Props[EasyToOverwhelmReceiver],
    "receiver")
    throttler ! SetTarget(Some(easyToOverwhelmReceiver))
    actorSystem.actorOf(Props(classOf[ReallyFastSender],
    throttler), "sender")
}
```

6. 코드가 준비되면 인텔리제이나 커맨드라인에서 실행한다. 이 앱은 스스로 멈춰
   지지 않으므로 편리한 대로 직접 종료시킬 수 있다.

```
hveiga$ sbt "runMain com.packt.chapter10.ThrottlingApp"
[info] Running com.packt.chapter10.ThrottlingApp
[21:53:57.351] [akka://default/user/sender] Sending
ReallyImportantMessage(16)
[21:53:57.357] [akka://default/user/receiver] Received
ReallyImportantMessage(16)
[21:53:57.540] [akka://default/user/sender] Sending
ReallyImportantMessage(52)
[21:53:57.541] [akka://default/user/receiver] Received
ReallyImportantMessage(52)
[21:53:57.739] [akka://default/user/sender] Sending
ReallyImportantMessage(38)
[21:53:57.941] [akka://default/user/sender] Sending
ReallyImportantMessage(53)
[21:53:58.382] [akka://default/user/receiver] Received
ReallyImportantMessage(38)
[21:53:58.383] [akka://default/user/receiver] Received
ReallyImportantMessage(53)
[21:53:58.540] [akka://default/user/sender] Sending
ReallyImportantMessage(92)
[21:53:58.741] [akka://default/user/sender] Sending
ReallyImportantMessage(26)
```

예제 분석

이번 절에서는 유입되는 메시지의 속도를 조절하는 데 쓰로틀러 액터를 어떻게 사용하는
지 다뤘다. 아카는 akka-contrib 모듈에 타이머 기반 쓰로틀러를 제공하며 Rate 객체를
전달해 속도를 조절한다. 예제에서는 쓰로틀러 액터를 만들 때 2 msgsPer 1.second로 매
개변수를 주어 빈도를 명시적으로 초당 두 개의 메시지로 정의한다. 인스턴트화 이후, 목
표 액터를 설정하여 쓰로틀러를 초기화해야 한다. 예제의 경우, 이를 위해 SetTarget 메
시지를 쓰로틀러에 송신한다. 모든 것이 예상대로 동작하는지 검증하기 위해, 앱을 실행
하고 주어진 매 초 오직 두 개의 메시지만 수신됨을 볼 수 있다.

한편, 이런 구현은 메시지를 원하는 빈도로 쓰로틀링하며, 따라서 몇 가지 문제를 가져온다. 기본적으로, 모든 메시지가 쓰로틀러의 내부 큐에 저장된다. 이는 모든 메시지가 저장됨을 뜻하며, 초당 수백 만의 메시지로 된 환경에서 이런 해결책은 메모리 부족 오류를 야기할 수도 있다. 게다가, 이런 구현은 지속성을 지원하지 않는다. 액터가 사망하면, 내부 큐에서 대기 중이던 메시지를 복구할 수 없다. 쓰로틀링의 약점 또한 흥미로운 부분이다. 이는 타이머 기반이므로, 타이머가 발동되는 때에 따라 제외되는 것보다 더 많은 메시지를 송신하는 경우가 있다. 결국, 메시지가 제 때에 고르게 나눠져서 전달되기보다는 타이머가 발동될 때 함께 전달된다. 이는 예상치 못한 움직임을 야기할 수 있다.

아카 팀은 타이머 기반 쓰로틀러를 사용하기보다는 더욱 로버스트한 해결책을 사용하는 것을 추천한다. 아카 스트림으로 옮겨 더 훌륭한 쓰로틀러를 사용하는 것이 이런 해결책이다.

 아카 스트림 쓰로틀러에 대한 더 많은 정보는 http://doc.akka.io/docs/akka/current/scala/stream/stages-overview.html#throttle에 있다.

액터 사이의 작업 부하 균형 이루기

대체로, 모든 워커 액터가 대략적으로 같은 수의 메시지를 처리하기를 바랄 것이다. 아카는 이런 움직임을 해내는데 몇 가지 흥미로운 접근법을 제공한다. 첫 번째는 밸런싱 디스팻처를 사용하는 것이다. 이 디스팻처는 액터 그룹이 같은 메일박스를 공유하는 `ExecutorService`가 지원하며, 바쁜 액터에서 한가한 액터로의 작업 재분배를 시도한다. 이 디스팻처는 이 절에서 볼 수 있듯이 `BalancingPool`을 구현하여 쉽게 사용할 수 있다.

두 번째 옵션은 `SmallestMailboxRouter`를 사용하는 것이다. 메시지를 송신할 때, 이와 같은 타입의 라우터는 더 적은 메시지의 메일박스를 가진 액터로 메시지를 라우팅하려 할 것이다. 이번 절에서는 이들 접근법을 사용하는 액터를 어떻게 설정하는지 살펴본다.

이 절을 진행하려면 Hello-Akka 프로젝트를 불러와야 한다. 그 밖의 준비 사항은 이전과 같다.

예제 구현

이 절을 위해 다음 단계를 수행한다.

1. com.packt.chapter10 패키지에 BalancedWorker.scala 파일을 만든다. 이 파일
   은 처리를 시뮬레이션하는 액터를 가진다. 파일 내용은 다음과 같다.

```
package com.packt.chapter10

import akka.actor.{Actor, ActorLogging}

object BalancedWorker {
  case class WorkTask(id: Int)
}

class BalancedWorker extends Actor with ActorLogging {
  import BalancedWorker._

  def receive = {
    case WorkTask(id) =>
      log.info(s"[$id] Sleeping for 1000 milliseconds.")
      Thread.sleep(1000)
  }
}
```

2. 두 개의 앱으로 파일을 만든다. 첫 번째 것은 BalancingPool을 사용한 밸런싱 디
   스팻처 접근법을 활용한다. 두 번째는 SmallestMailboxPool을 사용한 Smalle
   stMailboxRouter 접근법을 사용한다. com.packt.chapter10 패키지에 Balancing
   WorkApp.scala 파일을 만든다. 코드는 다음과 같다.

```
package com.packt.chapter10

import akka.actor.{ActorSystem, Props}
import akka.routing.{BalancingPool, SmallestMailboxPool}
import com.packt.chapter10.BalancedWorker.WorkTask
import scala.concurrent.duration._
import scala.util.Random

object BalancingDispatcherApp extends App {
  val actorSystem = ActorSystem()
  val workerPool =
    actorSystem.actorOf(Props[BalancedWorker].
    withRouter(BalancingPool(4)),"workers")
  import actorSystem.dispatcher
  actorSystem.scheduler.schedule(1 second, 200 millis)
  (sendTask)
  def sendTask : Unit = workerPool !
    WorkTask(Random.nextInt(10000))
}

object SmallestMailboxRouterApp extends App {
  val actorSystem = ActorSystem()
  val workerPool =
    actorSystem.actorOf(Props[BalancedWorker].
    withRouter(SmallestMailboxPool(4)),"workers")
  import actorSystem.dispatcher
  actorSystem.scheduler.schedule(1 second, 200 millis)
  (sendTask)
  def sendTask() : Unit = workerPool !
    WorkTask(Random.nextInt(10000))
}
```

3. 코드가 준비되면 두 앱을 실행하고 로그를 분석한다. 먼저, BalancingDispatcher
   App을 인텔리제이나 커맨드라인에서 실행한다.

```
hveiga$ sbt "runMain com.packt.chapter10.BalancingDispatcherApp"
[info] Running com.packt.chapter10.BalancingDispatcherApp
[akka://default/user/workers/$a] [6920] Sleeping for 1000
milliseconds.
```

```
[akka://default/user/workers/$b] [4051] Sleeping for 1000
milliseconds.
[akka://default/user/workers/$d] [9] Sleeping for 1000
milliseconds.
[akka://default/user/workers/$c] [5623] Sleeping for 1000
milliseconds.
[akka://default/user/workers/$a] [9806] Sleeping for 1000
milliseconds.
[akka://default/user/workers/$b] [3888] Sleeping for 1000
milliseconds.
[akka://default/user/workers/$d] [9338] Sleeping for 1000
milliseconds.
[akka://default/user/workers/$c] [5259] Sleeping for 1000
milliseconds.
[akka://default/user/workers/$a] [8054] Sleeping for 1000
milliseconds.
...
```

4. 인텔리제이나 커맨드라인에서 SmallestMailboxRouterApp을 실행한다.

```
hveiga$ sbt "runMain
com.packt.chapter10.SmallestMailboxRouterApp"
[info] Running com.packt.chapter10.SmallestMailboxRouterApp
[akka://default/user/workers/$a] [5534] Sleeping for 1000
milliseconds.
[akka://default/user/workers/$b] [4581] Sleeping for 1000
milliseconds.
[akka://default/user/workers/$c] [5318] Sleeping for 1000
milliseconds.
[akka://default/user/workers/$d] [9493] Sleeping for 1000
milliseconds.
[akka://default/user/workers/$a] [2934] Sleeping for 1000
milliseconds.
[akka://default/user/workers/$b] [8072] Sleeping for 1000
milliseconds.
[akka://default/user/workers/$c] [3817] Sleeping for 1000
milliseconds.
[akka://default/user/workers/$d] [4976] Sleeping for 1000
milliseconds.
```

```
[akka://default/user/workers/$a] [7379] Sleeping for 1000
milliseconds.
...
```

예제 분석

이번 절에서는 두 가지 서로 다른 접근법을 사용해 액터 풀에 메시지를 고르게 분산시키는 법을 다뤘다. 둘 다 비슷하지만, 똑같이 움직이지는 않는다. 밸런싱 디스팻처는 메시지를 최대한 고르게 분산시키려 한다. 이는 모든 라우티 액터(같은 라우터를 공유하는 액터)가 공유하는 오직 하나의 메일박스를 가지는 덕분이다. BalancingDispatcherApp을 실행할 때, 로그에서 메시지가 어떻게 처리되는지를 볼 수 있다. 모든 $a에서 $e까지의 모든 액터는 이 중 어느 하나라도 두 번째 메시지를 얻기 전까지 하나의 메시지를 얻는다. 그런 다음 액터가 $a -> $b -> $d -> $c 패턴을 사용해서 메시지를 처리하고 $a에서 다시 시작하는 것을 볼 수 있다. 모든 라우티가 동일하기 때문에 이들이 알파벳 순서가 아님을 걱정할 필요 없다.

SmallestMailboxRouter 접근법은 비슷하지만 SmallestMailboxPool 라우터를 사용할 때 몇 가지 다른 규칙이 적용된다. 앞서 적은 수의 메시지를 가진 메일박스에 메시지가 들어온다는 것을 언급했다. 그러나 라우티의 선택은 다음과 같은 순서로 일어난다.

1. 메일박스에 메시지가 없는 한가한 라우티를 선택함
2. 메일박스가 비어 있는 라우티를 선택함
3. 메일박스에 메시지가 가장 적은 라우티를 선택함
4. 원격 라우티를 선택함(원격 액터의 메일박스 크기는 알 수 없으므로 가장 낮은 우선순위를 가지는 것으로 고려함)

이 때문에 SmallestMailboxRouterApp의 로그에서 메시지를 처리하는 액터의 같은 순서를 보지 않게 된다. 어느 순간, 비어 있는 메일박스를 가진 여러 액터나 비어 있는 메일박스를 가진 한가한 액터가 있다. 그러면 알고리즘은 이들 중 아무 액터든지 고른다. 따라서, 몇몇 액터는 다른 액터보다 더 많은 메시지를 처리할 수도 있다.

이들 두 접근법이 라우티 액터 그룹 사이에 작업을 분산하는 훌륭한 방법일지라도, 둘 다 백프레셔 체계나 메일박스 초과를 피하는 통제법을 제공하지는 않는다. 이는 메모리 부족 오류나 예상치 못한 메시지 손실을 야기할 수 있다. 이런 문제를 피하려면, 이 장의 처음에 다뤘던, 워커가 얼마만큼의 작업을 하는지 통제할 수 있게 해주는 마스터 슬레이브 작업 풀링 패턴과 같은 다른 패턴을 사용할 수 있다.

집계자 패턴

집계자 패턴aggregator pattern은 다른 소스의 데이터를 수집하고, 한데 패키징한 뒤 집계된 결과로 무언가를 처리하는 데 주로 사용한다. 복수의 계좌로부터 계좌 잔액을 가져오는 것을 예제로 들 수 있다. 필요한 모든 정보를 확보하게 되면 이를 함께 패키징하고, 예를 들어 모바일 장치나 API에 전달한다.

이번 절에서는 앞에서 설명한 내용을 달성하는 도구를 제공하는 Aggregator 트레이트의 사용 방법을 살펴본다. Aggregator 트레이트는 akka-contrib 모듈의 일부다. 시연을 위해 소셜 네트워크 피드 집계자를 만든다. 이 집계자 액터는 다른 액터에 주어진 사용자에 대한 여러 가지 소셜 네트워크의 최근 게시물을 요청한다. 소셜 네트워크의 실제 API에 접속하는 것은 이 책의 범위를 넘어서므로, 다른 액터를 사용해 이를 시뮬레이션하기만 한다.

준비하기

이 절을 진행하려면 Hello-Akka 프로젝트를 불러와야 한다. 그 밖의 준비 사항은 이전과 같다. 또한 아카 Contrib 모듈을 가져오도록 필요한 의존성을 정의한다.

이 절을 위해 다음 단계를 수행한다.

1. 필요한 의존성을 가져온다

2. abt 파일을 수정해 다음과 같이 아카 Contrib 의존성을 추가한다.

```
libraryDependencies += "com.typesafe.akka" % "akkacontrib_
2.11" % "2.4.4"
```

3. 소셜 네트워크로부터 최근 게시물을 얻는 것을 시뮬레이션하는 액터를 만드는 것으로 시작한다. com.packt.chapter10 패키지에 SocialMediaHandler.scala 파일을 만든다. 파일 내용은 다음과 같아야 한다.

```
package com.packt.chapter10

import akka.actor.{Actor, ActorLogging}
import com.packt.chapter10.SocialMediaAggregator.
{GetLatestPosts, LatestPostResult, Post}
import scala.util.Random

class SocialMediaHandler(socialMedia: String) extends Actor
with ActorLogging {
  def receive = {
    case GetLatestPosts(id) =>
      Thread.sleep(Random.nextInt(4) * 100)
      val posts = (0 to Random.nextInt(2)).map(_ => Post("some
        title", "some content"))
      sender ! LatestPostResult(socialMedia, posts)
  }
}
```

4. 다른 액터와 통신하는 데 사용하는 집계자 액터와 메시지를 만든다. com.packt.chapter10 패키지에 SocialMediaAggregator.scala 파일을 만든다. 메시지를 정의하는 코드는 다음과 같다.

```
package com.packt.chapter10

import akka.actor.{Actor, ActorLogging, ActorRef, PoisonPill}
import akka.contrib.pattern.Aggregator
import scala.collection.mutable
import scala.concurrent.duration._

object SocialMediaAggregator {
  case object GetPosts
  case object ReturnPosts
  case class StartFetching(userId: String, period:
  FiniteDuration)
  case class StopFetching(userId: String)
  case class GetLatestPosts(userId: String)
  case class Post(title: String, content: String)
  case class LatestPostResult(socialNetwork: String, posts:
  Seq[Post])
  case class Report(list: List[LatestPostResult])
}
```

5. 추가로 같은 SocialMediaAggregator.scala 파일에 집계자 액터를 만든다.

```
class SocialMediaAggregator(handlers: List[ActorRef]) extends
Actor with Aggregator with ActorLogging {
  import SocialMediaAggregator._
  import context._
  val initBehavior : Receive = {
    case StartFetching(id, period) =>
      log.info(s"Fetching latest posts for $id")
      new LatestPostsAggregator(sender, id, period)
  }
  expectOnce(initBehavior)

  class LatestPostsAggregator(originalSender: ActorRef, userId:
  String, period: FiniteDuration) {
    val latestPosts =
      mutable.ArrayBuffer.empty[LatestPostResult]
    val returnPostCancel =
      context.system.scheduler.schedule(1.second, period, self,
```

```
      ReturnPosts)
    val getPostsCancel =
      context.system.scheduler.schedule(0.seconds, 400 millis,
      self, GetPosts)

  val behavior : Receive = {
    case GetPosts => handlers.foreach(_ !
    GetLatestPosts(userId))
    case lpr : LatestPostResult => latestPosts += lpr
    case ReturnPosts =>
      originalSender ! Report(latestPosts.toList)
      latestPosts.clear()
    case StopFetching(id) =>
      log.info(s"Stopping latest posts fetching for $id")
      returnPostCancel.cancel()
      getPostsCancel.cancel()
      context.system.scheduler.scheduleOnce(5 seconds, self,
      PoisonPill)
    }
    expect(behavior)
  }
}
```

6. SocialMediaAggregator에 데이터 집계를 요청하고, 준비가 되면 합쳐진 데이터를 되돌려 보내는 액터를 만든다. com.package.chapter10 패키지에 Social MediaStalker.scala 파일을 만든다. 파일 내용은 다음과 같다.

```
package com.packt.chapter10

import akka.actor.{Actor, ActorLogging, ActorRef,
ReceiveTimeout}
import com.packt.chapter10.SocialMediaAggregator.{Report,
StartFetching, StopFetching}
import scala.collection.mutable
import scala.concurrent.duration._

class SocialMediaStalker(aggregator: ActorRef, userId: String)
extends Actor with ActorLogging {
```

```
import context.dispatcher
context.setReceiveTimeout(10 seconds)
val counts = mutable.Map.empty[String,
  Int].withDefaultValue(0)

override def preStart() = {
  log.info("Politely asking to aggregate")
  aggregator ! StartFetching(userId, 1 second)
  context.system.scheduler.scheduleOnce(5 second, aggregator,
  StopFetching(userId))
}
override def postStop() = log.info(s"Stopping. Overall counts
  for $userId: $counts")

def receive = {
  case Report(list) =>
    val stats =
      list.groupBy(_.socialNetwork).
      mapValues(_.map(_.posts.size).sum)
    log.info(s"New report: $stats")
    stats.foreach(kv => counts += kv._1 -> (counts(kv._1) +
    kv._2))
  case ReceiveTimeout => context.stop(self)
}
}
```

7. 예제를 실행할 앱을 만든다. com.packt.chapter10 패키지에 다음 코드로 Aggre
gatorPatternApp.scala 파일을 만든다.

```
package com.packt.chapter10

import akka.actor.{ActorSystem, Props}

object AggregatorPatternApp extends App {
  val actorSystem = ActorSystem()
  val tHandler =
    actorSystem.actorOf(Props(classOf[SocialMediaHandler],
    "Twitter"), "twitterHandler")
  val fHandler =
```

```
      actorSystem.actorOf(Props(classOf[SocialMediaHandler],
        "Facebook"), "facebookHandler")
    val lHandler =
      actorSystem.actorOf(Props(classOf[SocialMediaHandler],
        "LinkedIn"), "linkedInHandler")
    val handlers = List(tHandler, fHandler, lHandler)
    val aggregator =
      actorSystem.actorOf(Props(classOf[SocialMediaAggregator],
        handlers), "aggregator")
    actorSystem.actorOf(Props(classOf[SocialMediaStalker],
    aggregator, "stalker"), "stalker")
}
```

8. 코드가 준비되면 인텔리제이나 커맨드라인에서 실행한다.

```
hveiga$ sbt "runMain com.packt.chapter10.AggregatorPatternApp"
[info] Running com.packt.chapter10.AggregatorPatternApp
[akka://default/user/stalker] Politely asking to aggregate
[akka://default/user/aggregator] Fetching latest posts for
stalker
[akka://default/user/stalker] New report: Map(Twitter -> 3,
LinkedIn -> 3, Facebook -> 3)
...
[akka://default/user/stalker] New report: Map(Twitter -> 4,
LinkedIn -> 4, Facebook -> 6)
[akka://default/user/aggregator] Stopping latest posts fetching
for stalker
[akka://default/user/stalker] New report: Map(Twitter -> 5,
LinkedIn -> 4, Facebook -> 4)
[akka://default/user/stalker] Stopping. Overall counts for
stalker: Map(Twitter -> 18, LinkedIn -> 20, Facebook -> 19)
```

예제 분석

이번 절에서는 집계자 패턴 사용법을 다뤘다. 이 패턴은 서로 다른 위치의 데이터를 집계
하고 결과를 단일 데이터 유닛으로 패키징하는 데 주로 사용한다. 예제의 경우, 서로 다

른 소셜 네트워크의 게시물을 집계하며, 기간에 대한 결과를 얻고, 간단하게 보고하여 로깅한다.

SocialMediaHandler 액터는 각각의 소셜 네트워크에 접속하는 것을 시뮬레이션하는 책임을 가진다. GetLatestPosts 메시지를 받으면, 무작위 개수의 게시물을 만들고 되돌려보낸다. SocialMediaStalker 액터는 집계자에게 이들 소셜 네트워크로부터 데이터를 얻도록 요청하는 책임을 지며, 요청이 완료되면 각 소셜 네트워크마다의 게시물의 개수에 대한 보고를 로깅한다.

이 절의 흥미로운 점은 SocialMediaAggregator에 있다. 이 액터 클레스는 볼 수 있듯이 Aggregator 트레이트를 포함한다. 이 트레이트는 집계 행위를 구체화할 수 있는 메서드 expectOnce, expect, unexpect를 가져다 준다. 이들 모두 유입되는 메시지로 무엇을 하는지 나타내는, 기본적으로 PartialFunction[Any,Unit]인 Receive 객체를 받는다. 이들 메서드는 주어진 Receive 객체를 쌓아 놓는다. 이를 이해하여 become/unbecome과 같은 유사한 작업을 수행하게 할 수 있도록 하기 위해서다. expect와 expectOnce 메서드는 핸들러를 반환하여 추후 예상치 못한 때에 주어진 행위를 스택으로부터 제거할 수 있도록 한다. 예제에서는 expectOnce를 사용한다. expectOnce 메서드는 Receive 객체를 단 한 번 사용하며 그 뒤 행위 스택에서 제거한다. StartFetching 메시지를 수신한 후 내부 클래스를 만들고 expect(행위)를 호출한다. 이 시점에, 행위는 유입되는 메시지를 처리하는 Receive 객체다. 이 행위 내에서 실제 집계가 일어난다. 먼저 모든 핸들러에게 GetLatestPosts로 가도록 말한다. 매번 LatestPostResult를 수신할 때마다 ArrayBuffer에 이를 추가한다. 스케줄러가 ReturnPosts 메시지를 송신하면 보고 내용을 원래 송신자에게 송신한다. 이런 상황에서는 원래 송신자의 참조를 유지할 필요가 있다. 어느 시점에, SocialMediaStalker 가 StopFetching 메시지를 송신한다. 그런 다음 모든 스케줄러를 취소시키고 미래에 남은 결과를 처리하도록 PoisonPill 메시지를 스케줄링한다.

예제에서 보여주지는 않았다 하더라도 expect, expectOne, unexpect를 복수로 다른 행위와 함께 호출해 연쇄적인 행위를 하는 것이 가능하다. 예를 들면 집계자 액터가 살아있는 상태로 남아 있어야 하는 것과 같이 다른 사례를 다룰 때 그러하다. receive 메서드는 오버라이드하지 않는 것을 강하게 추천한다. 트레이트가 이를 스스로 처리하며 일부 기능을 못쓰게 만들 수도 있기 때문이다.

카운트다운랫치 패턴

카운트다운랫치CountDownLatch는 아카를 사용해서 쉽게 구현할 수 있는 또 다른 패턴이다. 랫치의 기본 행위는 다른 움직임이 벌어지도록 하려면 카운트가 0이 될 때까지 기다리는 것이다. 이는 보통 "문을 연다to open the gate"고 불린다. 이 개념은 다른 스레드나 서비스에서 실행하는 처리 중인 몇몇 작업이 있으며 이들이 완료될 때까지 기다리는 것이다. 이 패턴은 여러 사용 사례가 있다. 예를 들면, 앞 절인 집계자 패턴에서 구현했던 것과 유사하게 몇몇 요소를 하나로 집계하는 데 사용할 수 있다.

이번 절에서는 다른 액터에서 처리되는 작업을 기다리는데 CountDownLatch 액터를 어떻게 만들고 사용하는지 보여준다. Future와 Await 두 가지 접근법을 구현한다.

준비하기

이 절을 진행하려면 Hello-Akka 프로젝트를 불러와야 한다. 그 밖의 준비 사항은 이전과 같다.

예제 구현

이 절을 위해 다음 단계를 수행한다.

1. CountDownLatch를 만들며 시작한다. 하나의 객체를 만들도록 스칼라 오브젝트 하나, 이와 상호작용하는 메서드를 가지는 스칼라 클래스, 스레드 안전한 계산을 하는 액터 이렇게 세 부분을 만든다. com.packt.chapter10 패키지에

404

CountDownLatch.scala 파일을 만들고 스칼라 오브젝트와 스칼라 클래스로 시작한다.

```scala
package com.packt.chapter10

import akka.Done
import akka.actor.{Actor, ActorLogging, ActorRef, ActorSystem,
Props}
import scala.concurrent.{Await, Future, Promise}
import scala.concurrent.duration._
import com.packt.chapter10.CountDownLatch._

object CountDownLatch {
  case object CountDown

  def apply(count:Int)(implicit actorSystem: ActorSystem) = {
    val promise = Promise[Done]()
    val props = Props(classOf[CountDownLatchActor], count,
      promise)
    val countDownLatchActor = actorSystem.actorOf(props,
      "countDownLatchActor")
    new CountDownLatch(countDownLatchActor, promise)
  }
}

class CountDownLatch(private val actor: ActorRef, private val
promise: Promise[Done]) {
  def countDown() = actor ! CountDown
  def await() : Unit = Await.result(promise.future, 10 minutes)
  val result : Future[Done] = promise.future
}
```

2. 같은 파일에 액터를 만든다.

```scala
class CountDownLatchActor(count: Int, promise: Promise[Done])
extends Actor with ActorLogging {
  var remaining = count

  def receive = {
```

```scala
    case CountDown if remaining - 1 == 0 =>
      log.info("Counting down")
      promise.success(Done)
      log.info("Gate opened")
      context.stop(self)
    case CountDown =>
      log.info("Counting down")
      remaining -= 1
  }
}
```

3. 몇몇 처리와 랫치에 신호를 하는 것을 시뮬레이션하는 액터를 만든다. com.
   packt.chapter10 패키지에 CountDownLatchWorker.scala 파일을 만든다. 파일
   내용은 다음과 같다.

```scala
package com.packt.chapter10

import akka.actor.{Actor, ActorLogging}
import scala.util.Random

class CountDownLatchWorker(countDownLatch: CountDownLatch)
extends Actor with ActorLogging {
  override def preStart() = {
    val millis = Random.nextInt(5) * 100
    log.info(s"Sleeping $millis millis")
    Thread.sleep(millis)
    countDownLatch.countDown()
  }
  def receive = Actor.ignoringBehavior
}
```

4. 예제를 실행하는 앱을 만든다. com.packt.chapter10 패키지에 다음 내용으로
   CoundDownLatchApp.scala 파일을 만든다.

```scala
package com.packt.chapter10

import akka.actor.{ActorSystem, Props}
import akka.routing.RoundRobinPool
```

```
object CountDownLatchApp extends App {
  implicit val actorSystem = ActorSystem()
  import actorSystem._
  val routeesToSetUp = 2
  val countDownLatch = CountDownLatch(routeesToSetUp)
  actorSystem.actorOf(Props(classOf[CountDownLatchWorker],
  countDownLatch)
    .withRouter(RoundRobinPool(routeesToSetUp)), "workers")

  // 퓨처 기반 해법
  countDownLatch.result.onSuccess { case _ => log.info("Future
  completed successfully") }

  // 어웨이트 기반 해법, 랫치가 열리면 다른 무언가를 할 수 있음
  countDownLatch.await()
  actorSystem.terminate()
}
```

5. 코드가 준비되면 인텔리제이나 커맨드라인에서 앱을 실행한다.

```
hveiga$ sbt "runMain com.packt.chapter10.CountDownLatchApp"
[info] Running com.packt.chapter10.CountDownLatchApp
[akka://default/user/workers/$a] Sleeping 0 millis
[akka://default/user/workers/$b] Sleeping 200 millis
[akka://default/user/countDownLatchActor] Counting down
[akka://default/user/countDownLatchActor] Counting down
[akka://default/user/countDownLatchActor] Gate opened
[akka.actor.ActorSystemImpl(default)] Future completed
successfully
[success] Total time: 4 s
```

예제 분석

이번 절에서는 아카 액터를 활용해 카운트다운랫치를 개발하는 방법을 다뤘다. CountDown
Latch 오브젝트를 만들며 시작했다. 여기에는 카운트 및 액터 시스템을 명시적으로 전달
한다. 이 오브젝트는 CountDownLatchActor 클래스를 인스턴트화하고, Promise[Done]을

만들고, CountDownLatch 클래스의 새로운 인스턴스를 반환하는 책임을 진다. 다른 자원에 카운트다운을 위해 이 인스턴스를 제공하는 것이다. 이는 또한 랫치가 열릴 때까지 아니면 Future[Done] 타입의 비동기 인스턴스를 통해 결과값이 신호할 때까지 블로킹을 하기 위한 어웨이트 메서드를 제공한다.

이 예제에서는 두 개의 CountDownLatchWorker 인스턴스에 CountDownLatch 인스턴스를 제공했다. 이들 인스턴스는 preStart( )에서 일을 마치면 countDown( )을 호출한다. 따라서, 로그에서 Counting Down과 랫치가 원하는 카운트에 도달했음을 알려주는 Gate opened 표현을 두 번 볼 수 있다. 이와 같이 되면, 랫치가 열리며 awwait( ) 메서드는 더 이상 블로킹을 하지 않는다. 같은 방식으로 Future[Done]은 성공으로 완료되며 Future-based solution completed successfully 로그를 볼 수 있다.

CountDownLatch의 퓨처 기반 변형을 만들어내는 데는 Promise[Done]을 사용했다. Promise 접근법은 Future와 유사하지만, 여기에 코드를 작성하는 것이 가능하다. 이것이 바로 카운트가 0이 될 때 CountDownLatchActor 내에 promise.success(Done)을 호출하는 것과 같다.

유한 상태 머신

액터가 어떻게 움직이는지 정의하는 방법은 유한 상태 머신finite-state machine을 사용하는 것이다. 디지털 회로에서 기계를 만드는 데 잘 알려진 방법이며 아카 액터에서도 잘 작동한다. FSM은 다음과 같은 형태의 관계 집합으로 묘사할 수 있다.

$$State(S) \times Event(E) \rightarrow Actions\ (A),\ State(S')$$

이런 관계는 현재 상태 S에 있으며 사건 E가 들어오면, 움직임 A를 취하고 상태를 S'로 바꾼다고 해석할 수 있다. 아카 FSM은 when 함수를 사용해 서로 다른 행위를 정의함으로써 이들 관계를 쉽게 달성하게 해주는 API를 제공한다. 이 특성은 값 집계 예제와 같은 몇 가지 경우에 잘 맞는다.

이번 절에서는 간단한 신호등을 구현해 아카 FSM을 사용하는 방법을 살펴본다. 또한 onTransition에 부분 함수를 전달해 변환 사이에 움직임을 수행하는 방법도 살펴본다.

준비하기

이 절을 진행하려면 Hello-Akka 프로젝트를 불러와야 한다. 그 밖의 준비 사항은 이전과 같다.

예제 구현

이 절을 위해 다음 단계를 수행한다.

1. ChangeSubscriber 액터를 만들며 시작한다. 이 액터는 상태 사이에 변환이 일어날 때마다 메시지를 수신한다. com.packt.chapter10 패키지에 FSMChangeSubscriber.scala 파일을 만든다. 이 액터는 메시지를 수신할 때마다 로그를 남기기만 한다.

```
package com.packt.chapter10

import akka.actor.{Actor, ActorLogging}
import com.packt.chapter10.TrafficLightFSM.ReportChange

class FSMChangeSubscriber extends Actor with ActorLogging {
  def receive = { case ReportChange(s, d) => log.info(s"Change
    detected to [$s] at [$d]") }
}
```

2. 상태를 정의하는 모델 클래스, 각 상태의 데이터, 액터가 수신할 수 있는 이벤트를 만든다. 추후에, FSM을 확장하는 신호등을 정의할 것이다. com.packt.chapter10 패키지에 다음과 같은 내용으로 TrafficLightsFSM.scala 파일을 만든다.

```scala
package com.packt.chapter10

import java.util.Date
import akka.actor.{Actor, ActorLogging, ActorRef, FSM}
import TrafficLightFSM._
import scala.concurrent.duration._

object TrafficLightFSM {
  sealed trait TrafficLightState
  case object Green extends TrafficLightState
  case object Yellow extends TrafficLightState
  case object Red extends TrafficLightState

  sealed trait Data
  case class Countdown(i: Int) extends Data

  // 이벤트
  case object Tick
  case class ReportChange(to: TrafficLightState, date: Date)
}
```

3. 실제 FSM 액터를 같은 파일에 만든다.

```scala
class TrafficLightFSM(target: ActorRef) extends Actor with
ActorLogging with FSM[TrafficLightState, Data]{
  import context.dispatcher

  trafficLightState(Green, Yellow, 2)
  trafficLightState(Yellow, Red, 4)
  trafficLightState(Red, Green, 8)
  startWith(Green, Countdown(8))

  initialize()
  scheduleTick()

  onTransition {
    case Green -> Yellow => target ! ReportChange(Yellow, new
    Date())
    case Yellow -> Red => target ! ReportChange(Red, new
```

```scala
    Date())
    case Red -> Green => target ! ReportChange(Green, new
    Date())
  }

  private def scheduleTick() =
    context.system.scheduler.scheduleOnce(1 second, self, Tick)

  private def trafficLightState(
    trafficLightState: TrafficLightState,
    nextTrafficLightState: TrafficLightState,
    totalSecondsNextState: Int) = {
      when(trafficLightState) {
      case Event(Tick, Countdown(i)) if i != 0 =>
      scheduleTick()
        log.info(s"Current state [$trafficLightState].
        Countdown: [$i].")
        stay using Countdown(i - 1)
      case Event(Tick, Countdown(i)) if i == 0 =>
        scheduleTick()
        log.info(s"Changing from $trafficLightState to
        $nextTrafficLightState.")
        goto(nextTrafficLightState) using
        Countdown(totalSecondsNextState)
    }
  }
}
```

4. 코드를 실행할 앱을 만든다. com.packt.chapter10 패키지에 FSMApp.scala 파일
   을 만든다. 코드는 다음과 같다.

```scala
package com.packt.chapter10

import akka.actor.{ActorSystem, Props}

object FSMApp extends App {
  val actorSystem = ActorSystem()
  val changeSubscriber =
    actorSystem.actorOf(Props[FSMChangeSubscriber],
```

```
    "FSMChangeSubscriber")
    actorSystem.actorOf(Props(classOf[TrafficLightFSM],
    changeSubscriber), "trafficLight")
}
```

5. 코드가 준비되면 인텔리제이나 커맨드라인에서 앱을 실행한다.

```
hveiga$ sbt "runMain com.packt.chapter10.FSMApp"
[info] Running com.packt.chapter10.FSMApp
[akka://default/user/trafficLight] Current state [Green].
Countdown: [8].
...
[akka://default/user/trafficLight] Current state [Green].
Countdown: [1].
[akka://default/user/trafficLight] Changing from Green to Yellow.
[akka://default/user/FSMChangeSubscriber] Changed detected to
[Yellow] at [16:46:16]
[akka://default/user/trafficLight] Current state [Yellow].
Countdown: [2].
[akka://default/user/trafficLight] Current state [Yellow].
Countdown: [1].
[akka://default/user/trafficLight] Changing from Yellow to Red.
[akka://default/user/FSMChangeSubscriber] Change detected to
[Red] at [16:46:19]
[akka://default/user/trafficLight] Current state [Red].
Countdown: [4].
...
[akka://default/user/trafficLight] Current state [Red].
Countdown: [1].
[akka://default/user/trafficLight] Changing from Red to Green.
...
```

예제 분석

이번 절에서는 아카가 제공하는 FSM 능력을 어떻게 활용하는지 다뤘다. 이런 기능을 가져오기 위해, FSM[S, D] 트레이트를 추가했다. S는 가능한 상태의 상위 타입이며 D는 가능한 데이터 값의 상위 타입이다. 예제의 경우 TrafficLightState 트레이트를 정의했으며,

Green, Yellow, Red가 이를 확장한다. 데이터를 위해서는 단지 Countdown만이 있다. 이는 다음 상태로 바뀌기 위해 카운트다운을 하는 데 사용한다. 다음에 할 것은 상태를 정의하는 것이다. 이는 when 메서드를 호출해 해내며, trafficLightState 내에서 일어난다. 세 개의 상태를 위한 코드가 꽤 유사하며 스스로 반복할 필요가 없기 때문이다.

상태를 정의할 때 상태가 수신할 수 있는 가능한 모든 이벤트와 함께 부분 함수를 제공해야 한다. 이벤트는 들어오는 메시지의 인스턴스(예제에서는 Tick)와 이벤트 데이터(예제에서는 Countdown)를 가지게 될 것이다. 틱을 수신하고 카운트다운이 0이 아니라면, 카운트다운에 1을 뺀 뒤 단지 가만히 있는지 볼 수 있다. 상태를 바꾸는 대신에 같은 상태로 남아있을 때 stay를 사용한다. 그러나 카운트가 0이 되면 goto()를 사용해 일부 초기 데이터와 함께 다른 상태로 이동한다. 세 개의 상태를 정의한 후 startWith를 호출해 머신의 초기 상태를 정의하고, 그 뒤 송신할 첫 번째 틱을 초기화하고 스케줄링한다.

액터가 한 상태에서 다른 상태로 변환할 때 움직임을 취하는 것도 가능하다. onTransition을 구현하여 이를 해낼 수 있다. 이런 특정 함수에 대상 변환 및 그 경우 어떤 움직임을 실행할지를 제공한다. 예제에서는 ReportChange 메시지를 송신함으로써 다른 액터에 변화에 대해 알리기만 한다.

어떤 상황에서는 FSM 액터에 송신된 몇몇 메시지가 현재 상태(아니면 모든 상태)에 의해 처리되지 않을 가능성이 있다. 이런 경우를 감안하도록 whenUnhandled 함수를 구현할 수 있다.

정지 가능한 액터 패턴

대규모 통합 패턴 가운데 또 다른 일반적인 패턴은 정지 가능한 개체를 갖는 것이다. 아카의 경우 액터가 다른 메시지를 수신하기 전에 하나의 메시지 처리를 완료하도록 하기 위해 이를 원할 수 있다. become/unbecome과 stash/unstash 두 개의 특성 덕분에 다른 액터를 쉽게 만들어 이를 해낼 수 있다. become/unbecome은 런타임에 액터의 행위를 바꿀 수 있게 해준다. stash/unstash는 내부 큐에 메시지를 저장해 나중에 이를 메일박스에 넣을 수 있도록 해준다. 그런 다음 이런 새로운 액터가 다른 액터의 앞에 프록시처럼 행동하여 메시지를 오직 하나씩 전달한다.

이 절을 진행하려면 Hello-Akka 프로젝트를 불러와야 한다. 그 밖의 준비 사항은 이전과 같다.

이 절을 위해 다음 단계를 수행한다.

1. HardWorker 액터를 만들며 시작한다. 이 액터는 이전 메시지 처리를 완료한 뒤에 만 새로운 메시지를 수신하기를 원한다. 처리를 시뮬레이션하기 위해 무작위로 몇 초간 슬립할 것이다. com.packt.chapter10 패키지에 HardWorker.scala 파일 을 만든다. 파일 내용은 다음과 같아야 한다.

```
package com.packt.chapter10

import akka.actor.{Actor, ActorLogging}
import com.packt.chapter10.PausableActor.{Ready, Work}
import scala.util.Random

class HardWorker extends Actor with ActorLogging {
  def receive = {
   case Work(id) =>
      Thread.sleep(Random.nextInt(3) * 1000)
      log.info(s"Work [$id] finished.")
      sender ! Ready
  }
}
```

2. 정지 가능한 액터를 만든다. com.packt.chapter10 패키지에 다음 코드로 Pausa bleActor.scala 파일을 만든다.

```scala
package com.packt.chapter10

import akka.actor.{Actor, ActorLogging, ActorRef, Stash}
import com.packt.chapter10.PausableActor.{Ready, Work}

object PausableActor {
  case class Work(id: Int)
  case object Ready
}

class PausableActor(target: ActorRef) extends Actor with
ActorLogging with Stash {
  def receive = {
    case work: Work =>
      target ! work
      log.info(s"Received Work [${work.id}]. Sending and
      pausing.")
      context.become(pausedBehavior, discardOld = false)
  }

  def pausedBehavior : Receive = {
    case work: Work => stash()
    case Ready if sender == target =>
      log.info(s"[${target.path.name}] is ready again.")
      context.unbecome()
      unstashAll()
    case Ready => log.info(s"Discarding [Ready] from other
    actor different from ${target.path.name}")
  }
}
```

3. 코드를 실행할 앱을 만든다. com.packt.chapter10 패키지에 다음 내용으로 Pausa bleActorApp.scala 파일을 만든다.

```scala
package com.packt.chapter10
```

```
import akka.actor.{ActorSystem, Props}
import com.packt.chapter10.PausableActor.Work

object PausableActorApp extends App {
  val actorSystem = ActorSystem()
  val hardWorker = actorSystem.actorOf(Props[HardWorker],
  "hardWorker")
  val pausableHardWorker =
    actorSystem.actorOf(Props(classOf[PausableActor],
    hardWorker), "pausableActor")
  (1 to 100).foreach { i => pausableHardWorker ! Work(i) }
}
```

4. 코드가 준비되면 인텔리제이나 커맨드라인에서 앱을 실행한다.

```
hveiga$ sbt "runMain com.packt.chapter10.PausableActorApp"
[info] Running com.packt.chapter10.PausableActorApp
[akka://default/user/pausableActor] Received Work [1]. Sending
and pausing.
[akka://default/user/hardWorker] Work [1] finished.
[akka://default/user/pausableActor] [hardWorker] is ready again.
[akka://default/user/pausableActor] Received Work [2]. Sending
and pausing.
[akka://default/user/hardWorker] Work [2] finished.
[akka://default/user/pausableActor] [hardWorker] is ready again.
...
```

예제 분석

이번 절에서는 다른 액터에 메시지를 하나씩 보낼 수 있는 정지 가능한 액터를 만드는 방법을 다뤘다. 이런 목적을 위해 PausableActor를 두 개의 다른 행위로 개발했다. 일반적인 행위는 Work 메시지를 수신하고, 목표 액터에 송신한 뒤, pausedBehavior의 행위를 바꾸도록 context.become을 호출한다. 액터의 행위가 pausedBehavior가 되면 목표 액터에 Work 메시지를 더 이상 보내지 않고 나중에 처리하도록 저장하기 위해 stash()를 호출한다. PausableActor는 목표 액터가 Ready 메시지를 다시 보낼 때만 이전 행위로 돌아오도

416

록 context.unbecome을 호출한다. 또한 모든 메시지를 메일박스에 넣도록 unstashAll()를 호출한다. 이들 메시지는 pausedBehavior인 동안 액터에 유입된 순서와 같도록 메일박스에 들어온다. 다른 액터가 행위를 바꾸려 하지 않도록 확실히 하기 위해 Ready 메시지를 송신하는 액터가 목표 액터인지 확인한다는 것을 염두에 두길 바란다. 목표 액터와 다른 액터가 Ready 메시지를 송신하면, 액터는 pausedBehavior인체로 남아 있다.

로그를 분석하면 HardWorker 액터가 어떻게 메시지를 하나씩 순서대로 처리하는지 볼 수 있다. 이는 또한 준비가 되면 정지 가능 액터로부터 새로운 메시지를 수신한다. 마지막으로, preStart 콜백을 오버라이드하는 어떤 트레이트/클래스보다도 Stash 트레이트가 액터에 먼저 추가되어야 한다는 것이 중요하다.

봉투로 액터 감싸기

추가적인 작업을 위해 메시지에 추가 정보나 메타데이터가 필요한 사례를 흔히 찾을 수 있다. 예를 들면 관계 ID나 무언가가 언제 만들어졌는지 아니면 태그됐는지 추적하도록 타임스탬프가 필요할 때 그러하다. 아파치 카멜^Apache Camel 같은 프레임워크는 실제 메시지, 몇몇 헤더, 몇몇 추가 정보를 가지는 봉투^envelope를 사용한다. 이 봉투는 아파치 카멜 세계에서는 교환^Exchange이라 불린다. 아파치 카멜과 다르게, 아카는 이와 같은 편리한 봉투의 구현을 제공하지 않는다. 액터는 메시지를 Any(null과는 다른) 타입으로 교환하므로, 여기저기 보내는 메시지의 추가 정보를 넣을 수 있는, 우리만의 구현을 당연히 만들 수 있다.

이번 절에서는 헤더 맵에 추가 정보를 가질 수 있는 기능을 보유한 봉투를 정의한다. 또한, 어떤 메시지든 봉투로 바꾸는 액터를 만든다.

준비하기

이 절을 진행하려면 Hello-Akka 프로젝트를 불러와야 한다. 그 밖의 준비 사항은 이전과 같다.

이 절을 위해 다음 단계를 수행한다.

1. 수신자 액터를 만드는 것으로 시작한다. 이 액터는 수신하는 모든 것을 로그로 남기기만 한다. com.packt.chapter10 패키지에 EnvelopReceive.scala 파일을 만든다. 파일 내용은 다음과 같다.

```scala
package com.packt.chapter10

import akka.actor.{Actor, ActorLogging}

class EnvelopeReceiver extends Actor with ActorLogging {
  def receive = { case x => log.info(s"Received [$x]") }
}
```

2. 감싸기 액터를 만들고 Envelop 케이스 클래스를 만든다. com.packt.chapter10 패키지에 EnvelopingActor.scala 파일을 만든다. 코드는 다음과 같다.

```scala
package com.packt.chapter10

import akka.actor.{Actor, ActorRef}
import com.packt.chapter10.Envelope._

object Envelope {
  type Headers = Map[String, Any]
  case class Envelope[T](msg: T, headers: Headers = Map.empty)
}

class EnvelopingActor(nextActor: ActorRef, addHeaders: Any)
extends Actor {
  def this(nextActor: ActorRef) = this(nextActor, _ => Map())
  def receive = { case msg => nextActor ! new Envelope(msg,
    addHeaders(msg)) }
}
```

3. 테스트를 위해 작은 앱을 만든다. com.packt.chapter10 패키지에 다음 오브젝트로 EnvelopingActorApp.scala 파일을 만든다.

```
package com.packt.chapter10

import java.util.UUID
import akka.actor.{ActorSystem, Props}

object EnvelopingActorApp extends App {
  val actorSystem = ActorSystem()
  val envelopReceived =
    actorSystem.actorOf(Props[EnvelopeReceiver], "receiver")
  val envelopingActor =
    actorSystem.actorOf(Props(classOf[EnvelopingActor],
    envelopReceived, headers _))
    envelopingActor ! "Hello!"
  def headers(msg: Any) = Map("t" ->
    System.currentTimeMillis(), "cId" ->
    UUID.randomUUID().toString)
}
```

4. 코드가 완성되면 인텔리제이나 커맨드라인에서 앱을 실행한다.

```
hveiga$ sbt "runMain com.packt.chapter10.EnvelopingActorApp"
[info] Running com.packt.chapter10.EnvelopingActorApp
[akka://default/user/receiver] Received [Envelope(Hello!,Map(t ->
1489551681040, cId -> 22a262b3-f02e-4ae5-9745-14183b40a806))]
```

예제 분석

이번 절에서는 주어진 메시지에 추가 정보를 넣을 수 있는 Envelop 케이스 클래스를 어떻게 만드는지 다뤘다. 이 예제에서 Envelope 케이스 클래스는 Any 타입의 메시지와 String에서 Any 타입의 헤더 맵을 가진다. 이 헤더를 추가하는 것은 EnvelopingActor에서 일어난다. 이 액터는 봉투를 보낼 목표 액터와 주어진 메시지에 헤더를 만들어내는 데 사용하는 Any에서 Headers로의 함수 두 개를 매개변수로 받는다. 이 액터가 메시지를 수신하면 헤더를 만들고 이를 봉투에 추가하도록 **addHeader** 함수를 호출한다. 봉투가 준비되면 목표 액터에 송신한다.

EnvelopingActorApp 오브젝트에서 **header** 함수를 정의하는 것을 볼 수 있다. 이는 당연히 **Any**에서 **Headers**로의 함수다(Headers가 Map[String,Any]의 별칭이므로). 그런 다음 **Enveloping Actor** 클래스를 만들기 위해 **actorOf**를 호출할 때 이를 사용한다. 함수를 넘기기 때문에 이를 headers _를 사용해서 부분적으로 정의해야 한다는 것을 주지하기 바란다. 코드를 실행하면, **EnvelopeReceiver** 클래스가 수신한 봉투를 **Hello!** 메시지와 함께 인쇄하는 것을 볼 수 있다.

11

라곰으로 마이크로서비스하기

이 장에서 다루는 내용은 다음과 같다.

- 라곰 설치 및 프로젝트 만들기
- 서비스 로케이터 이해하기
- 서비스 디스크립터 이해하기
- 라곰 서비스 구현하기
- 서비스 소비하기
- 서비스 테스트
- 지속성 있고 클러스터링된 서비스 작성하기
- 운영 환경에서 라곰 실행하기
- 아카와 통합하기

소개

마이크로서비스에 기반한 아키텍처는 고전적인 단일 아키텍처보다 인기가 더욱 많아지고 있다. 전통적인 단일 아키텍처는 수십 년간 인기가 있어 왔다. 이런 패러다임이 여러 해 동안 작동해 왔음에도 불구하고, 확장성과 유지보수성과 같은 풀기 어려운 문제를 야기한다. 이들 문제는 수백 만의 사람들과 장치가 원격 서비스를 사용해야 하는 현대 인터넷에서 어려움이 지수적으로 커졌다.

구글, 넷플릭스, 아카존, 나이키 같은 대기업은 아키텍처를 확장성과 관심사의 분리와 같은 장점을 가져다 주는 새로운 아키텍처적 패러다임으로 변환하는 데 수 년을 소비했다. 마이크로서비스는 오직 하나의 작업만을 책임지는 서비스를 가리키는 일반적인 용어다. 각 마이크로서비스는 격리된 데이터 저장소(아니면 데이터 저장소가 없거나)가 있어야 하며, 데이터 저장소의 데이터는 서비스 API를 통해서만 접근 가능하다. 이런 설정은 마이크로서비스가 그들의 API를 통해서 정보를 교환하는 한, 개발자로 하여금 각 마이크로서비스에 서로 다른 데이터 저장소를 사용할 수 있도록 한다. 또한, 각 서비스가 독립적으로 확장하고 결합을 낮추도록 해준다.

액터와 유시하게, 하나의 마이크로서비스는 마이크로서비스가 아니다. 이들은 시스템으로 도입된다. 마이크로서비스 아키텍처는 서로 대화하는 복수의 마이크로서비스를 포함한다. 예를 들면, Amazon.com은 마이크로서비스 아키텍처를 사용한다. Amazon.com을 방문할 때 마다, 브라우저에서 보는 웹사이트를 컴파일하는 데 수백 개의 마이크로서비스가 호출된다.

라곰Lagom은 아카와 플레이Play 위에서 만들어진 고집스러운 마이크로서비스 프레임워크다. 라곰은 유입되는 API 호출을 처리하는 데 이들 두 가지 성숙되고 인기 있는 프레임워크를 기초로 사용한다. 앞으로의 절에서는 라곰을 사용해 데이터를 교환하는 법과 비공개 데이터 저장소에 이를 저장하는 마이크로서비스를 만드는 법을 배운다.

라곰 설치 및 프로젝트 만들기

라곰은 설치, 생성, 빌드, 설정, 그리고 라곰 프로젝트 실행을 위한 우선적인 도구로써 스칼라 빌드 툴sbt에 크게 의존한다. 작업하는 데 다른 빌드 툴을 사용할 수도 있지만 이번뿐 아니라 앞으로의 절에서도 sbt를 사용한다. 이번 절에서는 hello-world 프로젝트를 사용해 처음부터 라곰 프로젝트를 만드는 법을 본다. 이 프로젝트는 지속성 층을 관리하기 위해 후면에서 카프카와 카산드라를 사용하는 샘플 모듈을 가져온다.

Hello-world 샘플 프로젝트가 준비되면, 모듈 중 하나에 새로운 엔드포인트를 추가해 확장하고, 마지막으로 sbt를 사용해 모든 마이크로서비스를 실행한다. 그런 다음 curl 명령을 사용해 REST 호출을 통해 모든 모듈에 접근한다.

준비하기

헬로 월드 라곰 프로젝트를 시작하려면 사전에 두 가지 도구가 설치돼 있어야 한다. 시스템에 다음의 프로그램이 없다면 각각의 웹사이트에 접속하여 다운로드하고 설치하기를 바란다.

- sbt 0.13.5 (혹은 그 이상): https://www.scala-sbt.org/download.html
- Java 8 (혹은 그 이상): https://java.com/en/download/

계속 진행하기 전에 콘솔에서 다음 명령을 실행해 시스템에 두 도구가 쓸 수 있도록 준비되어 있는지 확실히 한다.

```
hveiga$ sbt sbtVersion
[info] 0.13.13
hveiga$ java -version
java version "1.8.0_60"
```

두 도구가 설치되면 진행할 수 있다.

이 절을 위해 다음 단계를 수행한다.

1. 헬로 월드 프로젝트를 클론하여 시작한다. 터미널 콘솔을 열고 프로젝트를 클론하고자 하는 디렉터리로 이동한다. Giter8에서 프로젝트를 클론하도록 다음 명령을 실행한다.

   sbt new lagom/lagom-scala.g8

2. 프로젝트를 클로닝하는 동안 sbt가 프로젝트를 설정하기 위해 몇 가지 매개변수를 입력하도록 요구할 것이다. 다음 값을 입력한다.[1]

   ```
   name [Hello]: akkacookbook
   organization [com.example]: com.packt.chapter11
   version [1.0-SNAPSHOT]: 1.0-SNAPSHOT
   lagom_version [1.3.1]: 1.3.1
   Template applied in ./akkacookbook
   ```

3. 이제, 프로젝트를 인텔리제이에서 열 준비가 됐다. 인텔리제이를 열고, File > Open으로 들어가서 akkacookbook 디렉터리에 있는 새로 만들어진 build.sbt 파일을 선택한다. 프로젝트가 akkacookbook-api, akkacookbook-impl, akkacookbook-stream-api, akkacookbook-stream-impl 네 개의 모듈로 구성돼 있다.[2]

4. akkacookbook-api 모듈 내 AkkacookbookService 트레이트를 연다. 이 서비스에 새로운 엔드포인트를 추가하려면 파일을 수정해야 한다. 이를 위해, 디스트립터 메서드 내에 세 번째 pathCall 식별자를 추가한다. 트레이트의 코드는 다음과 같을 것이다.

---

1 다음 링크와 같이 라곰 1.3.3부터 하나의 라곰 서비스에 복수의 라곰 디스크립터를 바인딩하는 메서드가 사용 중단됐다.
   https://www.lagomframework.com/blog/lagom-1-3-3.html
   따라서 Giter8의 템플릿 프로젝트 또한 해당 메서드를 사용하는 코드가 업데이트됐으므로 1.3.1 버전을 불러오게 되면 컴파일 오류가 발생한다. 1.3.30이나 이후의 버전으로 절을 진행하기 바란다.

2 akkacookbook-stream-api와 akkacookbook-stream-impl 모듈은 삭제하더라도 이 장 전체를 진행하는 데 무방하다.

```
trait AkkacookbookService extends Service {
  def hello(id: String): ServiceCall[NotUsed, String]
  def useGreeting(id: String): ServiceCall[GreetingMessage,
  Done]
  def healthCheck() : ServiceCall[NotUsed, Done]

  override final def descriptor = {
    import Service._
    named("akkacookbook").withCalls(
      pathCall("/api/hello/:id", hello _),
      pathCall("/api/hello/:id", useGreeting _),
      pathCall("/api/healthcheck", healthCheck)
    ).withAutoAcl(true)
  }
}
```

5. API 디스크립터 정의가 완료되면 구현을 작성해야 한다. 이는 akkacoobook-impl 모듈에서 해야 한다. AkkacookbookServiceImpl 추상 클래스를 연다. 파일에 컴파일 오류가 있는 이유는 healthCheck() 메서드를 구현해야 하기 때문이다. akka.Done 객체를 반환하므로 서비스가 실행 중임을 알리도록 REST 호출이 200 OK를 반환한다.

```
package com.packt.chapter11.akkacookbook.impl

import akka.Done
import com.lightbend.lagom.scaladsl.api.ServiceCall
import com.lightbend.lagom.scaladsl.persistence
.PersistentEntityRegistry
import com.packt.chapter11.akkacookbook.api.AkkacookbookService
import scala.concurrent.Future

class AkkacookbookServiceImpl(per: PersistentEntityRegistry)
extends AkkacookbookService {
  override def healthCheck() = ServiceCall( _ =>
  Future.successful(Done))
  override def hello(id: String) = ServiceCall { _ =>
    val ref = per.refFor[AkkacookbookEntity](id)
    ref.ask(Hello(id, None))
```

```
  }
  override def useGreeting(id: String) =
  ServiceCall { request =>
    val ref = per.refFor[AkkacookbookEntity](id)
    ref.ask(UseGreetingMessage(request.message))
  }
}
```

6. 모든 코드가 준비되면 서비스를 실행해 테스트한다. 터미널 콘솔을 열고 sbt runAll을 실행한다.

7. 이를 위해서는 인터넷에 연결돼 있어야 한다. 컴파일, 다운로드, 서비스 시작에 대한 로그가 길게 나타난 뒤, 서비스를 테스트할 준비가 됐다는 [info] (Services started, press enter to stop and go back to the console...) 메시지를 보게 된다. 브라우저를 열고 http://localhost:9000/로 이동한다. 쓸 수 있는 서비스를 HTTP 메서드 및 엔드포인트와 함께 보게 된다.

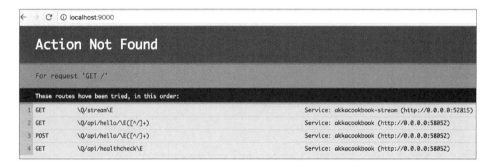

8. 서비스를 테스트하기 위해 curl 명령을 몇 가지 실행한다.

```
hveiga$ curl -v -X GET http://localhost:9000/api/hello/hveiga
...
< HTTP/1.1 200 OK
Hello Lagom!, hveiga!
hveiga$ curl -v -H "Content-Type: application/json" -X POST -d
'{"message":"Hello Lagom!"}'
http://localhost:9000/api/hello/hveiga
...
< HTTP/1.1 200 OK
```

426

```
hveiga$ curl -v -X GET http://localhost:9000/api/healthcheck
...
< HTTP/1.1 200 OK
```

예제 분석

이번 절에서는 첫 번째 라곰 프로젝트를 다뤘다. 두 개의 모듈로 구성된 각 서비스의 구조를 살펴봤다. 먼저, descriptor 메서드를 특정지음으로써 서비스의 API를 정의하는 모듈이 있다. 두 번째로, 이런 특정 API를 위한 구현을 제공하는 모듈이 있다. 각 API 모듈은 복수의 엔드포인트를 정의할 수 있음을 주지하라. 예를 들면, akkacookbook-api 모듈은 descriptor 메서드 내 pathCall에 세 개의 호출을 만듦으로써 세 개의 엔드포인트를 정의한다. 이들 각각 호출된 경로는 ServiceCall[Request,Response]의 인스턴스를 반환해야 한다.

ServiceCall은 앱이 주어진 호출의 요청과 응답의 타입을 이해하게 해주는 클래스다. 라곰은 자동으로 들어오고 나가는 데이터를 필요한 타입으로 변환하는 데 쓸 수 있는 직렬자를 사용한다. 라곰은 플레이 JSON 라이브러리 덕분에 내장 JSON 직렬화를 제공한다. 다른 형식이 필요하다면 사용자 정의 직렬자로 새 레지스트리를 만들 수 있다. GET을 호출해야 한다면 아카 헬퍼 오브젝트인 NotUsed 오브젝트를 사용한다. 게다가, 호출이 데이터를 반환할 필요가 없다면 Done 아카 헬퍼 오브젝트를 사용한다. 라곰은 본래 비동기적이므로 ServiceCall 클래스를 구현할 때 Future를 응답으로 반환해야 한다. 오직 Future(Done)만을 반환하는 healthCheck 경로 호출이 좋은 예제다.

모든 코드가 준비되면 sbt runAll을 실행한다. 이 명령은 ServiceLocator, 서비스 게이트웨이, 내장 카산드라 인스턴스, 그리고 curl 명령을 내려 쉽게 테스트할 수 있는 서비스를 비롯해 필요한 모든 서비스를 시작한다. 앞으로의 절에서 이 내용 모두 다룬다.

서비스 로케이터 이해하기

전체 구성 요소가 동적인 환경에서는 서비스가 자신을 등록시킬 수 있으며 런타임에 다른 서비스를 발견할 수 있는 레지스트리를 갖는 것이 중요하다. 이런 레지스트리는 사용 가능한 서비스의 업데이트된 리스트를 유지해야 한다. ServiceLocator는 라곰이 제공하는 API로 이런 임무를 달성하는 질의 체계를 제공한다. ServiceLocator API 이면의 실제 구현은 사용 사례에 따라 선택할 수 있다. 아파치 주키퍼^{Apache Zookeeper}, Consul, 아니면 ConductR과 같은 서비스 등록 기능을 제공하는 기술이 여러 가지가 있다.

라곰을 개발 환경에서 실행할 때 프레임워크는 sbt runAll을 실행할 시에 모든 서비스를 등록시키는 인메모리 서비스 로케이터를 제공한다. 이는 개발 환경에서 충분할 수도 있지만 서비스를 운영 환경에서 실행할 때는 충분치 않을 것이다. 서비스가 원격으로 실행되기 때문이다. 이번 절에서는 서비스 로케이터 API가 어떻게 동작하는지, 그리고 외부 서비스를 어떻게 추가하는지 설명한다. 운영 환경에서 라곰 실행하기 절에서는 인메모리와 다른 서비스 발견 체계를 어떻게 사용하는지 설명한다.

준비하기

이 절을 진행하려면 이 장의 첫 절에서 만들었던 Lagom Akkacoobook 프로젝트를 불러와야 한다. 그 밖의 준비 사항은 이전과 같다.

예제 구현

이 절을 위해 다음 단계를 수행한다.

1. build.sbt 파일을 열고 마지막 부분에 다음 표현을 추가한다.

   ```
   lagomUnmanagedServices in ThisBuild := Map("login" ->
   "http://localhost:8888")
   ```

2. 서비스 로케이터를 클래스 매개변수로 가지도록 akkacookbook-impl 모듈 안 AkkacookbookServiceImpl.scala 클래스를 수정한다. 이를 사용해 서비스 레지스트리를 쿼리하고 외부 서비스가 어디서 실행 중인지 인쇄한다. 코드는 다음과 같다.

```scala
package com.packt.chapter11.akkacookbook.impl

import akka.Done
import com.lightbend.lagom.scaladsl.api.{ServiceCall,
ServiceLocator}
import com.lightbend.lagom.scaladsl.persistence
.PersistentEntityRegistry
import com.packt.chapter11.akkacookbook.api.AkkacookbookService
import scala.concurrent.{Await, ExecutionContext, Future}
import scala.concurrent.duration._

class AkkacookbookServiceImpl(per: PersistentEntityRegistry,
serviceLocator: ServiceLocator)
(implicit ex: ExecutionContext) extends AkkacookbookService {

  override def healthCheck() = ServiceCall { _ =>
    Await.result(serviceLocator.locate("login"), 2 seconds)
    match {
      case Some(serviceUri) => println(s"Service found at:
      [$serviceUri]")
      case None => println("Service not found")
    }
    Future.successful(Done)
  }
  override def hello(id: String) = ServiceCall { _ =>
    val ref = per.refFor[AkkacookbookEntity](id)
    ref.ask(Hello(id, None))
  }
  override def useGreeting(id: String)=ServiceCall { request =>
    val ref = per.refFor[AkkacookbookEntity](id)
    ref.ask(UseGreetingMessage(request.message))
  }
}
```

3. 모든 코드가 준비되면, abt runAll을 실행해 라곰 앱을 실행한다.

4. 모든 서비스가 성공적으로 시작되면, 브라우저에서 http://localhost:9000/api/healthcheck에 접속하거나 curl -X GET http://localhost:9000/api/healthcheck를 호출하고 앱의 표준 출력을 확인한다. 다음과 같이 인쇄돼야 한다.

```
[info] Service akkacookbook-impl listening for HTTP on
0:0:0:0:0:0:0:0:58052
[info] Service akkacookbook-stream-impl listening for HTTP on
0:0:0:0:0:0:0:0:52815
[info] (Services started, press enter to stop and go back to the
console...)
Service found at: [http://localhost:8888]
```

예제 분석

이번 절에서는 ServiceLocator가 무엇인지, 어떻게 접근하는지, 어떻게 사용하는지 다뤘다. 이 예제에서는 서비스 로케이터를 클래스 매개변수로 가지도록 AkkacookbookServiceImpl 클래스를 수정했다. 라곰은 서비스 안에 이것이 필요하다는 것을 이해하고 의존성 주입을 사용해 이를 주입시킨다. ServiceLocator는 트레이트일 뿐이며 이에 대한 구현은 서비스와 연관돼서는 안 된다. 이 트레이트는 다음의 주요 호출을 가진다.

- 레지스트리에서 이름으로 서비스를 찾기 위한 locate() 호출
- 레지스트리에서 서비스를 찾고 이와 상호작용하기 위한 doWithService() 호출

레지스트리를 조회하기 위해 locate()를 사용하며 서비스가 어디에서 실행 중인지 인쇄한다. 로그인 서비스가 http://localhost:8888/에서 실행된다고 명시적으로 선언했으므로, 완료된 Future를 인쇄할 때 같은 값을 얻게 된다. 이는 외부 서비스를 위해서는 잘 동작하지만, 라곰은 다른 라곰 서비스를 발견해내는 더 우아한 방식을 제공하는데, 이는 '서비스 소비하기' 절에서 다시 살펴본다.

서비스 디스크립터 이해하기

라곰은 API 정의를 실제 구현으로부터 엄격하게 분리시킨다. 이는 관심사의 분리, 서비스 계약에 대한 쉬운 이해, 주어진 API를 위한 복수의 구현, 단지 API 모듈을 불러옴으로써 서비스 간 직관적인 통신이 가능해지는 것과 같은 몇 가지 장점을 가져온다. 프로젝트 수준에서 각기 다른 모듈을 가짐으로써 이와 같이 분리된다.

서비스 디스크립터는 API 모듈에서의 주요 부분이며, 서비스의 서로 다른 엔드포인트가 무엇이 있는지 구체화한다. 이는 각 엔드포인트를 호출 식별자로 구체화함으로써 가능해진다. 호출 식별자는 엔드포인트 이름은 물론 예상되는 요청과 응답을 ServiceCall 정의를 통해 특징짓는다. 게다가, 호출 식별자는 어떤 하부 전송 네트워크 프로토콜을 사용해야 하는지 알려준다. 이번 절에서는 쓸 수 있는 각기 다른 호출 식별자와 서비스 콜을 설명하고 라곰이 제공하는 자동 **접근통제리스트**ACL, Access Control List를 설명한다.

준비하기

이 절을 진행하려면 이 장의 첫 절에서 만든 Lagom Akkacoobook 프로젝트를 불러와야 한다. 다른 요구 사항은 이전과 같다.

예제 구현

이 절을 위해 다음 단계를 수행한다.

1. 쓸 수 있는 모든 호출 식별자를 보이기 위해 현재 AkkacookbookService API를 수정할 것이다. 이와 같은 목적을 위해, 이를 서비스 API처럼 간단한 StringUtils로 바꾼다. akkacookservice-api 모듈 안에 있는 AkkacookbookService.scala 파일을 열고 다음과 같이 코드를 수정한다.

```
import com.lightbend.lagom.scaladsl.api.transport.Method
trait AkkacookbookService extends Service {
  def toUppercase: ServiceCall[String, String]
  def toLowercase: ServiceCall[String, String]
  def isEmpty(str: String): ServiceCall[NotUsed, Boolean]
  def areEqual(str1: String, str2: String) :
  ServiceCall[NotUsed, Boolean]

  override final def descriptor = {
    import Service._
    named("stringutils").withCalls(
      call(toUppercase),
      namedCall("toLowercase", toLowercase),
      pathCall("/isEmpty/:str", isEmpty _),
      restCall(Method.GET, "/areEqual/:one/another/:other",
      areEqual _)
    ).withAutoAcl(true)
  }
}
```

2. API 변경이 준비되면 akkacoobookservice-impl 모듈에 이를 구현해야 한다.
   AkkacookbookServiceImpl.scala 파일을 열고 이들 메서드에 대한 간단한 구현
   을 제공한다.

```
class AkkacookbookServiceImpl extends AkkacookbookService {
  override def toUppercase = ServiceCall { x =>
    Future.successful(x.toUpperCase) }
  override def toLowercase = ServiceCall { x =>
    Future.successful(x.toLowerCase) }
  override def isEmpty(str: String) = ServiceCall { _ =>
    Future.successful(str.isEmpty) }
  override def areEqual(str1: String, str2: String) =
    ServiceCall { _ => Future.successful(str1 == str2)}
}
```

3. 모든 코드가 준비되면 실행하고 브라우저에서 테스트한다. sbt runAll을 실행해 모든 서비스를 시작한다.

4. 쓸 수 있는 모든 라우트를 보기 위해 서비스 게이트웨이에 접근할 수 있다.

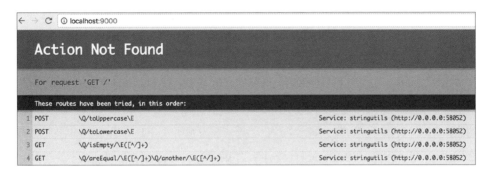

5. 준비되면, 몇 가지 curl 명령을 실행해 엔드포인트를 테스트할 수 있다.

```
hveiga$ curl -X POST -H "Content-Type: text/plain" --data
"UPPERCASE" http://localhost:9000/toLowercase
uppercase
hveiga$ curl -X POST -H "Content-Type: text/plain" --data
"lowercase" http://localhost:9000/toUppercase
LOWERCASE
hveiga$ curl -X GET http://localhost:9000/isEmpty/notEmpty
false
hveiga$ curl -X GET
http://localhost:9000/areEqual/something/another/somethingElse
false
```

예제 분석

이번 절에서는 서비스 디스크립터를 정의하는 데 서로 다른 호출 식별자를 어떻게 사용하는지 다뤘다. 여기서는 4개의 식별자를 사용한다.

- call( ): 단순히 제공된 함수 이름이 사용되는 namedCall( )의 별칭이다. 예제에서는 toUppercase를 사용했다.

- namedCall( ): 매개변수를 매칭시킬 수 없는 이름 있는 식별자를 위해 사용한다.
- pathCall( ): 매개변수를 매칭시키고 이들을 서비스 호출에 사용할 수 있는 이름 있는 식별자를 위해 사용한다.
- restCall( ): 매개변수를 매칭시킬 수 있으며 REST 메서드가 매칭되도록 강제할 수 있는 이름 있는 식별자를 위해 사용한다.

이 모두를 위해, ServiceCall[Request,Response] 타입을 반환하는 함수를 전달한다. 이는 Request와 Response의 타입 및 서비스가 각 호출을 위해 사용할 REST 메서드를 추정하는(restCall( )을 사용할 때는 제외한다. 여기서는 이를 강제할 수 있다) 방법에 근거한다. API의 호출을 정의한 후 withAutoAcl(true)를 사용한다. ACL은 접근통제리스트를 뜻하며 주어진 객체를 위한 권한permission의 리스트를 정의한다. AutoACL은 각 서비스가 여러분의 서비스에 접근하게 해주며 또한 서비스 게이트웨이가 요청을 실제 서비스로 다시 보내지도록 한다. 서비스가 다른 일시적인 포트에서 실행 중이더라도 기본 포트인 9000으로 (서비스 게이트웨이가 수신하는) 서비스에 접근하는 것이 가능한 이유는 이 때문이다. 라곰은 withAcls( ) 메서드에 원하는 권한을 제공함으로써 서비스 디스크립터를 위한 더욱 세분화된 접근 통제를 할 수 있도록 해준다.

 몇 가지 마이크로서비스로 된 환경에서는 API의 정의만을 공유하는 것이 중요하다. 다른 것들이 구현의 세부 사항을 알게 해서는 안 된다. 때때로, 개발자들은 내부 구현의 세부 사항에 의존한다. 내부 구현이 바뀌거나 개선될 때마다 심각한 통합 문제를 야기될 수 있다.

라곰 서비스 구현하기

앞 절을 통해 설명했듯이 라곰에서의 서비스는 서비스의 계약을 정의하는 책임을 지는 API 모듈과 API 호출 이면에서 로직을 개발하는 구현 모듈 두 가지 모듈을 가진다. 라곰은 기본적으로 비동기적이다. 이는 유입되는 복수의 요청이 동시적으로 처리됨을 뜻한다. 라곰은 서비스를 실행하는 데 강력하고 회복력 있는 엔진을 제공하기 위해 아카와 플레이를 활용한다. 각 서비스 구현은 서비스 로더service loader, 서비스 앱service application, 서비스 구현service implementation이라는 적어도 세 개의 구성 요소를 가진다.

이번 절에서는 토큰 서비스 구현을 만들어보며, 세 구성 요소를 리뷰하고 각각의 책임과 의무에 대해 설명한다.

준비하기

이 절을 진행하려면 이 장의 첫 절에서 만들었던 Lagom Akkacoobook 프로젝트를 불러와야 한다. 그 밖의 준비 사항은 이전과 같다.

예제 구현

이 절을 위해 다음 단계를 수행한다.

1. build.sbt에 새로운 두 모듈을 정의해야 한다. build.sbt를 열고 파일 끝에 다음 모듈을 추가한다.

```
lazy val `token-api` = (project in file("token-api"))
  .settings(
    libraryDependencies ++= Seq(
      lagomScaladslApi
    )
  )
lazy val `token-impl` = (project in file("token-impl"))
```

```
  .enablePlugins(LagomScala)
  .settings(
    libraryDependencies ++= Seq(
      lagomScaladslPersistenceCassandra,
      lagomScaladslTestKit,
      macwire,
      scalaTest
    )
  )
  .settings(lagomForkedTestSettings: _*)
  .dependsOn(`token-api`)
```

2. 전체 프로젝트에 token-api와 token-impl 모듈을 추가해야 한다. build.sbt에 서 새로운 두 모듈도 리스트에 들어가도록 다음과 같이 수정한다.

```
lazy val `akkacookbook` = (project in
file(".")).aggregate(`akkacookbook-api`, `akkacookbook-impl`,
`token-api`,`token-impl`)
```

3. build.sbt가 완료되면 파일을 저장하고 sbt compile을 실행한다. 이는 새로운 서비스를 구현하는 데 필요한 새로운 폴더 구조를 만들어낼 것이다.

4. API 모듈로 시작한다. token-api 모듈을 열고 src/main/scala 디렉터리 내 com.packt.chapter11.token.api란 패키지를 만든다.

5. com.packt.chapter11.token.api 패키지에 Messages.scala 파일을 만든다. 이 파일은 서비스와 상호작용하는 모든 요청과 결과를 가진다.

```
package com.packt.chapter11.token.api

import play.api.libs.json.{Format, Json}

case class RetrieveTokenRequest(clientId: String, clientSecret:
String)
case class RetrieveTokenResult(successful: Boolean, token:
Option[String] = None)
case class ValidateTokenRequest(clientId: String, token: String)
case class ValidateTokenResult(successful: Boolean)

object RetrieveTokenRequest {
```

```scala
    implicit val retrieveTokenRequestFormat:
    Format[RetrieveTokenRequest] =
      Json.format[RetrieveTokenRequest]
  }
  object RetrieveTokenResult {
    implicit val retrieveTokenResultFormat:
    Format[RetrieveTokenResult] = Json.format[RetrieveTokenResult]
  }
  object ValidateTokenRequest {
    implicit val validateTokenRequestFormat:
    Format[ValidateTokenRequest] =
    Json.format[ValidateTokenRequest]
  }
  object ValidateTokenResult {
    implicit val validateTokenResultFormat:
    Format[ValidateTokenResult] = Json.format[ValidateTokenResult]
  }
```

6. com.packt.chapter11.token.api 패키지에 TokenService.scala란 파일을 만든
다. 이 파일은 서비스를 정의한다. 코드는 다음과 같다.

```scala
package com.packt.chapter11.token.api

import com.lightbend.lagom.scaladsl.api.{Service, ServiceCall}

trait TokenService extends Service {
  def retrieveToken: ServiceCall[RetrieveTokenRequest,
    RetrieveTokenResult]
  def validateToken: ServiceCall[ValidateTokenRequest,
    ValidateTokenResult]

  override final def descriptor = {
    import Service._
    named("token").withCalls(
      pathCall("/token/retrieve", retrieveToken),
      pathCall("/token/validate", validateToken)
    ).withAutoAcl(true)
  }
}
```

7. API가 완료되면 구현으로 넘어간다. token-impl 모듈을 열고 the src/main/scala 디렉터리에 com.packt.chapter11.token.impl 패키지를 만든다.

8. com.packt.chapter11.token.impl 패키지에 TokenServiceImpl.scala 파일을 만든다. 이 파일은 서비스의 실제 구현을 가진다. 파일 내용은 다음과 같다.

```scala
package com.packt.chapter11.token.impl

import java.util.UUID
import com.lightbend.lagom.scaladsl.api.ServiceCall
import com.packt.chapter11.token.api._
import scala.concurrent.{ExecutionContext, Future}

class TokenServiceImpl(implicit val ec: ExecutionContext) extends
TokenService {
  val permittedIds = Map("123456" -> "in9ne0dfka","678901" ->
    "0923nsnx00")
  var tokenStore = Map.empty[String, String]

  override def retrieveToken: ServiceCall[RetrieveTokenRequest,
  RetrieveTokenResult] = ServiceCall {
    request => Future {
      permittedIds.get(request.clientId) match {
        case Some(secret) if secret == request.clientSecret =>
          val token = UUID.randomUUID().toString
          tokenStore += request.clientId -> token
          RetrieveTokenResult(true, Some(token))
        case _ => RetrieveTokenResult(false)
      }
    }
  }

  override def validateToken: ServiceCall[ValidateTokenRequest,
  ValidateTokenResult] = ServiceCall {
    request => Future {
      tokenStore.get(request.clientId) match {
        case Some(token) if token == request.token =>
        ValidateTokenResult(true)
        case _ => ValidateTokenResult(false)
```

```
          }
        }
      }
    }
```

9. 서비스 로더를 만들어야 한다. `com.packt.chapter11.token.impl` 패키지에 Token
Loader.scala 파일을 만든다. 코드는 다음과 같다.

```scala
package com.packt.chapter11.token.impl

import com.lightbend.lagom.scaladsl.api.ServiceLocator
import com.lightbend.lagom.scaladsl.api.
ServiceLocator.NoServiceLocator
import com.lightbend.lagom.scaladsl.devmode
.LagomDevModeComponents
import com.lightbend.lagom.scaladsl.server._
import com.packt.chapter11.token.api.TokenService
import com.softwaremill.macwire._
import play.api.libs.ws.ahc.AhcWSComponents

class TokenLoader extends LagomApplicationLoader {
  override def load(context: LagomApplicationContext):
  LagomApplication =
    new TokenApplication(context) { override def serviceLocator:
      ServiceLocator = NoServiceLocator }
  override def loadDevMode(context: LagomApplicationContext):
  LagomApplication =
    new TokenApplication(context) with LagomDevModeComponents
  override def describeServices =
  List(readDescriptor[TokenService])
}

abstract class TokenApplication(context: LagomApplicationContext)
  extends LagomApplication(context) with AhcWSComponents {
  override lazy val lagomServer = LagomServer.forServices(
    bindService[TokenService].to(wire[TokenServiceImpl])
  )
}
```

10. 마지막으로, 어디에 서비스 로더가 있는지 라곰이 알도록 해줘야 한다. 이는 application.conf 파일을 통해 이뤄진다. token-impl 모듈 디렉터리의 src/main/ resources 안에 application.conf 파일을 만든다. 파일 내용은 다음과 같다.

```
play.application.loader =
com.packt.chapter11.token.impl.TokenLoader
```

예제 분석

이번 절에서는 라곰 서비스를 위한 서비스 구현 방법을 다뤘다. 이 예제에서는 사용자를 인증하고 토큰을 제공하는 간단한 토큰 서비스를 만든다. 그런 다음 토큰을 검증할 수 있다. 이 서비스는 어떤 데이터베이스의 지원도 받지 않으며 오직 보여주기 위한 것이다. build.sbt 파일에 모듈을 정의하고 프로젝트 정의 전체에 이를 추가했다. 디렉터리 구조가 만들어지면 API 모듈을 정의한다. API 모듈은 서비스 인터페이스는 물론 서비스가 교환하는 메시지 모두를 정의한다. 이 경우, 정의된 서비스 호출은 TokenService 파일 내 retrieveToken과 validateToken이다. 이들 호출 모두 그들만의 요청 및 결과 케이스 클래스를 가지고 있다. 또한, 이들 케이스 클래스는 자동으로 JSON으로 변환되도록 JSON 직렬자를 가지고 있다.

구현 모듈은 서비스 구현, 서비스 로더, 라곰 앱으로 구성되어 있다. 서비스 구현은 Token ServiceImpl 안에 정의돼 있다. retrieveToken 서비스 호출은 clientId와 clientSecret 를 받고 ID와 비밀번호가 맞으면 token을 반환한다. validateToken 서비스 호출은 토큰이 메모리에 있는지 확인하고 결과를 반환한다. 라곰 앱은 LagomApplication을 확장하는 TokenApplication 추상 클래스 내에 정의되어 있다. 이 클래스는 LagomServer. forServices 호출에 의해 하나 혹은 그 이상 서비스의 API에 바인딩돼 있는 인스턴스를 나타낸다.[3] 라곰 앱이 하나 이상의 서비스를 나타낼 수 있다는 사실을 기억하기 바란다. 마지막으로, 서비스 로더는 라곰 앱을 로드하고 구체화하는 책임을 진다. 예제의 경우, TokenLoader가 서비스 로더다. TokenLoader는 기본적으로 플레이의 ApplicationLoader의 래퍼인 LagomApplicationLoader를 확장한다. 이는 서비스를 등록하고 다른 서비스를 발견하기 위해 어떤 서비스 로케이터를 사용하는지 정의하는 구성 요소 내에 있는 서비스 로더다. 이를 위해 load( ) 메서드를 제공한다. 운영 환경에서는 운영 서비스 로케이터를 주입하는 데 이 호출을 사용하게 될 것이다. 또한 개발 모드에서는 다른 서비스 로케이터를 사용하고자 하는 경우 선택적으로 loadDevMode( ) 메서드를 오버라이드하는 것도 가능하다. 라곰으로 마이크로서비스 개발을 쉽게 하도록 하기 위해, 프레임워크는 LagomDevModeComponents를 제공한다. 이 오브젝트는 sbt runAll을 실행할 때 사용되는 인메모리 서비스 로케이터를 가져다 준다.

마지막으로, 프레임워크는 로더 클래스의 완전히 적합한 이름을 가져다 주는 application. conf를 통해 서비스 로더를 찾는다.

서비스 소비하기

마이크로서비스 아키텍처는 함께 작업하고 과제를 수행하기 위해 서로 통신하는 각기 다른 복수의 마이크로서비스로 구성된다. 예를 들면, 사용자의 권한 부여와 인증을 위해 아키텍처가 authentication 마이크로서비스를 가질 수 있다. 다른 서비스는 요청을 하는 사용자의 승인을 확인하는 데 authentication 마이크로서비스를 사용할 것이다. 따라서,

---

3 앞서 이 장 첫 번째 절의 주석에서 설명했듯이, 라곰 1.3.3부터 하나의 라곰 서비스에 복수의 라곰 디스크립터를 바인딩하는 메서드가 사용 중단됐다. 다음 링크를 참고하기 바란다.

https://www.lagomframework.com/blog/lagom-1-3-3.html

따라서 아래 코드는

```
override lazy val lagomServer = LagomServer.forServices(
  bindService[TokenService].to(wire[TokenServiceImpl]))
```

다음과 같이 바뀌어야 한다.

```
override lazy val lagomServer =
  serverFor[TokenService](wire[TokenServiceImpl])
```

나머지 서비스가 다른 어떤 일을 진행하기 전에 authentication 서비스와 통신해야 할 것이다. 라곰은 외부 서비스가 어디에 있는지 찾고(서비스 로케이터를 통해서) 서비스의 API 모듈을 인식해 상호작용하는 우아한 체계를 제공한다.

이번 절에서는 REST 클라이언트나 직렬화 프레임워크, 아니면 다른 어떤 요소를 수동으로 만들 필요 없이 다른 라곰 서비스와 통신하는 법을 살펴본다.

준비하기

이 절을 진행하려면 이 장의 첫 절에서 만들었던 Lagom Akkacoobook 프로젝트를 불러와야 한다. 그 밖의 준비 사항은 이전과 같다. 앞 절인 라곰 서비스 구현하기에서 만든 토큰 서비스를 사용할 것이다.

예제 구현

이 절을 위해 다음 단계를 수행한다.

1. build.sbt 파일에 새로운 두 모듈을 정의한다. build.sbt을 열고 파일 끝에 다음 모듈을 추가한다.

```
lazy val `consumer-api` = (project in file("consumer-api"))
  .settings(
    libraryDependencies ++= Seq(
      lagomScaladslApi
    )
  )
lazy val `consumer-impl` = (project in file("consumer-impl"))
  .enablePlugins(LagomScala)
  .settings(
    libraryDependencies ++= Seq(
      lagomScaladslPersistenceCassandra,
      lagomScaladslTestKit,
      macwire,
```

```
      scalaTest
    )
  )
  .settings(lagomForkedTestSettings: _*)
  .dependsOn(`consumer-api`,`token-api`)
```

2. consumer-api와 consumer-impl 두 모듈을 전체 프로젝트에 추가해야 한다. build.sbt에 새로운 두 모듈도 리스트에 들어가도록 다음과 같이 수정한다.

```
lazy val `akkacookbook` = (project in
file(".")).aggregate(`akkacookbook-api`, `akkacookbook-impl`,
`token-api`,`token-impl`, `consumer-api`, `consumer-impl`)
```

3. build.sbt가 준비되면 파일을 저장하고 sbt compile을 실행한다. 새로운 서비스를 구현하는 데 필요한 폴더 구조를 만들 것이다.

4. API 모듈을 시작한다. consumer-api 모듈을 열고 src/main/scala 디렉터리에 com.packt.chapter11.consumer.api 패키지를 만든다.

5. com.packt.chapter11.consumer.api 패키지에 Messages.scala 파일을 만든다. 이 파일은 서비스와 상호작용하는 모든 요청과 결과를 가진다.

```
package com.packt.chapter11.consumer.api

import play.api.libs.json.{Format, Json}

case class ConsumeRequest(clientId: String, token: String,
message: String)
object ConsumeRequest {
  implicit val consumeRequestFormat: Format[ConsumeRequest] =
  Json.format[ConsumeRequest]
}
```

6. com.packt.chapter11.consumer.api 패키지에 ConsumerService.scala 파일을 만든다. 이 파일은 서비스를 정의하며, 코드는 다음과 같다.

```
package com.packt.chapter11.consumer.api

import com.lightbend.lagom.scaladsl.api.{Service, ServiceCall}
```

```
trait ConsumerService extends Service {
  def consume: ServiceCall[ConsumeRequest, Boolean]

  override final def descriptor = {
    import Service._
    named("consume").withCalls(
      pathCall("/api/consume", consume)
    ).withAutoAcl(true)
  }
}
```

7. API가 준비되면 구현으로 이동한다. consumer-impl 모듈을 열고 src/main/
   scala 디렉터리에 com.packt.chapter11.consumer.impl 패키지를 만든다.

8. com.packt.chapter11.consumer.impl 패키지에 ConsumerServiceImpl.scala 파
   일을 만든다. 이 파일은 서비스의 실제 구현을 가진다. 파일 내용은 다음과 같다.

```
package com.packt.chapter11.consumer.impl

import com.lightbend.lagom.scaladsl.api.ServiceCall
import com.packt.chapter11.consumer.api.ConsumerService
import com.packt.chapter11.token.api.{TokenService,
ValidateTokenRequest}
import scala.concurrent.ExecutionContext

class ConsumerServiceImpl(tService: TokenService)(implicit ec:
ExecutionContext) extends ConsumerService {
  override def consume = ServiceCall { request =>
    val validateTokenRequest =
    ValidateTokenRequest(request.clientId, request.token)
    tService.validateToken.invoke(validateTokenRequest)
    .map(_.successful)
  }
}
```

9. 서비스 로더와 앱을 만든다. com.packt.chapter11.consumer.impl 패키지에 Con sumerLoader.scala 파일을 만든다. 이 파일은 다음 코드를 가지고 있어야 한다.

```
package com.packt.chapter11.consumer.impl

import com.lightbend.lagom.scaladsl.api.ServiceLocator
import com.lightbend.lagom.scaladsl.api
.ServiceLocator.NoServiceLocator
import com.lightbend.lagom.scaladsl.devmode
.LagomDevModeComponents
import com.lightbend.lagom.scaladsl
.server.{LagomApplication, LagomApplicationContext,
LagomApplicationLoader, LagomServer}
import com.packt.chapter11.consumer.api.ConsumerService
import com.packt.chapter11.token.api.TokenService
import com.softwaremill.macwire.wire
import play.api.libs.ws.ahc.AhcWSComponents

class ConsumerLoader extends LagomApplicationLoader {
  override def load(context: LagomApplicationContext):
  LagomApplication =
    new ConsumerApplication(context) { override def
    serviceLocator: ServiceLocator = NoServiceLocator }
  override def loadDevMode(context: LagomApplicationContext):
  LagomApplication =
    new ConsumerApplication(context) with LagomDevModeComponents
    override def describeServices =
    List(readDescriptor[ConsumerService])
}

abstract class ConsumerApplication(context:
LagomApplicationContext)
  extends LagomApplication(context) with AhcWSComponents {
  override lazy val lagomServer = LagomServer.forServices(
    bindService[ConsumerService].to(wire[ConsumerServiceImpl])
  )
  lazy val tokenService = serviceClient.implement[TokenService]
}
```

10. 라곰에게 서비스 로더가 어디에 있는지 알려주어야 한다. 이는 application. conf 파일을 통해 해낸다. consumer-impl 모듈 내 src/main/resources 디렉터리 안에 application.conf 파일을 만든다. 파일 내용은 다음과 같다.

```
play.application.loader =
com.packt.chapter11.consumer.impl.ConsumerLoader
```

11. 코드가 준비되면 sbt runAll을 실행해 모든 서비스를 실행한다.

12. 모든 서비스가 시작될 때까지 기다린 뒤 다음 명령을 실행해 테스트한다.

```
hveiga$ curl -d '{"clientId":"some-invalidclientId","
token":"some-invalid-token","message":""}'
http://localhost:9000/api/consume
false
hveiga$ curl -d '{"clientId":"123456","clientSecret":"somethingwrong"}'
http://localhost:9000/token/retrieve
{"successful":false}
hveiga$ curl -d
'{"clientId":"123456","clientSecret":"in9ne0dfka"}'
http://localhost:9000/token/retrieve
{"successful":true,"token":"ee34ee95-f908-4b03-b6e5-
8e0b46b2f4bf"}
hveiga$ curl -d '{"clientId":"123456","token":"ee34ee95-f908-
4b03-b6e5-8e0b46b2f4bf","message":""}'
http://localhost:9000/api/consume
true
```

예제 분석

이번 절에서는 라곰 서비스 내에서 다른 서비스로부터의 서비스 소비가 어떻게 일어나는지 다뤘다. 이런 움직임을 보이기 위해, 컨슈머라는 새로운 서비스를 만들었다. build. sbt에 API와 구현 모듈을 만들면서 시작한다. 컨슈머 서비스는 토큰 서비스를 사용하기 때문에 구현 모듈(comsumer-impl) 안에 **token-api** 모듈을 의존성으로 추가했다. 준비가 되면 API 모듈을 개발한다. 이 서비스는 ComsumeRequest를 받고 부울값을 반환한다. 컨슈머 서비스가 요청을 받을 때 토큰 서비스를 사용하고 토큰이 유효하면 참을, 유효하지 않으면 거짓을 반환하는 것이 원하는 움직임이다.

ConsumerServiceImpl에서 토큰 서비스를 사용하려면 서비스의 참조를 제공하는 클래스 매개변수만 추가하면 된다. 이 참조는 API가 제공하는 모든 호출과 이를 사용하기 위한, Future를 반환하는 invoke() 메서드를 가진다. ConsumerServiceImpl이 매번 Consume Request를 수신할 때마다 새로운 ValidateTokenRequest 케이스 클래스가 만들어지고 토큰 서비스가 호출된다. 컨슈머 서비스를 올바르게 사용하려면 올바른 clientId와 clientSecret을 사용해 토큰 서비스로부터 토큰을 가져와야 한다는 것을 로그를 통해 볼 수 있다. 그런 다음 컨슈머 서비스를 호출할 때 ConsumeRequest에 토큰을 제공한다. 마지막으로, 라곰이 토큰 서비스를 컨슈머 서비스에 주입하는 방법은 이를 ConsumerApplication 클래스에 정의하는 것이다. 이는 Client.implement[TokenService] 서비스를 호출해 할 수 있다. 이 호출은 TokenService 인터페이스를 구현하는 서비스의 위치를 알아내기 위해 서비스 로케이터를 내부에서 호출한다.

보이는 바와 같이, serviceClient만을 사용하고 원하는 서비스의 타입을 클래스 매개변수로 추가함으로써, 직렬화와 네트워크 통신이 이뤄져야 하는 환경에서 다른 라곰 서비스와 간편하게 상호작용할 수 있게 된다.

서비스 테스트하기

테스트는 소프트웨어 프로젝트의 결정적인 요소다. 테스트를 하지 않은 코드는 대체로 문제가 있는 코드가 된다. 대규모 마이크로서비스 아키텍처에서는, 수십 개의 서비스가 하나의 서비스를 사용할 수 있다. 아키텍처에 서비스를 망가뜨릴 수 있는 테스트되지 않은 코드를 넣고 싶지는 않을 것이다. 라곰은 서비스를 준비 환경이나 운영 환경으로 올리기 전에 예상대로 동작하는지 확실히 하도록 포괄적인 테스트를 지원한다. 이번 절에서는 단일 라곰 서비스를 스칼라 테스트의 도움으로 테스트하는 방법을 살펴본다.

이 절을 진행하려면 이 장의 첫 절에서 만들었던 Lagom Akkacoobook 프로젝트를 불러와야 한다. 다른 요구 사항은 이전과 같다. 앞 절인 라곰 서비스 구현하기에서 만든 토큰 서비스를 사용할 것이다.

예제 구현

이 절을 위해 다음 단계를 수행해야 한다.

1. the `token-impl` 모듈 내 src/test/scala 디렉터리 안에 com.packt.chapter11.token.impl 패키지를 만든다.

2. src/test/scala 내 com.packt.chapter11.token.impl 안에 TokenServiceSpec.scala 파일을 만든다. 이 클래스는 테스트 서비스를 가진다. 코드의 외형은 다음과 같다.

```scala
package com.packt.chapter11.token.impl

import com.lightbend.lagom.scaladsl.server.LocalServiceLocator
import com.lightbend.lagom.scaladsl.testkit.ServiceTest
import com.packt.chapter11.token.api._
import org.scalatest.{AsyncWordSpec, BeforeAndAfterAll, Matchers}

class TokenServiceSpec extends AsyncWordSpec with Matchers with
BeforeAndAfterAll {
  lazy val server =
    ServiceTest.startServer(ServiceTest.defaultSetup) { ctx =>
    new TokenApplication(ctx) with LocalServiceLocator
  }
  lazy val serviceClient =
    server.serviceClient.implement[TokenService]

  "The token service" should {
    // 테스트는 여기에
```

```
  }

  override protected def beforeAll() = server
  override protected def afterAll() = server.stop()
}
```

3. 서비스로부터 토큰을 가져오는 테스트 하나를 추가한다. 다음 코드를 토큰 서비스 안에 추가한다.

```
"return a token if clientId and clientSecret are correct" in {
  val retrieveTokenRequest = RetrieveTokenRequest("123456",
  "in9ne0dfka")
  serviceClient.retrieveToken.invoke(retrieveTokenRequest).map {
  response =>
    response.successful shouldBe true
    response.token should not be 'empty
  }
}
```

4. 추가로 서비스로부터의 토큰 검증을 위한 두 번째 테스트를 추가한다. 다음 코드를 토큰 서비스 내에 추가한다.

```
"validate a valid token" in {
  val retrieveTokenRequest = RetrieveTokenRequest("123456",
  "in9ne0dfka")
  serviceClient.retrieveToken.invoke(retrieveTokenRequest)
  .flatMap { retrieveResponse =>
    val validateTokenRequest = ValidateTokenRequest("123456",
    retrieveResponse.token.get)
    serviceClient.validateToken.invoke(validateTokenRequest).map
    { validateResponse =>
      validateResponse shouldBe ValidateTokenResult(true)
    }
  }
}
```

5. 새로운 테스트가 준비되면 테스트를 통과하도록 실행한다. 콘솔에서 sbt를 실행한다. project token-impl을 실행해 token-impl 모듈로 바꾼다. 마지막으로, test를 실행하고 결과를 기다린다.

```
[info] Run completed in 3 seconds, 574 milliseconds.
[info] Total number of tests run: 2
[info] Suites: completed 1, aborted 0
[info] Tests: succeeded 2, failed 0, canceled 0, ignored 0,
pending 0
[info] All tests passed.
```

예제 분석

이번 절에서는 서비스를 위한 유닛 테스트를 만드는 방법을 다뤘다. 이 예제에서는 `retrieveToken` 호출과 `validateToken` 호출을 위한 두 개의 테스트로 토큰 서비스를 테스트한다. 서비스의 인스턴스를 만들기 위해 `ServiceTest` 헬퍼 클래스를 사용한다. 이 클래스는 메모리에서 서비스를 실행하는 서버를 띄우는 것을 내부에서 모두 해낸다. 기본적으로 `serviceTest`는 지속성, 클러스터링, 게시/구독을 지원하지 않는다. 이것들이 필요한 경우라면, 주어진 `Setup` 객체를 업데이트해 활성화해야 한다. 서비스가 실행되면, 이에 접속하고 사용하는 데 무언가가 필요하다. 필요한 것은 서비스 클라이언트 덕분에 가능해지며, 서버가 서비스 클라이언트를 제공한다. 서비스와 상호작용하는 데 필요한 나머지는 `implement` 메서드에 서비스의 타입과 함께 서비스 클라이언트를 제공하는 것이다 (예제에서는 `TokenService`).

서비스 클라이언트가 준비되면 테스트를 시작한다. 먼저, 적절한 `clientId`와 `clientSecret` 값으로 `RetrieveTokenRequest`를 인스턴트화해 토큰 가져오기를 테스트한다. 서비스 클라이언트를 사용해 `retrieveToken`을 호출하며 `Future` 응답을 매핑해 결과가 예상하는 것인지 확실히 한다. 이와 비슷하게 토큰 검증을 테스트한다. 이번에는 서비스에 토큰 가져오기와 검증하기 두 호출을 만들어야 한다. 그렇기 때문에 초기 호출에 `flatMap`을 사용해 `Future[Future[_]]`를 하나의 `Future[_]`로 바꾼다. 마지막으로, `sbt`를 사용해 테스트를 실행하고 서비스가 예상대로 동작하는지 확인한다.

ServiceTest는 한 번에 서비스 하나를 테스트하는 데만 유효하다. 이는 충분해 보일지 몰라도, 테스트에 여러 서비스를 연계시켜야 하는 사례가 있을 것이다. 이런 기능은 현재 개발 중이며 미래에 배포되는 라곰에서 가능할 것이다.

지속성 있고 클러스터링된 서비스 작성하기

라곰을 사용하면 지속성이 있고 클러스터링된 서비스를 쉽게 가질 수 있다는 또 다른 장점이 있다. 지속성 있고 클러스터링된 서비스는 아카 지속성, 아카 클러스터, 아카 클러스터 샤딩 덕분에 가능하다. 개발자들은 전통적으로 데이터의 지속성을 구현하는 데 잘 알려진 CRUD 동작을 사용해왔다. 그러나 라곰은 지속성을 구현하는 데 이벤트 소싱event sourcing 과 **명령과 질의의 책임 분리**CQRS, Command Query Responsibility Segregation를 도입한다. 이벤트 소싱과 CQRS는 상태 변화를 실제 수정된 상태 대신에 역사적인 이벤트로 저장하여 지속성을 달성하는 패턴이다. 이들 변화는 불변적이고 데이터 저장소에 덧붙여지기만 하며, 이는 쓰기 성능을 개선시킨다. 저장된 데이터에 대한 수정은 없다. 이는 변화 순서로 된 리스트를 실행해 상태를 복구할 수 있는 가능성이나 객체의 최근 상태뿐만이 아닌 생애주기에서 무엇이 일어났는지에 대한 전체 로그를 가지는 등의 새로운 장점을 가져다 준다.

라곰은 이벤트 소싱과 CQRS를 사용해서 지속시킬 수 있는 유일하게 인식 가능한 개체로 PersistentEntity를 정의한다. 각 인스턴스는 변하지 않는 식별자를 가지며, 주어진 ID에 대해 오직 하나의 개체 인스턴스만이 존재한다(기본적으로 아카 클러스터 샤딩과 같다). 라곰 프레임워크는 클러스터의 모든 노드에 걸쳐 인스턴스를 분산시키는 일을 맡는다. 아파치 카산드라가 라곰에서 기본으로 사용하는 데이터 저장소다. 라곰은 아카 클러스터를 사용해서 서비스끼리 서로 접속할 수 있는 클러스터링된 서비스도 제공한다.

이번 절에서는 인기 있는 차량 공유 회사에서 벌어지는 것과 유사하게 시작되고, 추적되며, 끝나는 운행 서비스를 만든다. 이 서비스는 운행 정보를 지속시키는 데 지속성 API를 사용한다.

이 절을 진행하려면 이 장의 첫 절에서 만들었던 Lagom Akkacoobook 프로젝트를 불러와야
한다. 그 밖의 준비 사항은 이전과 같다.

이 절을 위해 다음 단계를 수행해야 한다.

1. build.sbt 파일에 두 모듈을 정의해야 한다. build.sbt를 열고 파일 끝에 다음
   모듈을 추가한다.

```
lazy val `trip-api` = (project in file("trip-api"))
  .settings(
    libraryDependencies ++= Seq(
      lagomScaladslApi
    )
  )
lazy val `trip-impl` = (project in file("trip-impl"))
  .enablePlugins(LagomScala)
  .settings(
    libraryDependencies ++= Seq(
      lagomScaladslPersistenceCassandra,
      lagomScaladslTestKit,
      macwire,
      scalaTest
    )
  )
  .settings(lagomForkedTestSettings: _*)
  .dependsOn(`trip-api`)
```

2. 전체 프로젝트에 두 모듈 모두를 추가해야 한다. build.sbt에 새로운 두 모듈도
   리스트에 들어가도록 다음과 같이 수정한다.

```
lazy val `akkacookbook` = (project in
file(".")).aggregate(`akkacookbook-api`, `akkacookbook-impl`,
```

`token-api`, `token-impl`, `consumer-api`, `consumer-impl`,
`trip-api`, `trip-impl`)

3. build.sbt가 완료되면, 파일을 저장하고 sbt compile을 실행한다. 이는 새로운 서비스를 구현하는 데 필요한 새로운 폴더 구조를 만들어낼 것이다.

4. API 모듈을 시작한다. trip-api 모듈을 열고 src/main/scala 디렉터리 내 com.packt.chapter11.trip.api 패키지를 만든다.

5. com.packt.chapter11.trip.api 패키지에 Messages.scala 파일을 만든다. 이 파일은 서비스와 상호작용하는 데 필요한 모든 요청과 결과를 가진다.

```
package com.packt.chapter11.trip.api

import play.api.libs.json.{Format, Json}

case class ReportLocation(latitude: Double, longitude: Double)
object ReportLocation {
  implicit val reportLocationRequestFormat:
  Format[ReportLocation] = Json.format[ReportLocation]
}
```

6. com.packt.chapter11.trip.api 패키지에 TripService.scala 파일을 만든다. 이 파일은 서비스를 정의한다. 코드는 다음과 같다.

```
package com.packt.chapter11.trip.api

import akka.{Done, NotUsed}
import com.lightbend.lagom.scaladsl.api.{Service, ServiceCall}

trait TripService extends Service {
  def startTrip(clientId: String): ServiceCall[NotUsed, Done]
  def reportLocation(clientId: String):
  ServiceCall[ReportLocation, Done]
  def endTrip(clientId: String): ServiceCall[NotUsed, Done]

  override final def descriptor = {
    import Service._
    named("trip").withCalls(
```

```
      pathCall("/trip/start/:id", startTrip _),
      pathCall("/trip/report/:id", reportLocation _),
      pathCall("/trip/end/:id", endTrip _)
    ).withAutoAcl(true)
  }
}
```

7. API가 완료되면 구현으로 넘어간다. trip-impl 모듈을 열고 src/main/scala 안에 com.packt.chapter11.trip.impl 패키지를 만든다. 이 패키지는 지속성을 다루는 데 필요한 모든 클래스를 가진다.

8. com.packt.chapter11.trip.impl 패키지에 CommandEventState.scala 파일을 만든다. 이 파일은 지속성을 다루는 데 필요한 모든 클래스를 가진다.

```
package com.packt.chapter11.trip.impl

import akka.Done
import com.lightbend.lagom.scaladsl.persistence
.PersistentEntity.ReplyType
import com.packt.chapter11.trip.api.ReportLocation
import play.api.libs.json.{Format, Json}

sealed trait ClientCommand[R] extends ReplyType[R]
case object StartTrip extends ClientCommand[Done]
case object EndTrip extends ClientCommand[Done]
case class AddLocation(reportLocationRequest: ReportLocation)
extends ClientCommand[Done]
sealed trait ClientEvent
case class TripStarted(time: Long) extends ClientEvent
case class TripEnded(time: Long) extends ClientEvent
case class LocationAdded(location: Location) extends
ClientEvent
case class Location(lat: Double, lon: Double)
case class ClientState(tripInProgress: Boolean, locations:
List[Location])

object Location { implicit val format : Format[Location] =
Json.format[Location] }
object ClientState { implicit val format: Format[ClientState] =
```

```
Json.format }
object TripStarted { implicit val format: Format[TripStarted] =
Json.format }
object TripEnded { implicit val format: Format[TripEnded] =
Json.format }
object LocationAdded { implicit val format:
Format[LocationAdded] = Json.format }
object AddLocation { implicit val format: Format[AddLocation] =
Json.format }
```

9. com.packt.chapter11.trip.impl 패키지에 ClientSerializerRegistry.scala
   파일을 만든다. 이 파일은 데이터 저장소로부터 들어오고 나가는 데이터를 직렬
   화하는 JSON 직렬자를 가진다.

```
package com.packt.chapter11.trip.impl

import com.lightbend.lagom.scaladsl.playjson.{JsonSerializer,
JsonSerializerRegistry}
import scala.collection.immutable.Seq

object ClientSerializerRegistry extends JsonSerializerRegistry
{
  override def serializers: Seq[JsonSerializer[_]] = Seq(
    JsonSerializer[Location],
    JsonSerializer[ClientState],
    JsonSerializer[TripStarted],
    JsonSerializer[TripEnded],
    JsonSerializer[LocationAdded],
    JsonSerializer[AddLocation]
  )
}
```

10. com.packt.chapter11.trip.impl 패키지에 ClientEntity.scala 파일을 만든
    다. 이 개체는 각 클라이언트를 나타내며 명령, 이벤트, 상태를 관리한다.

```
package com.packt.chapter11.trip.impl

import java.util.Date
import akka.Done
```

```scala
import com.lightbend.lagom.scaladsl.
persistence.PersistentEntity

class ClientEntity extends PersistentEntity {
  override type Command = ClientCommand[_]
  override type Event = ClientEvent
  override type State = ClientState
  override def initialState = ClientState(false, Nil)

  override def behavior: Behavior =
    Actions()
      .onCommand[StartTrip.type, Done] {
      case (_, ctx, state) if !state.tripInProgress =>
        ctx.thenPersist(TripStarted(new Date().getTime)) { _ =>
        ctx.reply(Done) }
      case (_, ctx, _) =>
        ctx.invalidCommand("The trip has started already.")
        ctx.done
    }
      .onCommand[EndTrip.type, Done] {
      case (_, ctx, state) if state.tripInProgress =>
        ctx.thenPersist(TripEnded(new Date().getTime)) { _ =>
        ctx.reply(Done) }
      case (_, ctx, _) =>
        ctx.invalidCommand("The trip has not started.")
        ctx.done
    }
      .onCommand[AddLocation, Done] {
      case (AddLocation(req), ctx, state) if
      state.tripInProgress =>
        ctx.thenPersist(LocationAdded(Location(req.latitude,
        req.longitude))) { _ => ctx.reply(Done) }
      case (_, ctx, _) =>
        ctx.invalidCommand("The trip has not started.")
        ctx.done
    }
      .onEvent {
        case (TripStarted(_), _) => ClientState(true, Nil)
        case (TripEnded(_), _) => ClientState(false, Nil)
```

```
          case (LocationAdded(loc), state) =>
            state.copy(locations = state.locations :+ loc)
        }
    }
```

11. `com.packt.chapter11.trip.impl` 패키지에 `TripServiceImpl.scala` 파일을 만든다. 이 파일은 서비스의 실제 구현을 가진다. 파일 내용은 다음과 같다.

```
package com.packt.chapter11.trip.impl

import com.lightbend.lagom.scaladsl.api.ServiceCall
import com.lightbend.lagom.scaladsl.persistence
.PersistentEntityRegistry
import com.packt.chapter11.trip.api.TripService

class TripServiceImpl(per: PersistentEntityRegistry) extends
TripService {
  override def startTrip(clientId: String) = ServiceCall { _ =>
    per.refFor[ClientEntity](clientId).ask(StartTrip)
  }
  override def reportLocation(clientId: String) = ServiceCall {
  req =>
    per.refFor[ClientEntity](clientId).ask(AddLocation(req))
  }
  override def endTrip(clientId: String) = ServiceCall { _ =>
    per.refFor[ClientEntity](clientId).ask(EndTrip)
  }
}
```

12. 서비스 로더를 만들어야 한다. `com.packt.chapter11.trip.impl` 패키지에 `Trip
Loader.scala` 파일을 만든다. 파일은 다음 코드를 가져야 한다.

```
package com.packt.chapter11.trip.impl

import com.lightbend.lagom.scaladsl.api.ServiceLocator
import com.lightbend.lagom.scaladsl.api
.ServiceLocator.NoServiceLocator
import com.lightbend.lagom.scaladsl.devmode
.LagomDevModeComponents
```

```
import com.lightbend.lagom.scaladsl.persistence.
cassandra.CassandraPersistenceComponents
import com.lightbend.lagom.scaladsl.server.{LagomApplication,
LagomApplicationContext, LagomApplicationLoader, LagomServer}
import com.packt.chapter11.trip.api.TripService
import com.softwaremill.macwire.wire
import play.api.libs.ws.ahc.AhcWSComponents

class TripLoader extends LagomApplicationLoader {
  override def load(context: LagomApplicationContext):
  LagomApplication =
    new TripApplication(context) { override def serviceLocator:
      ServiceLocator = NoServiceLocator }
    override def loadDevMode(context: LagomApplicationContext):
    LagomApplication = {
      new TripApplication(context) with LagomDevModeComponents
  }
  override def describeServices =
    List(readDescriptor[TripService])
}

abstract class TripApplication(context:
LagomApplicationContext) extends LagomApplication(context) with
CassandraPersistenceComponents with AhcWSComponents {
  override lazy val lagomServer = LagomServer.forServices(
    bindService[TripService].to(wire[TripServiceImpl])
  )
  override lazy val jsonSerializerRegistry =
    ClientSerializerRegistry
  persistentEntityRegistry.register(wire[ClientEntity])
}
```

13. 라곰이 application.conf 파일을 통해 어디에 서비스 로더가 있는지 알도록 해야 한다. trip-impl 모듈의 src/main/resources 안에 application.conf 파일을 만든다. 파일 내용은 다음과 같다.

```
play.application.loader =
com.packt.chapter11.trip.impl.TripLoader
```

14. 코드가 준비되면 sbt runAll을 실행해 모든 서비스를 동작시킨다.

15. 모든 서비스가 실행될 때까지 기다린 뒤 테스트를 위해 다음 명령을 실행한다.

```
hveiga$ curl http://localhost:9000/trip/end/0
{"name":"com.lightbend.lagom.scaladsl.persistence
.PersistentEntity$InvalidCommandException: The trip has not
started.","detail":"com.lightbend.lagom.scaladsl
.persistence.PersistentEntity$InvalidCommandException: The trip .
has not started.n"}
hveiga$ curl http://localhost:9000/trip/start/0
hveiga$ curl -d '{"latitude":0.1,"longitude":0.1}'
http://localhost:9000/trip/report/0
hveiga$ curl -d '{"latitude":0.2,"longitude":0.2}'
http://localhost:9000/trip/report/0
hveiga$ curl -d '{"latitude":0.3,"longitude":0.3}'
http://localhost:9000/trip/report/0
hveiga$ curl http://localhost:9000/trip/end/0
```

예제 분석

이번 절에서는 라곰의 지속성 계층의 사용 방법을 다뤘다. 라곰은 지속성을 구현하는 데 CRUD 같은 전통적 방법 대신 이벤트 소싱과 CQRS을 사용한다고 앞에서 언급했다. 예제에서는 시작을 할 수 있고, 위치를 모으고, 운행을 마치는 운행 서비스를 만들었다. 이 서비스를 지속시키려면 지속성 개체를 정의해야 하며 이런 목적으로 ClientEntity를 정의해야 한다. ClientEntity는 PersistentEntity를 확장한다. 이는 명령 타입, 이벤트 타입, 상태 타입, 초기 상태, 행위와 같은 몇 가지를 구현하도록 강제한다. 명령은 개체에 송신되는 움직임을 나타낸다. 예제에서는 StartTrip, EndTrip, AddLocation 세 개의 명령을 사용했다. 이벤트는 상태의 변화를 나타낸다.

예제의 경우 TripStarted, TripEnded, LocationAdded 세 개의 이벤트가 있다. 이벤트는 데이터 저장소에 순서대로 저장되며 현재 상태를 업데이트하는 책임을 진다. 상태는 개체의 상태를 나타내는 타입이다. 초기 상태는 새로운 개체가 만들어질 때의 상태를 나타내며 행위는 명령이나 이벤트를 수신할 때 무엇을 할지 정의한다. 이는 아카 액터의 receive 메서드와 유사하다.

이벤트를 지속시키는 방법의 실제 정의는 개체의 행위 안에 있다. 들어오는 명령에 따라 무엇을 할지 onCommand 메서드를 구현한다. ctx를 사용해 바뀐 것을 지속시키고 Done 이라고 응답하거나 아니면 이를 무효화하기 위해 invalidCommand를 호출한다. EndTrip 을 수신했지만 운행이 아직 시작되지 않았을 때와 같이 일부 명령을 무효화하기를 원할 수 있다. 명령이 유효하면 ctx.thenPersist를 호출하고 메서드에 이벤트를 제공한다. 이 이벤트는 지속되며 현재 상태는 onEvent 메서드를 통해 업데이트된다. Client Entity는 persistentEntityRegistry.register(wire[ClientEntity])호출을 통해 Trip Application에 등록된다. 등록이 완료되면 TripServiceImpl에 매개변수를(예제에서는 PersistentEntityRegistry) 추가해 서비스 구현에서 이를 사용할 수 있다. 그런 다음 들어오는 요청을 처리하고 지속시키기 위해, refFor 메서드를 사용해 개체 ID(예제에서는 클라이언트 ID)와 명령을 제공한다.

운행이 시작되지 않았다면 끝날 수 없음을 확인할 수 있는 curl 명령을 몇 가지 실행해 작동 방법을 살펴볼 수 있게 했다. 이 경우, The trip has not started(운행이 시작되지 않았습니다)라는 오류 메시지를 받게 된다. 그런 다음 운행을 시작하고, 세 개의 위치를 추가하고, ID 0의 운행을 마친다. 클러스터는 환경에서 개체가 모든 노드에 고르게 분산되는 것이 기본이다.

운영 환경에서 라곰 실행하기

시스템을 운영 환경으로 옮기는 것은 언제나 해내기 어려운 작업이다. 운영 환경과 같은 시스템은 일반적으로 개발 단계에서는 주의를 기울이지 않는 많은 비기능적인 요구 사항을 수반한다. 라이트밴드는 상업적 제품 리스트인 ConductR에서 완전히 관리되는 도구를 제공한다. 이는 라곰 서비스의 배포와 관리를 쉽게 만든다. ConductR은 훌륭한 도구이지만, 도커나 AWS 같은 다른 플랫폼에서 독립된 모드로 라곰 서비스를 실행시키는 것도 완벽하게 가능하다.

이번 절에서는 라곰 서비스를 운영에 배포할 때 집중해야 할 면에 대해 이야기한다.

 ConductR에 대해 더 알고 싶다면 https://www.lightbend.com/platform/production을 방문하라.

준비하기

이 절은 라곰 서비스 프로젝트를 개발에서 운영으로 옮길 때 유의할 점에 대해 나열한다.

예제 구현

이 절을 위해 다음 단계를 수행한다.

1. **서비스 로케이터**: 먼저 원격의, 고가용적이며 확장성 있는 서비스 로케이터를 사용해야 한다. 이는 배포 전략에 유연성을 제공하며 서비스가 신축적인 오토스케일링 체계에 위치한다면 도움이 될 것이다. 이런 목적으로는 아파치 주키퍼(https://zookeeper.apache.org)나 하시코프 컨설HashiCorp Consul(https://consul.io)이 좋은 기술이다. 라이트밴드의 CTO인 요나스 보너가 라곰 앱의 서비스 로케이터로 이 두 가지 기술을 사용하는 코드를 깃허브 계정에 공유했다. https://github.com/jboner?tab=repositories에서 코드를 찾을 수 있다.

2. **패키징**: 두 번째로, 어떻게 패키징하고 앱을 실행할지 결정해야 한다. sbt는 sbt-native-packager라는 유용한 도구를 제공한다. 이는 코드를 원하는 포맷(RPM, Zip, Docker 등)으로 패키징하는 데 도움이 된다. 패키징 방법에 따라 서비스의 서비스 로더를 실행시키는 추가 방법에 코드를 만들어야 할 수도 있다. 서비스에 지

속적인 코드 전달을 위해 CI/CD 방법을 사용하는 것도 권할만 하다.

3. **격리된 데이터 저장소**: 각 서비스에는 그들만의 데이터 저장소가 있어야 한다. 이 저장소는 서비스 API를 통해서만 접근할 수 있어야 한다.

4. **로깅**: 로깅은 운영 환경에서 앱으로부터 피드백을 얻는데 필수적이다. 라곰은 로깅을 위해 SLF4J를 사용한다. 이는 개발자로 하여금 실제 로깅 엔진을 선택할 수 있도록 해준다. 라곰은 로깅 구현을 Logback으로 지원하는 것이 기본이다. 그러나 Log4j2와 같은 로깅 프레임워크도 사용 가능하다. 로그를 구조적이고 빠른 방식으로 조회하도록 운영에 로그 집계자^{aggregator}를 사용하는 것도 권한다.

5. **지표**: 지표는 정말로 중요하다. 마이크로서비스 환경에서는 서비스의 성능이 언제 나쁜지 알아야 조치를 취할 수 있다. 이는 대기 시간, 스루아웃^{throughout}, 요청의 성공과 실패에 대한 지표를 유지해야만 알 수 있다. 라이트밴드는 이런 목적으로 에코시스템에 모니터링 프레임워크를 제공한다.

6. **경고**: 무언가 잘못되면 바로 알 수 있어야 한다. 지표에 대한 경고를 만들어 알림을 받게 하거나 무언가 예상대로 실행되지 않는 경우 조치를 취하는 것을 권한다.

예제 분석

이번 절에서는 서비스를 개발에서 운영 환경으로 옮길 때 어떤 면에 유념해야 하는지 다뤘다. 이 리스트는 가장 일반적으로 검토해야 할 내용의 안내에 불과하다. 여기서 다루지 않은 특정 사례에 대한 비기능적인 요구 사항도 있다.

아카와 통합하기

라곰은 플레이와 아카 위에서 만들어졌으므로, 프레임워크가 아카 액터와 상호작용하는 능력을 제공하는 것은 놀라운 일이 아니다. 이미 앱을 개발해본 아카 개발자가 정말로 흥미를 느끼도록 만든다. 라곰을 사용해 아카 앱을 마이크로서비스로 이동시키는 것은 쉽다. 라곰에서 아카를 위한 다른 좋은 사용 사례는 클러스터링된 서비스를 사용할 때다. 이 경우, 개발자는 데이터가 주어진 서비스의 다른 인스턴스로부터 수신되었다 하더라도 항상 같은 액터에 도달하기를 보장하고자 하기 위해 지속적으로 해싱되는 그룹의 액터를 사용하기를 원할 수도 있다.

이번 절에서는 이 책을 통해 배워 온 아카의 모든 힘을 활용하도록 액터 시스템에 접속하는 방법을 살펴본다.

준비하기

이 절을 진행하려면 이 장의 첫 절에서 만든 Lagom Akkacoobook 프로젝트를 불러와야 한다. 다른 요구 사항은 이전과 같다.

예제 구현

이 절을 위해 다음 단계를 수행해야 한다.

1. build.sbt 파일에 새로운 두 모듈을 정의해야 한다. build.sbt를 열고 파일 끝에 다음 모듈을 추가한다

```
lazy val `akka-api` = (project in file("akka-api"))
  .settings(
    libraryDependencies ++= Seq(
      lagomScaladslApi
    )
  )
lazy val `akka-impl` = (project in file("akka-impl"))
  .enablePlugins(LagomScala)
  .settings(
    libraryDependencies ++= Seq(
      lagomScaladslPersistenceCassandra,
      lagomScaladslTestKit,
      macwire,
      scalaTest
    )
```

```
  )
  .settings(lagomForkedTestSettings: _*)
  .dependsOn(`akka-api`)
```

2. 전체 프로젝트에 두 모듈 모두를 추가해야 한다. build.sbt에 새로운 두 모듈도 리스트에 들어가도록 다음과 같이 수정한다.

```
lazy val `akkacookbook` = (project in
file(".")).aggregate(`akkacookbook-api`, `akkacookbook-impl`,
`token-api`,`token-impl`, `consumer-api`, `consumer-impl`,
`trip-api`, `trip-impl`,`akka-api`, `akka-impl`)
```

3. build.sbt가 완료되면, 파일을 저장하고 sbt compile을 실행한다. 이는 새로운 서비스를 구현하는 데 필요한 새로운 폴더 구조를 만들어낸다.

4. API 모듈을 시작한다. akka-api 모듈을 열고 src/main/scala 디렉터리에 com.packt.chapter11.akka.api 패키지를 만든다.

5. com.packt.chapter11.akka.api 패키지에 CalculatorService.scala 파일을 만든다. 이 파일은 서비스를 정의한다. 코드는 다음과 같다.

```
package com.packt.chapter11.akka.api

import akka.NotUsed
import com.lightbend.lagom.scaladsl.api.{Service, ServiceCall}

trait CalculatorService extends Service {
  def add(one: Int, other: Int): ServiceCall[NotUsed, Int]
  def multiply(one: Int, other: Int): ServiceCall[NotUsed, Int]

  override final def descriptor = {
    import Service._
    named("calculator").withCalls(
      pathCall("/add/:one/:other", add _),
      pathCall("/multiply/:one/:other", multiply _)
    ).withAutoAcl(true)
  }
}
```

6. API가 완료되면 구현으로 넘어간다. akka-impl 모듈을 열고 src/main/scala 디렉터리에 com.packt.chapter11.akka.impl 패키지를 만든다.

7. com.packt.chapter11.akka.impl 패키지에 CalculatorActor.scala 파일을 만든다. 이 액터는 계산을 담당한다.

```scala
package com.packt.chapter11.akka.impl

import akka.actor.Actor

object CalculatorActor {
  case class Sum(one: Int, another: Int)
  case class Multiply(one: Int, another: Int)
}
class CalculatorActor extends Actor {
  import CalculatorActor._
  def receive = {
    case Sum(one, another) => sender ! one + another
    case Multiply(one, another) => sender ! one * another
  }
}
```

8. com.packt.chapter11.akka.impl 패키지에 CalculatorServiceImpl.scala 파일을 만든다. 이 파일은 서비스의 실제 구현을 가진다. 파일 내용은 다음과 같다.

```scala
package com.packt.chapter11.akka.impl

import akka.actor.{ActorSystem, Props}
import com.lightbend.lagom.scaladsl.api.ServiceCall
import com.packt.chapter11.akka.api.CalculatorService
import akka.pattern.ask
import akka.util.Timeout
import com.packt.chapter11.akka.impl.CalculatorActor.{Multiply,
Sum}
import scala.concurrent.duration._
import scala.concurrent.ExecutionContext

class CalculatorServiceImpl(system: ActorSystem)
(implicit val ec: ExecutionContext) extends CalculatorService {
```

```
implicit val timeout = Timeout(2 seconds)

override def add(one: Int, other: Int) = ServiceCall { _ =>
  val calculatorActor = system.actorOf
  (Props[CalculatorActor]) (calculatorActor ? Sum(one,
  other)).mapTo[Int]
}
override def multiply(one: Int, other: Int) = ServiceCall { _
=>
  val calculatorActor =
    system.actorOf(Props[CalculatorActor])
    (calculatorActor ? Multiply(one, other)).mapTo[Int]
}
}
```

9. 서비스 로더를 만들어야 한다. com.packt.chapter11.akka.impl 패키지에 Calcu
   latorLoader.scala 파일을 만든다. 파일에는 다음과 같은 코드가 있어야 한다.

```
package com.packt.chapter11.akka.impl

import com.lightbend.lagom.scaladsl.api.ServiceLocator
import com.lightbend.lagom.scaladsl.api
.ServiceLocator.NoServiceLocator
import com.lightbend.lagom.scaladsl.devmode
.LagomDevModeComponents
import com.lightbend.lagom.scaladsl.server.{LagomApplication,
LagomApplicationContext, LagomApplicationLoader, LagomServer}
import com.packt.chapter11.akka.api.CalculatorService
import com.softwaremill.macwire.wire
import play.api.libs.ws.ahc.AhcWSComponents

class CalculatorLoader extends LagomApplicationLoader {
  override def load(context: LagomApplicationContext):
  LagomApplication =
    new CalculatorApplication(context) { override def
    serviceLocator: ServiceLocator = NoServiceLocator }
  override def loadDevMode(context: LagomApplicationContext):
  LagomApplication = {
    new CalculatorApplication(context) with
```

```
    LagomDevModeComponents
  }
  override def describeServices =
  List(readDescriptor[CalculatorService])
}

abstract class CalculatorApplication(context:
LagomApplicationContext)
extends LagomApplication(context) with AhcWSComponents {
  override lazy val lagomServer = LagomServer.forServices(
  bindService[CalculatorService].to(wire[CalculatorServiceImpl])
  )
}
```

10. application.conf 파일을 통해 라곰이 어디에 서비스 로더가 있는지 알도록 해야 한다. consumer-impl 모듈의 src/main/resources 디렉터리에 application.conf 파일을 만든다. 파일 내용은 다음과 같다.

```
play.application.loader =
com.packt.chapter11.akka.impl.CalculatorLoader
```

11. 모든 코드가 준비되면 sbt runAll을 실행해 모든 서비스를 실행한다.

12. 모든 서비스가 시작될 때까지 기다린 뒤 테스트를 위해 다음 명령을 실행한다.

```
hveiga$ curl http://localhost:9000/add/3/5
8
hveiga$ curl http://localhost:9000/multiply/3/5
15
```

예제 분석

이번 절에서는 어떻게 라곰이 아카를 통합하는지 살펴봤다. 이 예제에서는 실제 계산이 액터에서 일어나는 간단한 계산기 서비스를 만들었다. CalculatorServiceImpl 클래스에서 액터 시스템을 사용할 수 있는 방법은 매개변수(system: ActorSystem)를 추가하는 것이다. 라곰은 액터 시스템의 인스턴스를 주입할 필요가 있음을 알게 된다. 액터 시스템 참조를 가지게 되면, 이 책의 모든 장에서 봐왔던 바와 같이 아카로 할 수 있는 대부분을 할 수 있다. 이 경우, 새로운 액터를 만들고 Sum이나 Multiply를 요청했다.

따라서, 이미 개발한 아카 앱을 마이크로서비스로 바꾸는 것은 액터(아니면 액터의 집합)의 앞면에 새로운 서비스를 만드는 것이라고 할 수 있다. 그런 다음 이전에 액터가 교환했던 메시지는 마이크로서비스 사이에서 교환되는 메시지로 사용해야 할 것이다.

찾아보기

에이콘출판의 기틀을 마련하신 故 정완재 선생님 (1935-2004)

Akka 쿡북

다양한 레시피로 아카를 쉽게 배워보기

발 행 | 2018년 5월 31일

지은이 | 헥터 베이가 오르티즈 · 피유시 미시라
옮긴이 | 이 판 호

펴낸이 | 권 성 준
편집장 | 황 영 주
편 집 | 배 혜 진
디자인 | 박 주 란

에이콘출판주식회사
서울특별시 양천구 국회대로 287 (목동)
전화 02-2653-7600, 팩스 02-2653-0433
www.acornpub.co.kr / editor@acornpub.co.kr

한국어판 ⓒ 에이콘출판주식회사, 2018, Printed in Korea.
ISBN 979-11-6175-170-2
ISBN 978-89-6077-210-6 (세트)
http://www.acornpub.co.kr/book/akka-cookbook

이 도서의 국립중앙도서관 출판시도서목록(CIP)은 서지정보유통지원시스템 홈페이지(http://seoji.nl.go.kr)와
국가자료공동목록시스템(http://www.nl.go.kr/kolisnet)에서 이용하실 수 있습니다.(CIP제어번호: CIP2018015814)

책값은 뒤표지에 있습니다.